I0211798

COREANO
VOCABULÁRIO

PORTUGUÊS COREANO

Para alargar o seu léxico e apurar as suas competências linguísticas

9000 palavras

Vocabulário Português Brasileiro-Coreano - 9000 palavras

Por Andrey Taranov

Os vocabulários da T&P Books destinam-se a ajudar a aprender, a memorizar, e a rever palavras estrangeiras. O dicionário é dividido em temas, cobrindo todas as principais esferas de atividades quotidianas, negócios, ciência, cultura, etc.

O processo de aprendizagem, utilizando os dicionários baseados em temáticas da T&P Books dá-lhe as seguintes vantagens:

- Informação de origem corretamente agrupada predetermina o sucesso em fases subsequentes da memorização de palavras
- Disponibilização de palavras derivadas da mesma raiz, o que permite a memorização de unidades de texto (em vez de palavras separadas)
- Pequenas unidades de palavras facilitam o processo de estabelecimento de vínculos associativos necessários para a consolidação do vocabulário
- O nível de conhecimento da língua pode ser estimado pelo número de palavras aprendidas

T&P Books Publishing
www.tpbooks.com

ISBN: 978-1-78767-286-4

Este livro também está disponível em formato E-book.
Por favor visite www.tpbooks.com ou as principais livrarias on-line.

VOCABULÁRIO COREANO
palavras mais úteis

Os vocabulários da T&P Books destinam-se a ajudar a aprender, a memorizar, e a rever palavras estrangeiras. O vocabulário contém mais de 9000 palavras de uso comum organizadas tematicamente.

O vocabulário contém as palavras mais comummente usadas
Recomendado como adicional para qualquer curso de línguas
Satisfaz as necessidades dos iniciados e dos alunos avançados de línguas estrangeiras
Conveniente para o uso diário, sessões de revisão e atividades de auto-teste
Permite avaliar o seu vocabulário

Características especias do vocabulário

- As palavras estão organizadas de acordo com o seu significado, e não por ordem alfabética
- As palavras são apresentadas em três colunas para facilitar os processos de revisão e auto-teste
- As palavras compostas são divididas em pequenos blocos para facilitar o processo de aprendizagem
- O vocabulário oferece uma transcrição simples e adequada de cada palavra estrangeira

O vocabulário contém 256 tópicos incluindo:

Conceitos básicos, Números, Cores, Meses, Estações do ano, Unidades de medida, Roupas & Acessórios, Alimentos & Nutrição, Restaurante, Membros da Família, Parentes, Caráter, Sentimentos, Emoções, Doenças, Cidade, Passeios, Compras, Dinheiro, Casa, Lar, Escritório, Trabalho no Escritório, Importação & Exportação, Marketing, Pesquisa de Emprego, Esportes, Educação, Computador, Internet, Ferramentas, Natureza, Países, Nacionalidades e muito mais ...

TABELA DE CONTEÚDOS

GUIA DE PRONUNCIAÇÃO

Letra	Exemplo Coreano	Alfabeto fonético T&P	Exemplo Português

Consoantes

ㄱ [1]	개	[k]	aquilo
ㄱ [2]	아기	[g]	gosto
ㄲ	껌	[k]	[k] tensionada
ㄴ	눈	[n]	natureza
ㄷ [3]	달	[t]	tulipa
ㄷ [4]	사다리	[d]	dentista
ㄸ	딸	[t]	[t] tensionada
ㄹ [5]	라디오	[r]	riscar
ㄹ [6]	십팔	[l]	libra
ㅁ	문	[m]	magnólia
ㅂ [7]	봄	[p]	presente
ㅂ [8]	아버지	[b]	barril
ㅃ	빵	[p]	[p] tensionada
ㅅ [9]	실	[s]	sanita
ㅅ [10]	옷	[t]	tulipa
ㅆ	쌀	[ja:]	Himalaias
ㅇ [11]	강	[ŋg]	flamingo
ㅈ [12]	집	[tɕ]	tchetcheno
ㅈ [13]	아주	[dʑ]	tajique
ㅉ	짬	[tɕ]	[tch] tensionado
ㅊ	차	[tɕh]	[tsch] aspirado
ㅌ	택시	[th]	[t] aspirada
ㅋ	칼	[kh]	[k] aspirada
ㅍ	포도	[ph]	[p] aspirada
ㅎ	한국	[h]	[h] aspirada

Vogais e combinações com vogais

ㅏ	사	[a]	chamar
ㅑ	향	[ja]	Himalaias
ㅓ	머리	[ʌ]	fax

Letra	Exemplo Coreano	Alfabeto fonético T&P	Exemplo Português
ㅕ	병	[jɑ]	Himalaias
ㅗ	몸	[o]	lobo
ㅛ	표	[jɔ]	ioga
ㅜ	물	[u]	bonita
ㅠ	슈퍼	[ju]	nacional
ㅡ	음악	[ɪ]	sinônimo
ㅣ	길	[i], [i:]	sinônimo
ㅐ	뱀	[ɛ], [ɛ:]	mover
ㅒ	애기	[je]	folheto
ㅔ	펜	[e]	metal
ㅖ	계산	[je]	folheto
ㅘ	왕	[wa]	Taiwan
ㅙ	왜	[ʊe]	adoecer
ㅚ	회의	[ø], [we]	orgulhoso, web
ㅝ	권	[uɔ]	álcool
ㅞ	웬	[ʊe]	adoecer
ㅟ	쥐	[wi]	quiuí
ㅢ	거의	[ɰi]	combinação [ɪi]

Comentários

[1] no início de uma palavra
[2] entre sons vocalizados
[3] no início de uma palavra
[4] entre sons vocalizados
[5] no fim de uma sílaba
[6] no fim de uma sílaba
[7] no início de uma palavra
[8] entre sons vocalizados
[9] no fim de uma sílaba
[10] no fim de uma sílaba
[11] no fim de uma sílaba
[12] no início de uma palavra
[13] entre sons vocalizados

ABREVIATURAS
usadas no vocabulário

Abreviaturas do Português

adj	-	adjetivo
adv	-	advérbio
anim.	-	animado
conj.	-	conjunção
desp.	-	esporte
etc.	-	Etcetera
ex.	-	por exemplo
f	-	nome feminino
f pl	-	feminino plural
fem.	-	feminino
inanim.	-	inanimado
m	-	nome masculino
m pl	-	masculino plural
m, f	-	masculino, feminino
masc.	-	masculino
mat.	-	matemática
mil.	-	militar
pl	-	plural
prep.	-	preposição
pron.	-	pronome
sb.	-	sobre
sing.	-	singular
v aux	-	verbo auxiliar
vi	-	verbo intransitivo
vi, vt	-	verbo intransitivo, transitivo
vr	-	verbo reflexivo
vt	-	verbo transitivo

CONCEITOS BÁSICOS

Conceitos básicos. Parte 1

1. Pronomes

eu	나, 저	na
você	너	neo
ele	그, 그분	geu, geu-bun
ela	그녀	geu-nyeo
ele, ela (neutro)	그것	geu-geot
nós	우리	u-ri
vocês	너희	neo-hui
o senhor, -a	당신	dang-sin
eles, elas	그들	geu-deul

2. Cumprimentos. Saudações. Despedidas

Oi!	안녕!	an-nyeong!
Olá!	안녕하세요!	an-nyeong-ha-se-yo!
Bom dia!	안녕하세요!	an-nyeong-ha-se-yo!
Boa tarde!	안녕하세요!	an-nyeong-ha-se-yo!
Boa noite!	안녕하세요!	an-nyeong-ha-se-yo!
cumprimentar (vt)	인사하다	in-sa-ha-da
Oi!	안녕!	an-nyeong!
saudação (f)	인사	in-sa
saudar (vt)	인사하다	in-sa-ha-da
Tudo bem?	잘 지내세요?	jal ji-nae-se-yo?
E aí, novidades?	어떻게 지내?	eo-tteo-ke ji-nae?
Tchau! Até logo!	안녕히 가세요!	an-nyeong-hi ga-se-yo!
Até breve!	또 만나요!	tto man-na-yo!
Adeus! (sing.)	잘 있어!	jal ri-seo!
Adeus! (pl)	안녕히 계세요!	an-nyeong-hi gye-se-yo!
despedir-se (dizer adeus)	작별인사를 하다	jak-byeo-rin-sa-reul ha-da
Até mais!	안녕!	an-nyeong!
Obrigado! -a!	감사합니다!	gam-sa-ham-ni-da!
Muito obrigado! -a!	대단히 감사합니다!	dae-dan-hi gam-sa-ham-ni-da!
De nada	천만이에요	cheon-man-i-e-yo
Não tem de quê	천만의 말씀입니다	cheon-man-ui mal-sseum-im-ni-da
Não foi nada!	천만에	cheon-man-e

Desculpa!	실례!	sil-lye!
Desculpe!	실례합니다!	sil-lye-ham-ni-da!
desculpar (vt)	용서하다	yong-seo-ha-da

desculpar-se (vr)	사과하다	sa-gwa-ha-da
Me desculpe	사과드립니다	sa-gwa-deu-rim-ni-da
Desculpe!	죄송합니다!	joe-song-ham-ni-da!
perdoar (vt)	용서하다	yong-seo-ha-da
por favor	부탁합니다	bu-tak-am-ni-da

Não se esqueça!	잊지 마십시오!	it-ji ma-sip-si-o!
Com certeza!	물론이에요!	mul-lon-i-e-yo!
Claro que não!	물론 아니에요!	mul-lon a-ni-e-yo!
Está bem! De acordo!	그래요!	geu-rae-yo!
Chega!	그만!	geu-man!

3. Como se dirigir a alguém

senhor	선생	seon-saeng
senhora	여사님	yeo-sa-nim
senhorita	아가씨	a-ga-ssi
jovem	젊은 분	jeol-meun bun
menino	꼬마	kko-ma
menina	꼬마	kko-ma

4. Números cardinais. Parte 1

zero	영	yeong
um	일	il
dois	이	i
três	삼	sam
quatro	사	sa

cinco	오	o
seis	육	yuk
sete	칠	chil
oito	팔	pal
nove	구	gu

dez	십	sip
onze	십일	si-bil
doze	십이	si-bi
treze	십삼	sip-sam
catorze	십사	sip-sa

quinze	십오	si-bo
dezesseis	십육	si-byuk
dezessete	십칠	sip-chil
dezoito	십팔	sip-pal
dezenove	십구	sip-gu
vinte	이십	i-sip
vinte e um	이십일	i-si-bil

| vinte e dois | 이십이 | i-si-bi |
| vinte e três | 이십삼 | i-sip-sam |

trinta	삼십	sam-sip
trinta e um	삼십일	sam-si-bil
trinta e dois	삼십이	sam-si-bi
trinta e três	삼십삼	sam-sip-sam

quarenta	사십	sa-sip
quarenta e um	사십일	sa-si-bil
quarenta e dois	사십이	sa-si-bi
quarenta e três	사십삼	sa-sip-sam

cinquenta	오십	o-sip
cinquenta e um	오십일	o-si-bil
cinquenta e dois	오십이	o-si-bi
cinquenta e três	오십삼	o-sip-sam

sessenta	육십	yuk-sip
sessenta e um	육십일	yuk-si-bil
sessenta e dois	육십이	yuk-si-bi
sessenta e três	육십삼	yuk-sip-sam

setenta	칠십	chil-sip
setenta e um	칠십일	chil-si-bil
setenta e dois	칠십이	chil-si-bi
setenta e três	칠십삼	chil-sip-sam

oitenta	팔십	pal-sip
oitenta e um	팔십일	pal-si-bil
oitenta e dois	팔십이	pal-si-bi
oitenta e três	팔십삼	pal-sip-sam

noventa	구십	gu-sip
noventa e um	구십일	gu-si-bil
noventa e dois	구십이	gu-si-bi
noventa e três	구십삼	gu-sip-sam

5. Números cardinais. Parte 2

cem	백	baek
duzentos	이백	i-baek
trezentos	삼백	sam-baek
quatrocentos	사백	sa-baek
quinhentos	오백	o-baek

seiscentos	육백	yuk-baek
setecentos	칠백	chil-baek
oitocentos	팔백	pal-baek
novecentos	구백	gu-baek

mil	천	cheon
dois mil	이천	i-cheon
três mil	삼천	sam-cheon

dez mil	만	man
cem mil	십만	sim-man
um milhão	백만	baeng-man
um bilhão	십억	si-beok

6. Números ordinais

primeiro (adj)	첫 번째의	cheot beon-jjae-ui
segundo (adj)	두 번째의	du beon-jjae-ui
terceiro (adj)	세 번째의	se beon-jjae-ui
quarto (adj)	네 번째의	ne beon-jjae-ui
quinto (adj)	다섯 번째의	da-seot beon-jjae-ui
sexto (adj)	여섯 번째의	yeo-seot beon-jjae-ui
sétimo (adj)	일곱 번째의	il-gop beon-jjae-ui
oitavo (adj)	여덟 번째의	yeo-deol beon-jjae-ui
nono (adj)	아홉 번째의	a-hop beon-jjae-ui
décimo (adj)	열 번째의	yeol beon-jjae-ui

7. Números. Frações

fração (f)	분수	bun-su
um meio	이분의 일	i-bun-ui il
um terço	삼분의 일	sam-bun-ui il
um quarto	사분의 일	sa-bun-ui il
um oitavo	팔분의 일	pal-bun-ui il
um décimo	십분의 일	sip-bun-ui il
dois terços	삼분의 이	sam-bun-ui i
três quartos	사분의 삼	sa-bun-ui sam

8. Números. Operações básicas

subtração (f)	빼기	ppae-gi
subtrair (vi, vt)	빼다	ppae-da
divisão (f)	나누기	na-nu-gi
dividir (vt)	나누다	na-nu-da
adição (f)	더하기	deo-ha-gi
somar (vt)	합하다	ha-pa-da
adicionar (vt)	더하다	deo-ha-da
multiplicação (f)	곱하기	go-pa-gi
multiplicar (vt)	곱하다	go-pa-da

9. Números. Diversos

algarismo, dígito (m)	숫자	sut-ja
número (m)	숫자	sut-ja

numeral (m)	수사	su-sa
menos (m)	마이너스	ma-i-neo-seu
mais (m)	플러스	peul-leo-seu
fórmula (f)	공식	gong-sik
cálculo (m)	계산	gye-san
contar (vt)	세다	se-da
calcular (vt)	헤아리다	he-a-ri-da
comparar (vt)	비교하다	bi-gyo-ha-da
Quanto?	얼마?	eol-ma?
Quantos? -as?	얼마나?	eo-di-ro?
soma (f)	총합	chong-hap
resultado (m)	결과	gyeol-gwa
resto (m)	나머지	na-meo-ji
alguns, algumas ...	몇	myeot
pouco (~ tempo)	조금	jo-geum
resto (m)	나머지	na-meo-ji
um e meio	일과 이분의 일	il-gwa i-bun-ui il
dúzia (f)	다스	da-seu
ao meio	반으로	ba-neu-ro
em partes iguais	균등하게	gyun-deung-ha-ge
metade (f)	절반	jeol-ban
vez (f)	번	beon

10. Os verbos mais importantes. Parte 1

abrir (vt)	열다	yeol-da
acabar, terminar (vt)	끝내다	kkeun-nae-da
aconselhar (vt)	조언하다	jo-eon-ha-da
adivinhar (vt)	추측하다	chu-cheuk-a-da
advertir (vt)	경고하다	gyeong-go-ha-da
ajudar (vt)	도와주다	do-wa-ju-da
almoçar (vi)	점심을 먹다	jeom-si-meul meok-da
alugar (~ um apartamento)	임대하다	im-dae-ha-da
amar (pessoa)	사랑하다	sa-rang-ha-da
ameaçar (vt)	협박하다	hyeop-bak-a-da
anotar (escrever)	적다	jeok-da
apressar-se (vr)	서두르다	seo-du-reu-da
arrepender-se (vr)	후회하다	hu-hoe-ha-da
assinar (vt)	서명하다	seo-myeong-ha-da
brincar (vi)	농담하다	nong-dam-ha-da
brincar, jogar (vi, vt)	놀다	nol-da
buscar (vt)	… 를 찾다	… reul chat-da
caçar (vi)	사냥하다	sa-nyang-ha-da
cair (vi)	떨어지다	tteo-reo-ji-da
cavar (vt)	파다	pa-da
chamar (~ por socorro)	부르다, 요청하다	bu-reu-da, yo-cheong-ha-da
chegar (vi)	도착하다	do-chak-a-da

chorar (vi)	울다	ul-da
começar (vt)	시작하다	si-jak-a-da
comparar (vt)	비교하다	bi-gyo-ha-da
concordar (dizer "sim")	동의하다	dong-ui-ha-da

confiar (vt)	신뢰하다	sil-loe-ha-da
confundir (equivocar-se)	혼동하다	hon-dong-ha-da
conhecer (vt)	알다	al-da
contar (fazer contas)	세다	se-da
contar com ...	··· 에 의지하다	... e ui-ji-ha-da
continuar (vt)	계속하다	gye-sok-a-da

controlar (vt)	제어하다	je-eo-ha-da
convidar (vt)	초대하다	cho-dae-ha-da
correr (vi)	달리다	dal-li-da
criar (vt)	창조하다	chang-jo-ha-da
custar (vt)	값이 ··· 이다	gap-si ... i-da

11. Os verbos mais importantes. Parte 2

dar (vt)	주다	ju-da
dar uma dica	힌트를 주다	hin-teu-reul ju-da
decorar (enfeitar)	장식하다	jang-sik-a-da
defender (vt)	방어하다	bang-eo-ha-da
deixar cair (vt)	떨어뜨리다	tteo-reo-tteu-ri-da

descer (para baixo)	내려오다	nae-ryeo-o-da
desculpar-se (vr)	사과하다	sa-gwa-ha-da
dirigir (~ uma empresa)	운영하다	u-nyeong-ha-da
discutir (notícias, etc.)	의논하다	ui-non-ha-da

disparar, atirar (vi)	쏘다	sso-da
dizer (vt)	말하다	mal-ha-da
duvidar (vt)	의심하다	ui-sim-ha-da
encontrar (achar)	찾다	chat-da
enganar (vt)	속이다	so-gi-da

entender (vt)	이해하다	i-hae-ha-da
entrar (na sala, etc.)	들어가다	deu-reo-ga-da
enviar (uma carta)	보내다	bo-nae-da
errar (enganar-se)	실수하다	sil-su-ha-da
escolher (vt)	선택하다	seon-taek-a-da

esconder (vt)	숨기다	sum-gi-da
escrever (vt)	쓰다	sseu-da
esperar (aguardar)	기다리다	gi-da-ri-da
esperar (ter esperança)	희망하다	hui-mang-ha-da
esquecer (vt)	잊다	it-da

estudar (vt)	공부하다	gong-bu-ha-da
exigir (vt)	요구하다	yo-gu-ha-da
existir (vi)	존재하다	jon-jae-ha-da
explicar (vt)	설명하다	seol-myeong-ha-da
falar (vi)	말하다	mal-ha-da

faltar (a la escuela, etc.)	결석하다	gyeol-seok-a-da
fazer (vt)	하다	ha-da
ficar em silêncio	침묵을 지키다	chim-mu-geul ji-ki-da
gabar-se (vr)	자랑하다	ja-rang-ha-da
gostar (apreciar)	좋아하다	jo-a-ha-da
gritar (vi)	소리치다	so-ri-chi-da
guardar (fotos, etc.)	보관하다	bo-gwan-ha-da
informar (vt)	알리다	al-li-da
insistir (vi)	주장하다	ju-jang-ha-da
insultar (vt)	모욕하다	mo-yok-a-da
interessar-se (vr)	… 에 관심을 가지다	… e gwan-si-meul ga-ji-da
ir (a pé)	가다	ga-da
ir nadar	수영하다	su-yeong-ha-da
jantar (vi)	저녁을 먹다	jeo-nyeo-geul meok-da

12. Os verbos mais importantes. Parte 3

ler (vt)	읽다	ik-da
libertar, liberar (vt)	해방하다	hae-bang-ha-da
matar (vt)	죽이다	ju-gi-da
mencionar (vt)	언급하다	eon-geu-pa-da
mostrar (vt)	보여주다	bo-yeo-ju-da
mudar (modificar)	바꾸다	ba-kku-da
nadar (vi)	수영하다	su-yeong-ha-da
negar-se a … (vr)	거절하다	geo-jeol-ha-da
objetar (vt)	반대하다	ban-dae-ha-da
observar (vt)	지켜보다	ji-kyeo-bo-da
ordenar (mil.)	명령하다	myeong-nyeong-ha-da
ouvir (vt)	듣다	deut-da
pagar (vt)	지불하다	ji-bul-ha-da
parar (vi)	정지하다	jeong-ji-ha-da
parar, cessar (vt)	그만두다	geu-man-du-da
participar (vi)	참가하다	cham-ga-ha-da
pedir (comida, etc.)	주문하다	ju-mun-ha-da
pedir (um favor, etc.)	부탁하다	bu-tak-a-da
pegar (tomar)	잡다	jap-da
pegar (uma bola)	잡다	jap-da
pensar (vi, vt)	생각하다	saeng-gak-a-da
perceber (ver)	알아차리다	a-ra-cha-ri-da
perdoar (vt)	용서하다	yong-seo-ha-da
perguntar (vt)	묻다	mut-da
permitir (vt)	허가하다	heo-ga-ha-da
pertencer a … (vi)	… 에 속하다	… e sok-a-da
planejar (vt)	계획하다	gye-hoek-a-da
poder (~ fazer algo)	할 수 있다	hal su it-da
possuir (uma casa, etc.)	소유하다	so-yu-ha-da
preferir (vt)	선호하다	seon-ho-ha-da

preparar (vt)	요리하다	yo-ri-ha-da
prever (vt)	예상하다	ye-sang-ha-da
prometer (vt)	약속하다	yak-sok-a-da
pronunciar (vt)	발음하다	ba-reum-ha-da
propor (vt)	제안하다	je-an-ha-da
punir (castigar)	처벌하다	cheo-beol-ha-da
quebrar (vt)	깨뜨리다	kkae-tteu-ri-da
queixar-se de ...	불평하다	bul-pyeong-ha-da
querer (desejar)	원하다	won-ha-da

13. Os verbos mais importantes. Parte 4

ralhar, repreender (vt)	꾸짖다	kku-jit-da
recomendar (vt)	추천하다	chu-cheon-ha-da
repetir (dizer outra vez)	반복하다	ban-bok-a-da
reservar (~ um quarto)	예약하다	ye-yak-a-da
responder (vt)	대답하다	dae-da-pa-da
rezar, orar (vi)	기도하다	gi-do-ha-da
rir (vi)	웃다	ut-da
roubar (vt)	훔치다	hum-chi-da
saber (vt)	알다	al-da
sair (~ de casa)	나가다	na-ga-da
salvar (resgatar)	구조하다	gu-jo-ha-da
seguir (~ alguém)	··· 를 따라가다	... reul tta-ra-ga-da
sentar-se (vr)	앉다	an-da
ser necessário	필요하다	pi-ryo-ha-da
significar (vt)	의미하다	ui-mi-ha-da
sorrir (vi)	미소를 짓다	mi-so-reul jit-da
subestimar (vt)	과소평가하다	gwa-so-pyeong-ga-ha-da
surpreender-se (vr)	놀라다	nol-la-da
tentar (~ fazer)	해보다	hae-bo-da
ter (vt)	가지다	ga-ji-da
ter fome	배가 고프다	bae-ga go-peu-da
ter medo	무서워하다	mu-seo-wo-ha-da
ter sede	목마르다	mong-ma-reu-da
tocar (com as mãos)	닿다	da-ta
tomar café da manhã	아침을 먹다	a-chi-meul meok-da
trabalhar (vi)	일하다	il-ha-da
traduzir (vt)	번역하다	beo-nyeok-a-da
unir (vt)	연합하다	yeon-ha-pa-da
vender (vt)	팔다	pal-da
ver (vt)	보다	bo-da
virar (~ para a direita)	돌다	dol-da
voar (vi)	날다	nal-da

14. Cores

cor (f)	색	sae
tom (m)	색조	saek-jo
tonalidade (m)	색상	saek-sang
arco-íris (m)	무지개	mu-ji-gae
branco (adj)	흰	huin
preto (adj)	검은	geo-meun
cinza (adj)	회색의	hoe-sae-gui
verde (adj)	초록색의	cho-rok-sae-gui
amarelo (adj)	노란	no-ran
vermelho (adj)	빨간	ppal-gan
azul (adj)	파란	pa-ran
azul claro (adj)	하늘색의	ha-neul-sae-gui
rosa (adj)	분홍색의	bun-hong-sae-gui
laranja (adj)	주황색의	ju-hwang-sae-gui
violeta (adj)	보라색의	bo-ra-sae-gui
marrom (adj)	갈색의	gal-sae-gui
dourado (adj)	금색의	geum-sae-gui
prateado (adj)	은색의	eun-sae-gui
bege (adj)	베이지색의	be-i-ji-sae-gui
creme (adj)	크림색의	keu-rim-sae-gui
turquesa (adj)	청록색의	cheong-nok-sae-gui
vermelho cereja (adj)	암적색의	am-jeok-sae-gui
lilás (adj)	연보라색의	yeon-bo-ra-sae-gui
carmim (adj)	진홍색의	jin-hong-sae-gui
claro (adj)	밝은	bal-geun
escuro (adj)	짙은	ji-teun
vivo (adj)	선명한	seon-myeong-han
de cor	색의	sae-gui
a cores	컬러의	keol-leo-ui
preto e branco (adj)	흑백의	heuk-bae-gui
unicolor (de uma só cor)	단색의	dan-sae-gui
multicolor (adj)	다색의	da-sae-gui

15. Questões

Quem?	누구?	nu-gu?
O que?	무엇?	mu-eot?
Onde?	어디?	eo-di?
Para onde?	어디로?	eo-di-ro?
De onde?	어디로부터?	eo-di-ro-bu-teo?
Quando?	언제?	eon-je?
Para quê?	왜?	wae?
Por quê?	왜?	wae?
Para quê?	무엇을 위해서?	mu-eos-eul rwi-hae-seo?

Como?	어떻게?	eo-tteo-ke?
Qual (~ é o problema?)	어떤?	eo-tteon?
Qual (~ deles?)	어느?	eo-neu?

A quem?	누구에게?	nu-gu-e-ge?
De quem?	누구에 대하여?	nu-gu-e dae-ha-yeo?
Do quê?	무엇에 대하여?	mu-eos-e dae-ha-yeo?
Com quem?	누구하고?	nu-gu-ha-go?

Quanto, -os, -as?	얼마?	eol-ma?
De quem? (masc.)	누구의?	nu-gu-ui?

16. Preposições

com (prep.)	··· 하고	... ha-go
sem (prep.)	없이	eop-si
a, para (exprime lugar)	··· 에	... e
sobre (ex. falar ~)	··· 에 대하여	... e dae-ha-yeo
antes de ...	전에	jeon-e
em frente de ...	··· 앞에	... a-pe

debaixo de ...	밑에	mi-te
sobre (em cima de)	위에	wi-e
em ..., sobre ...	위에	wi-e
de, do (sou ~ Rio de Janeiro)	··· 에서	... e-seo
de (feito ~ pedra)	··· 로	... ro

em (~ 3 dias)	··· 안에	... a-ne
por cima de ...	너머	dwi-e

17. Palavras funcionais. Advérbios. Parte 1

Onde?	어디?	eo-di?
aqui	여기	yeo-gi
lá, ali	거기	geo-gi

em algum lugar	어딘가	eo-din-ga
em lugar nenhum	어디도	eo-di-do

perto de ...	옆에	yeo-pe
perto da janela	창문 옆에	chang-mun nyeo-pe

Para onde?	어디로?	eo-di-ro?
aqui	여기로	yeo-gi-ro
para lá	거기로	geo-gi-ro
daqui	여기서	yeo-gi-seo
de lá, dali	거기서	geo-gi-seo

perto	가까이	ga-kka-i
longe	멀리	meol-li
perto de ...	근처에	geun-cheo-e
à mão, perto	인근에	in-geu-ne

não fica longe	멀지 않게	meol-ji an-ke
esquerdo (adj)	왼쪽의	oen-jjo-gui
à esquerda	왼쪽에	oen-jjo-ge
para a esquerda	왼쪽으로	oen-jjo-geu-ro
direito (adj)	오른쪽의	o-reun-jjo-gui
à direita	오른쪽에	o-reun-jjo-ge
para a direita	오른쪽으로	o-reun-jjo-geu-ro
em frente	앞쪽에	ap-jjo-ge
da frente	앞의	a-pui
adiante (para a frente)	앞으로	a-peu-ro
atrás de ...	뒤에	dwi-e
de trás	뒤에서	dwi-e-seo
para trás	뒤로	dwi-ro
meio (m), metade (f)	가운데	ga-un-de
no meio	가운데에	ga-un-de-e
do lado	옆에	yeo-pe
em todo lugar	모든 곳에	mo-deun gos-e
por todos os lados	주위에	ju-wi-e
de dentro	내면에서	nae-myeon-e-seo
para algum lugar	어딘가에	eo-din-ga-e
diretamente	똑바로	ttok-ba-ro
de volta	뒤로	dwi-ro
de algum lugar	어디에서든지	eo-di-e-seo-deun-ji
de algum lugar	어디로부터인지	eo-di-ro-bu-teo-in-ji
em primeiro lugar	첫째로	cheot-jjae-ro
em segundo lugar	둘째로	dul-jjae-ro
em terceiro lugar	셋째로	set-jjae-ro
de repente	갑자기	gap-ja-gi
no início	처음에	cheo-eum-e
pela primeira vez	처음으로	cheo-eu-meu-ro
muito antes de ...	··· 오래 전에	... o-rae jeon-e
de novo	다시	da-si
para sempre	영원히	yeong-won-hi
nunca	절대로	jeol-dae-ro
de novo	다시	da-si
agora	이제	i-je
frequentemente	자주	ja-ju
então	그때	geu-ttae
urgentemente	급히	geu-pi
normalmente	보통으로	bo-tong-eu-ro
a propósito, ...	그건 그렇고, ···	geu-geon geu-reo-ko, ...
é possível	가능한	ga-neung-han
provavelmente	아마	a-ma
talvez	어쩌면	eo-jjeo-myeon
além disso, ...	게다가 ···	ge-da-ga ...

por isso ...	그래서 ...	geu-rae-seo ...
apesar de ...	... 에도 불구하고	... e-do bul-gu-ha-go
graças a ...	... 덕분에	... deok-bun-e

algo	무엇인가	mu-eon-nin-ga
alguma coisa	무엇이든지	mu-eon-ni-deun-ji
nada	아무것도	a-mu-geot-do

| alguém (~ que ...) | 누구 | nu-gu |
| alguém (com ~) | 누군가 | nu-gun-ga |

ninguém	아무도	a-mu-do
para lugar nenhum	아무데도	a-mu-de-do
de ninguém	누구의 것도 아닌	nu-gu-ui geot-do a-nin
de alguém	누군가의	nu-gun-ga-ui

tão	그래서	geu-rae-seo
também (gostaria ~ de ...)	역시	yeok-si
também (~ eu)	또한	tto-han

18. Palavras funcionais. Advérbios. Parte 2

Por quê?	왜?	wae?
por alguma razão	어떤 이유로	eo-tteon ni-yu-ro
porque ...	왜냐하면 ...	wae-nya-ha-myeon ...
por qualquer razão	어떤 목적으로	eo-tteon mok-jeo-geu-ro

e (tu ~ eu)	그리고	geu-ri-go
ou (ser ~ não ser)	또는	tto-neun
mas (porém)	그러나	geu-reo-na
para (~ a minha mãe)	위해서	wi-hae-seo

muito, demais	너무	neo-mu
só, somente	... 만	... man
exatamente	정확하게	jeong-hwak-a-ge
cerca de (~ 10 kg)	약	yak

aproximadamente	대략	dae-ryak
aproximado (adj)	대략적인	dae-ryak-jeo-gin
quase	거의	geo-ui
resto (m)	나머지	na-meo-ji

cada (adj)	각각의	gak-ga-gui
qualquer (adj)	아무	a-mu
muito, muitos, muitas	많이	ma-ni
muitas pessoas	많은 사람들	ma-neun sa-ram-deul
todos	모두	mo-du

em troca de ...	... 의 교환으로	... ui gyo-hwa-neu-ro
em troca	교환으로	gyo-hwa-neu-ro
à mão	수공으로	su-gong-eu-ro
pouco provável	거의	geo-ui
provavelmente	아마	a-ma
de propósito	일부러	il-bu-reo

por acidente	우연히	u-yeon-hi
muito	아주	a-ju
por exemplo	예를 들면	ye-reul deul-myeon
entre	사이에	sa-i-e
entre (no meio de)	중에	jung-e
tanto	이만큼	i-man-keum
especialmente	특히	teuk-i

Conceitos básicos. Parte 2

19. Opostos

rico (adj)	부유한	bu-yu-han
pobre (adj)	가난한	ga-nan-han
doente (adj)	아픈	a-peun
bem (adj)	건강한	geon-gang-han
grande (adj)	큰	keun
pequeno (adj)	작은	ja-geun
rapidamente	빨리	ppal-li
lentamente	천천히	cheon-cheon-hi
rápido (adj)	빠른	ppa-reun
lento (adj)	느린	neu-rin
alegre (adj)	기쁜	gi-ppeun
triste (adj)	슬픈	seul-peun
juntos (ir ~)	같이	ga-chi
separadamente	따로	tta-ro
em voz alta (ler ~)	큰소리로	keun-so-ri-ro
para si (em silêncio)	묵독	muk-dok
alto (adj)	높은	no-peun
baixo (adj)	낮은	na-jeun
profundo (adj)	깊은	gi-peun
raso (adj)	얕은	ya-teun
sim	네	ne
não	아니오	a-ni-o
distante (adj)	먼	meon
próximo (adj)	인근의	in-geu-nui
longe	멀리	meol-li
à mão, perto	인근에	in-geu-ne
longo (adj)	긴	gin
curto (adj)	짧은	jjal-beun
bom (bondoso)	착한	cha-kan
mal (adj)	사악한	sa-a-kan
casado (adj)	결혼한	gyeol-hon-han

solteiro (adj)	미혼의	mi-hon-ui
proibir (vt)	금지하다	geum-ji-ha-da
permitir (vt)	허가하다	heo-ga-ha-da
fim (m)	끝	kkeut
início (m)	시작	si-jak
esquerdo (adj)	왼쪽의	oen-jjo-gui
direito (adj)	오른쪽의	o-reun-jjo-gui
primeiro (adj)	첫 번째의	cheot beon-jjae-ui
último (adj)	마지막의	ma-ji-ma-gui
crime (m)	범죄	beom-joe
castigo (m)	벌	beol
ordenar (vt)	명령하다	myeong-nyeong-ha-da
obedecer (vt)	복종하다	bok-jong-ha-da
reto (adj)	곧은	go-deun
curvo (adj)	굽은	gu-beun
paraíso (m)	천국	cheon-guk
inferno (m)	지옥	ji-ok
nascer (vi)	태어나다	tae-eo-na-da
morrer (vi)	죽다	juk-da
forte (adj)	강한	gang-han
fraco, débil (adj)	약한	yak-an
velho, idoso (adj)	늙은	neul-geun
jovem (adj)	젊은	jeol-meun
velho (adj)	낡은	nal-geun
novo (adj)	새로운	sae-ro-un
duro (adj)	단단한	dan-dan-han
macio (adj)	부드러운	bu-deu-reo-un
quente (adj)	따뜻한	tta-tteu-tan
frio (adj)	추운	chu-un
gordo (adj)	뚱뚱한	ttung-ttung-han
magro (adj)	마른	ma-reun
estreito (adj)	좁은	jo-beun
largo (adj)	넓은	neol-beun
bom (adj)	좋은	jo-eun
mau (adj)	나쁜	na-ppeun
valente, corajoso (adj)	용감한	yong-gam-han
covarde (adj)	비겁한	bi-geo-pan

20. Dias da semana

segunda-feira (f)	월요일	wo-ryo-il
terça-feira (f)	화요일	hwa-yo-il
quarta-feira (f)	수요일	su-yo-il
quinta-feira (f)	목요일	mo-gyo-il
sexta-feira (f)	금요일	geu-myo-il
sábado (m)	토요일	to-yo-il
domingo (m)	일요일	i-ryo-il
hoje	오늘	o-neul
amanhã	내일	nae-il
depois de amanhã	모레	mo-re
ontem	어제	eo-je
anteontem	그저께	geu-jeo-kke
dia (m)	낮	nat
dia (m) de trabalho	근무일	geun-mu-il
feriado (m)	공휴일	gong-hyu-il
dia (m) de folga	휴일	hyu-il
fim (m) de semana	주말	ju-mal
o dia todo	하루종일	ha-ru-jong-il
no dia seguinte	다음날	da-eum-nal
há dois dias	이틀 전	i-teul jeon
na véspera	전날	jeon-nal
diário (adj)	일간의	il-ga-nui
todos os dias	매일	mae-il
semana (f)	주	ju
na semana passada	지난 주에	ji-nan ju-e
semana que vem	다음 주에	da-eum ju-e
semanal (adj)	주간의	ju-ga-nui
toda semana	매주	mae-ju
duas vezes por semana	일주일에 두번	il-ju-i-re du-beon
toda terça-feira	매주 화요일	mae-ju hwa-yo-il

21. Horas. Dia e noite

manhã (f)	아침	a-chim
de manhã	아침에	a-chim-e
meio-dia (m)	정오	jeong-o
à tarde	오후에	o-hu-e
tardinha (f)	저녁	jeo-nyeok
à tardinha	저녁에	jeo-nyeo-ge
noite (f)	밤	bam
à noite	밤에	bam-e
meia-noite (f)	자정	ja-jeong
segundo (m)	초	cho
minuto (m)	분	bun
hora (f)	시	si

meia hora (f)	반시간	ban-si-gan
quarto (m) de hora	십오분	si-bo-bun
quinze minutos	십오분	si-bo-bun
vinte e quatro horas	이십사시간	i-sip-sa-si-gan
nascer (m) do sol	일출	il-chul
amanhecer (m)	새벽	sae-byeok
madrugada (f)	이른 아침	i-reun a-chim
pôr-do-sol (m)	저녁 노을	jeo-nyeok no-eul
de madrugada	이른 아침에	i-reun a-chim-e
esta manhã	오늘 아침에	o-neul ra-chim-e
amanhã de manhã	내일 아침에	nae-il ra-chim-e
esta tarde	오늘 오후에	o-neul ro-hu-e
à tarde	오후에	o-hu-e
amanhã à tarde	내일 오후에	nae-il ro-hu-e
esta noite, hoje à noite	오늘 저녁에	o-neul jeo-nyeo-ge
amanhã à noite	내일 밤에	nae-il bam-e
às três horas em ponto	3시 정각에	se-si jeong-ga-ge
por volta das quatro	4시쯤에	ne-si-jjeu-me
às doze	12시까지	yeoldu si-kka-ji
em vinte minutos	20분 안에	isib-bun na-ne
em uma hora	한 시간 안에	han si-gan na-ne
a tempo	제시간에	je-si-gan-e
... um quarto para	··· 십오 분	... si-bo bun
dentro de uma hora	한 시간 내에	han si-gan nae-e
a cada quinze minutos	15분 마다	sibo-bun ma-da
as vinte e quatro horas	하루종일	ha-ru-jong-il

22. Meses. Estações

janeiro (m)	일월	i-rwol
fevereiro (m)	이월	i-wol
março (m)	삼월	sam-wol
abril (m)	사월	sa-wol
maio (m)	오월	o-wol
junho (m)	유월	yu-wol
julho (m)	칠월	chi-rwol
agosto (m)	팔월	pa-rwol
setembro (m)	구월	gu-wol
outubro (m)	시월	si-wol
novembro (m)	십일월	si-bi-rwol
dezembro (m)	십이월	si-bi-wol
primavera (f)	봄	bom
na primavera	봄에	bom-e
primaveril (adj)	봄의	bom-ui
verão (m)	여름	yeo-reum

no verão	여름에	yeo-reum-e
de verão	여름의	yeo-reu-mui
outono (m)	가을	ga-eul
no outono	가을에	ga-eu-re
outonal (adj)	가을의	ga-eu-rui
inverno (m)	겨울	gyeo-ul
no inverno	겨울에	gyeo-u-re
de inverno	겨울의	gyeo-ul
mês (m)	월, 달	wol, dal
este mês	이번 달에	i-beon da-re
mês que vem	다음 달에	da-eum da-re
no mês passado	지난 달에	ji-nan da-re
um mês atrás	한달 전에	han-dal jeon-e
em um mês	한 달 안에	han dal ra-ne
em dois meses	두 달 안에	du dal ra-ne
todo o mês	한 달 내내	han dal lae-nae
um mês inteiro	한달간 내내	han-dal-gan nae-nae
mensal (adj)	월간의	wol-ga-nui
mensalmente	매월, 매달	mae-wol, mae-dal
todo mês	매달	mae-dal
duas vezes por mês	한 달에 두 번	han da-re du beon
ano (m)	년	nyeon
este ano	올해	ol-hae
ano que vem	내년	nae-nyeon
no ano passado	작년	jang-nyeon
há um ano	일년 전	il-lyeon jeon
em um ano	일 년 안에	il lyeon na-ne
dentro de dois anos	이 년 안에	i nyeon na-ne
todo o ano	한 해 전체	han hae jeon-che
um ano inteiro	일년 내내	il-lyeon nae-nae
cada ano	매년	mae-nyeon
anual (adj)	연간의	yeon-ga-nui
anualmente	매년	mae-nyeon
quatro vezes por ano	일년에 네 번	il-lyeon-e ne beon
data (~ de hoje)	날짜	nal-jja
data (ex. ~ de nascimento)	월일	wo-ril
calendário (m)	달력	dal-lyeok
meio ano	반년	ban-nyeon
seis meses	육개월	yuk-gae-wol
estação (f)	계절	gye-jeol
século (m)	세기	se-gi

23. Tempo. Diversos

| tempo (m) | 시간 | si-gan |
| momento (m) | 순간 | sun-gan |

instante (m)	찰나	chal-la
instantâneo (adj)	찰나의	chal-la-ui
lapso (m) de tempo	기간	gi-gan
vida (f)	일생	il-saeng
eternidade (f)	영원	yeong-won
época (f)	시대	si-dae
era (f)	시대	si-dae
ciclo (m)	주기	ju-gi
período (m)	기간	gi-gan
prazo (m)	기간	gi-gan
futuro (m)	미래	mi-rae
futuro (adj)	미래의	mi-rae-ui
da próxima vez	다음번	da-eum-beon
passado (m)	과거	gwa-geo
passado (adj)	지나간	ji-na-gan
na última vez	지난 번에	ji-nan beon-e
mais tarde	나중에	na-jung-e
depois de ...	··· 후에	... hu-e
atualmente	요즘	yo-jeum
agora	이제	i-je
imediatamente	즉시	jeuk-si
em breve	곧	got
de antemão	미리	mi-ri
há muito tempo	오래 전	o-rae jeon
recentemente	최근	choe-geun
destino (m)	운명	un-myeong
recordações (f pl)	회상, 추억	hoe-sang, chu-eok
arquivo (m)	기록	gi-rok
durante ...	··· 동안	... dong-an
durante muito tempo	오래	o-rae
pouco tempo	길지 않은	gil-ji a-neun
cedo (levantar-se ~)	일찍	il-jjik
tarde (deitar-se ~)	늦게	neut-ge
para sempre	영원히	yeong-won-hi
começar (vt)	시작하다	si-jak-a-da
adiar (vt)	연기하다	yeon-gi-ha-da
ao mesmo tempo	동시에	dong-si-e
permanentemente	영구히	yeong-gu-hi
constante (~ ruído, etc.)	끊임없는	kkeu-nim-eom-neun
temporário (adj)	일시적인	il-si-jeo-gin
às vezes	가끔	ga-kkeum
raras vezes, raramente	드물게	deu-mul-ge
frequentemente	자주	ja-ju

24. Linhas e formas

quadrado (m)	정사각형	jeong-sa-gak-yeong
quadrado (adj)	사각의	sa-ga-gui

círculo (m)	원	won
redondo (adj)	원형의	won-hyeong-ui
triângulo (m)	삼각형	sam-gak-yeong
triangular (adj)	삼각형의	sam-gak-yeong-ui

oval (f)	타원	ta-won
oval (adj)	타원의	ta-won-ui
retângulo (m)	직사각형	jik-sa-gak-yeong
retangular (adj)	직사각형의	jik-sa-gak-yeong-ui

pirâmide (f)	피라미드	pi-ra-mi-deu
losango (m)	마름모	ma-reum-mo
trapézio (m)	사다리꼴	sa-da-ri-kkol
cubo (m)	정육면체	jeong-yung-myeon-che
prisma (m)	각기둥	gak-gi-dung

circunferência (f)	원주	won-ju
esfera (f)	구	gu
globo (m)	구체	gu-che
diâmetro (m)	지름	ji-reum
raio (m)	반경	ban-gyeong
perímetro (m)	둘레	dul-le
centro (m)	중심	jung-sim

horizontal (adj)	가로의	ga-ro-ui
vertical (adj)	세로의	se-ro-ui
paralela (f)	평행	pyeong-haeng
paralelo (adj)	평행한	pyeong-haeng-han

linha (f)	선, 줄	seon, jul
traço (m)	획	hoek
reta (f)	직선	jik-seon
curva (f)	곡선	gok-seon
fino (linha ~a)	얇은	yal-beun
contorno (m)	외곽선	oe-gwak-seon

interseção (f)	교점	gyo-jeom
ângulo (m) reto	직각	jik-gak
segmento (m)	활꼴	hwal-kkol
setor (m)	부채꼴	bu-chae-kkol
lado (de um triângulo, etc.)	변	byeon
ângulo (m)	각	gak

25. Unidades de medida

peso (m)	무게	mu-ge
comprimento (m)	길이	gi-ri
largura (f)	폭, 너비	pok, neo-bi
altura (f)	높이	no-pi
profundidade (f)	깊이	gi-pi
volume (m)	부피	bu-pi
área (f)	면적	myeon-jeok
grama (m)	그램	geu-raem
miligrama (m)	밀리그램	mil-li-geu-raem

quilograma (m)	킬로그램	kil-lo-geu-raem
tonelada (f)	톤	ton
libra (453,6 gramas)	파운드	pa-un-deu
onça (f)	온스	on-seu
metro (m)	미터	mi-teo
milímetro (m)	밀리미터	mil-li-mi-teo
centímetro (m)	센티미터	sen-ti-mi-teo
quilômetro (m)	킬로미터	kil-lo-mi-teo
milha (f)	마일	ma-il
polegada (f)	인치	in-chi
pé (304,74 mm)	피트	pi-teu
jarda (914,383 mm)	야드	ya-deu
metro (m) quadrado	제곱미터	je-gom-mi-teo
hectare (m)	헥타르	hek-ta-reu
litro (m)	리터	ri-teo
grau (m)	도	do
volt (m)	볼트	bol-teu
ampère (m)	암페어	am-pe-eo
cavalo (m) de potência	마력	ma-ryeok
quantidade (f)	수량, 양	su-ryang, yang
um pouco de ...	··· 조금	... jo-geum
metade (f)	절반	jeol-ban
dúzia (f)	다스	da-seu
peça (f)	조각	jo-gak
tamanho (m), dimensão (f)	크기	keu-gi
escala (f)	축척	chuk-cheok
mínimo (adj)	최소의	choe-so-ui
menor, mais pequeno	가장 작은	ga-jang ja-geun
médio (adj)	중간의	jung-gan-ui
máximo (adj)	최대의	choe-dae-ui
maior, mais grande	가장 큰	ga-jang keun

26. Recipientes

pote (m) de vidro	유리병	yu-ri-byeong
lata (~ de cerveja)	캔, 깡통	kaen, kkang-tong
balde (m)	양동이	yang-dong-i
barril (m)	통	tong
bacia (~ de plástico)	대야	dae-ya
tanque (m)	탱크	taeng-keu
cantil (m) de bolso	휴대용 술병	hyu-dae-yong sul-byeong
galão (m) de gasolina	통	tong
cisterna (f)	탱크	taeng-keu
caneca (f)	머그컵	meo-geu-keop
xícara (f)	컵	keop

pires (m)	받침 접시	bat-chim jeop-si
copo (m)	유리잔	yu-ri-jan
taça (f) de vinho	와인글라스	wa-in-geul-la-seu
panela (f)	냄비	naem-bi

| garrafa (f) | 병 | byeong |
| gargalo (m) | 병목 | byeong-mok |

jarra (f)	디캔터	di-kaen-teo
jarro (m)	물병	mul-byeong
recipiente (m)	용기	yong-gi
pote (m)	항아리	hang-a-ri
vaso (m)	화병	hwa-byeong

frasco (~ de perfume)	향수병	hyang-su-byeong
frasquinho (m)	약병	yak-byeong
tubo (m)	튜브	tyu-beu

saco (ex. ~ de açúcar)	자루	ja-ru
sacola (~ plastica)	봉투	bong-tu
maço (de cigarros, etc.)	갑	gap

caixa (~ de sapatos, etc.)	박스	bak-seu
caixote (~ de madeira)	상자	sang-ja
cesto (m)	바구니	ba-gu-ni

27. Materiais

material (m)	재료	jae-ryo
madeira (f)	목재	mok-jae
de madeira	목재의	mok-jae-ui

| vidro (m) | 유리 | yu-ri |
| de vidro | 유리의 | yu-ri-ui |

| pedra (f) | 돌 | dol |
| de pedra | 돌의 | do-rui |

| plástico (m) | 플라스틱 | peul-la-seu-tik |
| plástico (adj) | 플라스틱의 | peul-la-seu-ti-gui |

| borracha (f) | 고무 | go-mu |
| de borracha | 고무의 | go-mu-ui |

| tecido, pano (m) | 직물 | jing-mul |
| de tecido | 직물의 | jing-mu-rui |

| papel (m) | 종이 | jong-i |
| de papel | 종이의 | jong-i-ui |

papelão (m)	판지	pan-ji
de papelão	판지의	pan-ji-ui
polietileno (m)	폴리에틸렌	pol-li-e-til-len
celofane (m)	셀로판	sel-lo-pan

madeira (f) compensada	합판	hap-pan
porcelana (f)	도자기	do-ja-gi
de porcelana	도자기의	do-ja-gi-ui
argila (f), barro (m)	점토	jeom-to
de barro	점토의	jeom-to-ui
cerâmica (f)	세라믹	se-ra-mik
de cerâmica	세라믹의	se-ra-mi-gui

28. Metais

metal (m)	금속	geum-sok
metálico (adj)	금속제의	geum-sok-je-ui
liga (f)	합금	hap-geum

ouro (m)	금	geum
de ouro	금의	geum-ui
prata (f)	은	eun
de prata	은의	eun-ui

ferro (m)	철	cheol
de ferro	철제의	cheol-je-ui
aço (m)	강철	gang-cheol
de aço (adj)	강철의	gang-cheo-rui
cobre (m)	구리	gu-ri
de cobre	구리의	gu-ri-ui

alumínio (m)	알루미늄	al-lu-mi-nyum
de alumínio	알루미늄의	al-lu-mi-nyum-ui
bronze (m)	청동	cheong-dong
de bronze	청동의	cheong-dong-ui

latão (m)	황동	hwang-dong
níquel (m)	니켈	ni-kel
platina (f)	백금	baek-geum
mercúrio (m)	수은	su-eun
estanho (m)	주석	ju-seok
chumbo (m)	납	nap
zinco (m)	아연	a-yeon

O SER HUMANO

O ser humano. O corpo

29. Humanos. Conceitos básicos

ser (m) humano	사람	sa-ram
homem (m)	남자	nam-ja
mulher (f)	여자	yeo-ja
criança (f)	아이, 아동	a-i, a-dong
menina (f)	소녀	so-nyeo
menino (m)	소년	so-nyeon
adolescente (m)	청소년	cheong-so-nyeon
velho (m)	노인	no-in
velha (f)	노인	no-in

30. Anatomia humana

organismo (m)	생체	saeng-che
coração (m)	심장	sim-jang
sangue (m)	피	pi
artéria (f)	동맥	dong-maek
veia (f)	정맥	jeong-maek
cérebro (m)	두뇌	du-noe
nervo (m)	신경	sin-gyeong
nervos (m pl)	신경	sin-gyeong
vértebra (f)	척추	cheok-chu
coluna (f) vertebral	등뼈	deung-ppyeo
estômago (m)	위	wi
intestinos (m pl)	창자	chang-ja
intestino (m)	장	jang
fígado (m)	간	gan
rim (m)	신장	sin-jang
osso (m)	뼈	ppyeo
esqueleto (m)	뼈대	ppyeo-dae
costela (f)	늑골	neuk-gol
crânio (m)	두개골	du-gae-gol
músculo (m)	근육	geu-nyuk
bíceps (m)	이두근	i-du-geun
tendão (m)	힘줄, 건	him-jul, geon
articulação (f)	관절	gwan-jeol

pulmões (m pl)	폐	pye
órgãos (m pl) genitais	생식기	saeng-sik-gi
pele (f)	피부	pi-bu

31. Cabeça

cabeça (f)	머리	meo-ri
rosto, cara (f)	얼굴	eol-gul
nariz (m)	코	ko
boca (f)	입	ip

olho (m)	눈	nun
olhos (m pl)	눈	nun
pupila (f)	눈동자	nun-dong-ja
sobrancelha (f)	눈썹	nun-sseop
cílio (f)	속눈썹	song-nun-sseop
pálpebra (f)	눈꺼풀	nun-kkeo-pul

língua (f)	혀	hyeo
dente (m)	이	i
lábios (m pl)	입술	ip-sul
maçãs (f pl) do rosto	광대뼈	gwang-dae-ppyeo
gengiva (f)	잇몸	in-mom
palato (m)	입천장	ip-cheon-jang

narinas (f pl)	콧구멍	kot-gu-meong
queixo (m)	턱	teok
mandíbula (f)	턱	teok
bochecha (f)	뺨, 볼	ppyam, bol

testa (f)	이마	i-ma
têmpora (f)	관자놀이	gwan-ja-no-ri
orelha (f)	귀	gwi
costas (f pl) da cabeça	뒤통수	dwi-tong-su
pescoço (m)	목	mok
garganta (f)	목구멍	mok-gu-meong

cabelo (m)	머리털, 헤어	meo-ri-teol, he-eo
penteado (m)	머리 스타일	meo-ri seu-ta-il
corte (m) de cabelo	헤어컷	he-eo-keot
peruca (f)	가발	ga-bal

bigode (m)	콧수염	kot-su-yeom
barba (f)	턱수염	teok-su-yeom
ter (~ barba, etc.)	기르다	gi-reu-da
trança (f)	땋은 머리	tta-eun meo-ri
suíças (f pl)	구레나룻	gu-re-na-rut

ruivo (adj)	빨강머리의	ppal-gang-meo-ri-ui
grisalho (adj)	흰머리의	huin-meo-ri-ui
careca (adj)	대머리인	dae-meo-ri-in
calva (f)	땜통	ttaem-tong
rabo-de-cavalo (m)	말총머리	mal-chong-meo-ri
franja (f)	앞머리	am-meo-ri

32. Corpo humano

mão (f)	손	son
braço (m)	팔	pal
dedo (m)	손가락	son-ga-rak
polegar (m)	엄지손가락	eom-ji-son-ga-rak
dedo (m) mindinho	새끼손가락	sae-kki-son-ga-rak
unha (f)	손톱	son-top
punho (m)	주먹	ju-meok
palma (f)	손바닥	son-ba-dak
pulso (m)	손목	son-mok
antebraço (m)	전박	jeon-bak
cotovelo (m)	팔꿈치	pal-kkum-chi
ombro (m)	어깨	eo-kkae
perna (f)	다리	da-ri
pé (m)	발	bal
joelho (m)	무릎	mu-reup
panturrilha (f)	종아리	jong-a-ri
quadril (m)	엉덩이	eong-deong-i
calcanhar (m)	발뒤꿈치	bal-dwi-kkum-chi
corpo (m)	몸	mom
barriga (f), ventre (m)	배	bae
peito (m)	가슴	ga-seum
seio (m)	가슴	ga-seum
lado (m)	옆구리	yeop-gu-ri
costas (dorso)	등	deung
região (f) lombar	허리	heo-ri
cintura (f)	허리	heo-ri
umbigo (m)	배꼽	bae-kkop
nádegas (f pl)	엉덩이	eong-deong-i
traseiro (m)	엉덩이	eong-deong-i
sinal (m), pinta (f)	점	jeom
sinal (m) de nascença	모반	mo-ban
tatuagem (f)	문신	mun-sin
cicatriz (f)	흉터	hyung-teo

Vestuário & Acessórios

33. Roupa exterior. Casacos

roupa (f)	옷	ot
roupa (f) exterior	겉옷	geo-tot
roupa (f) de inverno	겨울옷	gyeo-u-rot
sobretudo (m)	코트	ko-teu
casaco (m) de pele	모피 외투	mo-pi oe-tu
jaqueta (f) de pele	짧은 모피 외투	jjal-beun mo-pi oe-tu
casaco (m) acolchoado	패딩점퍼	pae-ding-jeom-peo
casaco (m), jaqueta (f)	재킷	jae-kit
impermeável (m)	트렌치코트	teu-ren-chi-ko-teu
a prova d'água	방수의	bang-su-ui

34. Vestuário de homem & mulher

camisa (f)	셔츠	syeo-cheu
calça (f)	바지	ba-ji
jeans (m)	청바지	cheong-ba-ji
paletó, terno (m)	재킷	jae-kit
terno (m)	양복	yang-bok
vestido (ex. ~ de noiva)	드레스	deu-re-seu
saia (f)	치마	chi-ma
blusa (f)	블라우스	beul-la-u-seu
casaco (m) de malha	니트 재킷	ni-teu jae-kit
casaco, blazer (m)	재킷	jae-kit
camiseta (f)	티셔츠	ti-syeo-cheu
short (m)	반바지	ban-ba-ji
training (m)	운동복	un-dong-bok
roupão (m) de banho	목욕가운	mo-gyok-ga-un
pijama (m)	파자마	pa-ja-ma
suéter (m)	스웨터	seu-we-teo
pulôver (m)	풀오버	pu-ro-beo
colete (m)	조끼	jo-kki
fraque (m)	연미복	yeon-mi-bok
smoking (m)	턱시도	teok-si-do
uniforme (m)	제복	je-bok
roupa (f) de trabalho	작업복	ja-geop-bok
macacão (m)	작업바지	ja-geop-ba-ji
jaleco (m), bata (f)	가운	ga-un

35. Vestuário. Roupa interior

roupa (f) íntima	속옷	so-got
camiseta (f)	러닝 셔츠	reo-ning syeo-cheu
meias (f pl)	양말	yang-mal
camisola (f)	잠옷	jam-ot
sutiã (m)	브라	beu-ra
meias longas (f pl)	무릎길이 스타킹	mu-reup-gi-ri seu-ta-king
meias-calças (f pl)	팬티 스타킹	paen-ti seu-ta-king
meias (~ de nylon)	밴드 스타킹	baen-deu seu-ta-king
maiô (m)	수영복	su-yeong-bok

36. Adereços de cabeça

chapéu (m), touca (f)	모자	mo-ja
chapéu (m) de feltro	중절모	jung-jeol-mo
boné (m) de beisebol	야구 모자	ya-gu mo-ja
boina (~ italiana)	플랫캡	peul-laet-kaep
boina (ex. ~ basca)	베레모	be-re-mo
capuz (m)	후드	hu-deu
chapéu panamá (m)	파나마 모자	pa-na-ma mo-ja
touca (f)	니트 모자	ni-teu mo-ja
lenço (m)	스카프	seu-ka-peu
chapéu (m) feminino	여성용 모자	yeo-seong-yong mo-ja
capacete (m) de proteção	안전모	an-jeon-mo
bibico (m)	개리슨 캡	gae-ri-seun kaep
capacete (m)	헬멧	hel-met

37. Calçado

calçado (m)	신발	sin-bal
botinas (f pl), sapatos (m pl)	구두	gu-du
sapatos (de salto alto, etc.)	구두	gu-du
botas (f pl)	부츠	bu-cheu
pantufas (f pl)	슬리퍼	seul-li-peo
tênis (~ Nike, etc.)	운동화	un-dong-hwa
tênis (~ Converse)	스니커즈	seu-ni-keo-jeu
sandálias (f pl)	샌들	saen-deul
sapateiro (m)	구둣방	gu-dut-bang
salto (m)	굽	gup
par (m)	켤레	kyeol-le
cadarço (m)	끈	kkeun
amarrar os cadarços	끈을 매다	kkeu-neul mae-da
calçadeira (f)	구둣주걱	gu-dut-ju-geok
graxa (f) para calçado	구두약	gu-du-yak

38. Têxtil. Tecidos

algodão (m)	면	myeon
de algodão	면의	myeo-nui
linho (m)	리넨	ri-nen
de linho	린넨의	rin-ne-nui
seda (f)	실크	sil-keu
de seda	실크의	sil-keu-ui
lã (f)	모직, 울	mo-jik, ul
de lã	모직의	mo-ji-gui
veludo (m)	벨벳	bel-bet
camurça (f)	스웨이드	seu-we-i-deu
veludo (m) cotelê	코듀로이	ko-dyu-ro-i
nylon (m)	나일론	na-il-lon
de nylon	나일론의	na-il-lo-nui
poliéster (m)	폴리에스테르	pol-li-e-seu-te-reu
de poliéster	폴리에스테르의	pol-li-e-seu-te-reu-ui
couro (m)	가죽	ga-juk
de couro	가죽의	ga-ju-gui
pele (f)	모피	mo-pi
de pele	모피의	mo-pi-ui

39. Acessórios pessoais

luva (f)	장갑	jang-gap
mitenes (f pl)	벙어리장갑	beong-eo-ri-jang-gap
cachecol (m)	목도리	mok-do-ri
óculos (m pl)	안경	an-gyeong
armação (f)	안경테	an-gyeong-te
guarda-chuva (m)	우산	u-san
bengala (f)	지팡이	ji-pang-i
escova (f) para o cabelo	빗, 솔빗	bit, sol-bit
leque (m)	부채	bu-chae
gravata (f)	넥타이	nek-ta-i
gravata-borboleta (f)	나비넥타이	na-bi-nek-ta-i
suspensórios (m pl)	멜빵	mel-ppang
lenço (m)	손수건	son-su-geon
pente (m)	빗	bit
fivela (f) para cabelo	머리핀	meo-ri-pin
grampo (m)	머리핀	meo-ri-pin
fivela (f)	버클	beo-keul
cinto (m)	벨트	bel-teu
alça (f) de ombro	어깨끈	eo-kkae-kkeun
bolsa (f)	가방	ga-bang
bolsa (feminina)	핸드백	haen-deu-baek
mochila (f)	배낭	bae-nang

40. Vestuário. Diversos

moda (f)	패션	pae-syeon
na moda (adj)	유행하는	yu-haeng-ha-neun
estilista (m)	패션 디자이너	pae-syeon di-ja-i-neo
colarinho (m)	옷깃	ot-git
bolso (m)	주머니, 포켓	ju-meo-ni, po-ket
de bolso	주머니의	ju-meo-ni-ui
manga (f)	소매	so-mae
ganchinho (m)	거는 끈	geo-neun kkeun
bragueta (f)	바지 지퍼	ba-ji ji-peo
zíper (m)	지퍼	ji-peo
colchete (m)	조임쇠	jo-im-soe
botão (m)	단추	dan-chu
botoeira (casa de botão)	단춧 구멍	dan-chut gu-meong
soltar-se (vr)	떨어지다	tteo-reo-ji-da
costurar (vi)	바느질하다	ba-neu-jil-ha-da
bordar (vt)	수놓다	su-no-ta
bordado (m)	자수	ja-su
agulha (f)	바늘	ba-neul
fio, linha (f)	실	sil
costura (f)	솔기	sol-gi
sujar-se (vr)	더러워지다	deo-reo-wo-ji-da
mancha (f)	얼룩	eol-luk
amarrotar-se (vr)	구겨지다	gu-gyeo-ji-da
rasgar (vt)	찢다	jjit-da
traça (f)	좀	jom

41. Cuidados pessoais. Cosméticos

pasta (f) de dente	치약	chi-yak
escova (f) de dente	칫솔	chit-sol
escovar os dentes	이를 닦다	i-reul dak-da
gilete (f)	면도기	myeon-do-gi
creme (m) de barbear	면도용 크림	myeon-do-yong keu-rim
barbear-se (vr)	깎다	kkak-da
sabonete (m)	비누	bi-nu
xampu (m)	샴푸	syam-pu
tesoura (f)	가위	ga-wi
lixa (f) de unhas	손톱줄	son-top-jul
corta-unhas (m)	손톱깎이	son-top-kka-kki
pinça (f)	족집게	jok-jip-ge
cosméticos (m pl)	화장품	hwa-jang-pum
máscara (f)	얼굴 마스크	eol-gul ma-seu-keu
manicure (f)	매니큐어	mae-ni-kyu-eo

fazer as unhas	매니큐어를 칠하다	mae-ni-kyu-eo-reul chil-ha-da
pedicure (f)	페디큐어	pe-di-kyu-eo
bolsa (f) de maquiagem	화장품 가방	hwa-jang-pum ga-bang
pó (de arroz)	분	bun
pó (m) compacto	콤팩트	kom-paek-teu
blush (m)	블러셔	beul-leo-syeo
perfume (m)	향수	hyang-su
água-de-colônia (f)	화장수	hwa-jang-su
loção (f)	로션	ro-syeon
colônia (f)	오드콜로뉴	o-deu-kol-lo-nyu
sombra (f) de olhos	아이섀도	a-i-syae-do
delineador (m)	아이라이너	a-i-ra-i-neo
máscara (f), rímel (m)	마스카라	ma-seu-ka-ra
batom (m)	립스틱	rip-seu-tik
esmalte (m)	매니큐어	mae-ni-kyu-eo
laquê (m), spray fixador (m)	헤어 스프레이	he-eo seu-peu-re-i
desodorante (m)	데오도란트	de-o-do-ran-teu
creme (m)	크림	keu-rim
creme (m) de rosto	얼굴 크림	eol-gul keu-rim
creme (m) de mãos	핸드 크림	haen-deu keu-rim
creme (m) antirrugas	주름제거 크림	ju-reum-je-geo keu-rim
de dia	낮의	na-jui
da noite	밤의	ba-mui
absorvente (m) interno	탐폰	tam-pon
papel (m) higiênico	화장지	hwa-jang-ji
secador (m) de cabelo	헤어 드라이어	he-eo deu-ra-i-eo

42. Joalheria

joias (f pl)	보석	bo-seok
precioso (adj)	귀중한	gwi-jung-han
marca (f) de contraste	품질 보증 마크	pum-jil bo-jeung ma-keu
anel (m)	반지	ban-ji
aliança (f)	결혼반지	gyeol-hon-ban-ji
pulseira (f)	팔찌	pal-jji
brincos (m pl)	귀걸이	gwi-geo-ri
colar (m)	목걸이	mok-geo-ri
coroa (f)	왕관	wang-gwan
colar (m) de contas	구슬 목걸이	gu-seul mok-geo-ri
diamante (m)	다이아몬드	da-i-a-mon-deu
esmeralda (f)	에메랄드	e-me-ral-deu
rubi (m)	루비	ru-bi
safira (f)	사파이어	sa-pa-i-eo
pérola (f)	진주	jin-ju
âmbar (m)	호박	ho-bak

43. Relógios de pulso. Relógios

relógio (m) de pulso	손목 시계	son-mok si-gye
mostrador (m)	문자반	mun-ja-ban
ponteiro (m)	바늘	ba-neul
bracelete (em aço)	금속제 시계줄	geum-sok-je si-gye-jul
bracelete (em couro)	시계줄	si-gye-jul
pilha (f)	건전지	geon-jeon-ji
acabar (vi)	나가다	na-ga-da
trocar a pilha	배터리를 갈다	bae-teo-ri-reul gal-da
estar adiantado	빨리 가다	ppal-li ga-da
estar atrasado	늦게 가다	neut-ge ga-da
relógio (m) de parede	벽시계	byeok-si-gye
ampulheta (f)	모래시계	mo-rae-si-gye
relógio (m) de sol	해시계	hae-si-gye
despertador (m)	알람 시계	al-lam si-gye
relojoeiro (m)	시계 기술자	si-gye gi-sul-ja
reparar (vt)	수리하다	su-ri-ha-da

Alimentação. Nutrição

44. Comida

carne (f)	고기	go-gi
galinha (f)	닭고기	dak-go-gi
frango (m)	영계	yeong-gye
pato (m)	오리고기	o-ri-go-gi
ganso (m)	거위고기	geo-wi-go-gi
caça (f)	사냥감	sa-nyang-gam
peru (m)	칠면조고기	chil-myeon-jo-go-gi
carne (f) de porco	돼지고기	dwae-ji-go-gi
carne (f) de vitela	송아지 고기	song-a-ji go-gi
carne (f) de carneiro	양고기	yang-go-gi
carne (f) de vaca	소고기	so-go-gi
carne (f) de coelho	토끼고기	to-kki-go-gi
linguiça (f), salsichão (m)	소시지	so-si-ji
salsicha (f)	비엔나 소시지	bi-en-na so-si-ji
bacon (m)	베이컨	be-i-keon
presunto (m)	햄	haem
pernil (m) de porco	개먼	gae-meon
patê (m)	파테	pa-te
fígado (m)	간	gan
guisado (m)	다진 고기	da-jin go-gi
língua (f)	혀	hyeo
ovo (m)	계란	gye-ran
ovos (m pl)	계란	gye-ran
clara (f) de ovo	흰자	huin-ja
gema (f) de ovo	노른자	no-reun-ja
peixe (m)	생선	saeng-seon
mariscos (m pl)	해물	hae-mul
caviar (m)	캐비어	kae-bi-eo
caranguejo (m)	게	ge
camarão (m)	새우	sae-u
ostra (f)	굴	gul
lagosta (f)	대하	dae-ha
polvo (m)	문어	mun-eo
lula (f)	오징어	o-jing-eo
esturjão (m)	철갑상어	cheol-gap-sang-eo
salmão (m)	연어	yeon-eo
halibute (m)	넙치	neop-chi
bacalhau (m)	대구	dae-gu
cavala, sarda (f)	고등어	go-deung-eo

atum (m)	참치	cham-chi
enguia (f)	뱀장어	baem-jang-eo
truta (f)	송어	song-eo
sardinha (f)	정어리	jeong-eo-ri
lúcio (m)	강꼬치고기	gang-kko-chi-go-gi
arenque (m)	청어	cheong-eo
pão (m)	빵	ppang
queijo (m)	치즈	chi-jeu
açúcar (m)	설탕	seol-tang
sal (m)	소금	so-geum
arroz (m)	쌀	ssal
massas (f pl)	파스타	pa-seu-ta
talharim, miojo (m)	면	myeon
manteiga (f)	버터	beo-teo
óleo (m) vegetal	식물유	sing-mu-ryu
óleo (m) de girassol	해바라기유	hae-ba-ra-gi-yu
margarina (f)	마가린	ma-ga-rin
azeitonas (f pl)	올리브	ol-li-beu
azeite (m)	올리브유	ol-li-beu-yu
leite (m)	우유	u-yu
leite (m) condensado	연유	yeo-nyu
iogurte (m)	요구르트	yo-gu-reu-teu
creme (m) azedo	사워크림	sa-wo-keu-rim
creme (m) de leite	크림	keu-rim
maionese (f)	마요네즈	ma-yo-ne-jeu
creme (m)	버터크림	beo-teo-keu-rim
grãos (m pl) de cereais	곡물	gong-mul
farinha (f)	밀가루	mil-ga-ru
enlatados (m pl)	통조림	tong-jo-rim
flocos (m pl) de milho	콘플레이크	kon-peul-le-i-keu
mel (m)	꿀	kkul
geleia (m)	잼	jaem
chiclete (m)	껌	kkeom

45. Bebidas

água (f)	물	mul
água (f) potável	음료수	eum-nyo-su
água (f) mineral	미네랄 워터	mi-ne-ral rwo-teo
sem gás (adj)	탄산 없는	tan-san neom-neun
gaseificada (adj)	탄산의	tan-sa-nui
com gás	탄산이 든	tan-san-i deun
gelo (m)	얼음	eo-reum
com gelo	얼음을 넣은	eo-reu-meul leo-eun

não alcoólico (adj)	무알코올의	mu-al-ko-o-rui
refrigerante (m)	청량음료	cheong-nyang-eum-nyo
refresco (m)	청량 음료	cheong-nyang eum-nyo
limonada (f)	레모네이드	re-mo-ne-i-deu
bebidas (f pl) alcoólicas	술	sul
vinho (m)	와인	wa-in
vinho (m) branco	백 포도주	baek po-do-ju
vinho (m) tinto	레드 와인	re-deu wa-in
licor (m)	리큐르	ri-kyu-reu
champanhe (m)	샴페인	syam-pe-in
vermute (m)	베르무트	be-reu-mu-teu
uísque (m)	위스키	wi-seu-ki
vodca (f)	보드카	bo-deu-ka
gim (m)	진	jin
conhaque (m)	코냐	ko-nyak
rum (m)	럼	reom
café (m)	커피	keo-pi
café (m) preto	블랙 커피	beul-laek keo-pi
café (m) com leite	밀크 커피	mil-keu keo-pi
cappuccino (m)	카푸치노	ka-pu-chi-no
café (m) solúvel	인스턴트 커피	in-seu-teon-teu keo-pi
leite (m)	우유	u-yu
coquetel (m)	칵테일	kak-te-il
batida (f), milkshake (m)	밀크 셰이크	mil-keu sye-i-keu
suco (m)	주스	ju-seu
suco (m) de tomate	토마토 주스	to-ma-to ju-seu
suco (m) de laranja	오렌지 주스	o-ren-ji ju-seu
suco (m) fresco	생파일주스	saeng-gwa-il-ju-seu
cerveja (f)	맥주	maek-ju
cerveja (f) clara	라거	ra-geo
cerveja (f) preta	흑맥주	heung-maek-ju
chá (m)	차	cha
chá (m) preto	홍차	hong-cha
chá (m) verde	녹차	nok-cha

46. Vegetais

vegetais (m pl)	채소	chae-so
verdura (f)	녹황색 채소	nok-wang-saek chae-so
tomate (m)	토마토	to-ma-to
pepino (m)	오이	o-i
cenoura (f)	당근	dang-geun
batata (f)	감자	gam-ja
cebola (f)	양파	yang-pa
alho (m)	마늘	ma-neul

couve (f)	양배추	yang-bae-chu
couve-flor (f)	컬리플라워	keol-li-peul-la-wo
couve-de-bruxelas (f)	방울다다기 양배추	bang-ul-da-da-gi yang-bae-chu
brócolis (m pl)	브로콜리	beu-ro-kol-li
beterraba (f)	비트	bi-teu
berinjela (f)	가지	ga-ji
abobrinha (f)	애호박	ae-ho-bak
abóbora (f)	호박	ho-bak
nabo (m)	순무	sun-mu
salsa (f)	파슬리	pa-seul-li
endro, aneto (m)	딜	dil
alface (f)	양상추	yang-sang-chu
aipo (m)	셀러리	sel-leo-ri
aspargo (m)	아스파라거스	a-seu-pa-ra-geo-seu
espinafre (m)	시금치	si-geum-chi
ervilha (f)	완두	wan-du
feijão (~ soja, etc.)	콩	kong
milho (m)	옥수수	ok-su-su
feijão (m) roxo	강낭콩	gang-nang-kong
pimentão (m)	피망	pi-mang
rabanete (m)	무	mu
alcachofra (f)	아티초크	a-ti-cho-keu

47. Frutos. Nozes

fruta (f)	과일	gwa-il
maçã (f)	사과	sa-gwa
pera (f)	배	bae
limão (m)	레몬	re-mon
laranja (f)	오렌지	o-ren-ji
morango (m)	딸기	ttal-gi
tangerina (f)	귤	gyul
ameixa (f)	자두	ja-du
pêssego (m)	복숭아	bok-sung-a
damasco (m)	살구	sal-gu
framboesa (f)	라즈베리	ra-jeu-be-ri
abacaxi (m)	파인애플	pa-in-ae-peul
banana (f)	바나나	ba-na-na
melancia (f)	수박	su-bak
uva (f)	포도	po-do
ginja (f)	신양	si-nyang
cereja (f)	양벚나무	yang-beon-na-mu
melão (m)	멜론	mel-lon
toranja (f)	자몽	ja-mong
abacate (m)	아보카도	a-bo-ka-do
mamão (m)	파파야	pa-pa-ya

| manga (f) | 망고 | mang-go |
| romã (f) | 석류 | seong-nyu |

groselha (f) vermelha	레드커렌트	re-deu-keo-ren-teu
groselha (f) negra	블랙커렌트	beul-laek-keo-ren-teu
groselha (f) espinhosa	구스베리	gu-seu-be-ri
mirtilo (m)	빌베리	bil-be-ri
amora (f) silvestre	블랙베리	beul-laek-be-ri

passa (f)	건포도	geon-po-do
figo (m)	무화과	mu-hwa-gwa
tâmara (f)	대추야자	dae-chu-ya-ja

amendoim (m)	땅콩	ttang-kong
amêndoa (f)	아몬드	a-mon-deu
noz (f)	호두	ho-du
avelã (f)	개암	gae-am
coco (m)	코코넛	ko-ko-neot
pistaches (m pl)	피스타치오	pi-seu-ta-chi-o

48. Pão. Bolaria

pastelaria (f)	과자류	gwa-ja-ryu
pão (m)	빵	ppang
biscoito (m), bolacha (f)	쿠키	ku-ki

chocolate (m)	초콜릿	cho-kol-lit
de chocolate	초콜릿의	cho-kol-lis-ui
bala (f)	사탕	sa-tang
doce (bolo pequeno)	케이크	ke-i-keu
bolo (m) de aniversário	케이크	ke-i-keu

| torta (f) | 파이 | pa-i |
| recheio (m) | 속 | sok |

geleia (m)	잼	jaem
marmelada (f)	마멀레이드	ma-meol-le-i-deu
wafers (m pl)	와플	wa-peul
sorvete (m)	아이스크림	a-i-seu-keu-rim

49. Pratos cozinhados

prato (m)	요리, 코스	yo-ri, ko-seu
cozinha (~ portuguesa)	요리	yo-ri
receita (f)	요리법	yo-ri-beop
porção (f)	분량	bul-lyang

| salada (f) | 샐러드 | sael-leo-deu |
| sopa (f) | 수프 | su-peu |

| caldo (m) | 육수 | yuk-su |
| sanduíche (m) | 샌드위치 | saen-deu-wi-chi |

ovos (m pl) fritos	계란후라이	gye-ran-hu-ra-i
hambúrguer (m)	햄버거	haem-beo-geo
bife (m)	비프스테이크	bi-peu-seu-te-i-keu
acompanhamento (m)	사이드 메뉴	sa-i-deu me-nyu
espaguete (m)	스파게티	seu-pa-ge-ti
purê (m) de batata	으깬 감자	eu-kkaen gam-ja
pizza (f)	피자	pi-ja
mingau (m)	죽	juk
omelete (f)	오믈렛	o-meul-let
fervido (adj)	삶은	sal-meun
defumado (adj)	훈제된	hun-je-doen
frito (adj)	튀긴	twi-gin
seco (adj)	말린	mal-lin
congelado (adj)	얼린	eol-lin
em conserva (adj)	초절인	cho-jeo-rin
doce (adj)	단	dan
salgado (adj)	짠	jjan
frio (adj)	차가운	cha-ga-un
quente (adj)	뜨거운	tteu-geo-un
amargo (adj)	쓴	sseun
gostoso (adj)	맛있는	man-nin-neun
cozinhar em água fervente	삶다	sam-da
preparar (vt)	요리하다	yo-ri-ha-da
fritar (vt)	부치다	bu-chi-da
aquecer (vt)	데우다	de-u-da
salgar (vt)	소금을 넣다	so-geu-meul leo-ta
apimentar (vt)	후추를 넣다	hu-chu-reul leo-ta
ralar (vt)	강판에 갈다	gang-pa-ne gal-da
casca (f)	껍질	kkeop-jil
descascar (vt)	껍질 벗기다	kkeop-jil beot-gi-da

50. Especiarias

sal (m)	소금	so-geum
salgado (adj)	짜	jja
salgar (vt)	소금을 넣다	so-geu-meul leo-ta
pimenta-do-reino (f)	후추	hu-chu
pimenta (f) vermelha	고춧가루	go-chut-ga-ru
mostarda (f)	겨자	gyeo-ja
raiz-forte (f)	고추냉이	go-chu-naeng-i
condimento (m)	양념	yang-nyeom
especiaria (f)	향료	hyang-nyo
molho (~ inglês)	소스	so-seu
vinagre (m)	식초	sik-cho
anis estrelado (m)	아니스	a-ni-seu
manjericão (m)	바질	ba-jil

cravo (m)	정향	jeong-hyang
gengibre (m)	생강	saeng-gang
coentro (m)	고수	go-su
canela (f)	계피	gye-pi

gergelim (m)	깨	kkae
folha (f) de louro	월계수잎	wol-gye-su-ip
páprica (f)	파프리카	pa-peu-ri-ka
cominho (m)	캐러웨이	kae-reo-we-i
açafrão (m)	사프란	sa-peu-ran

51. Refeições

| comida (f) | 음식 | eum-sik |
| comer (vt) | 먹다 | meok-da |

café (m) da manhã	아침식사	a-chim-sik-sa
tomar café da manhã	아침을 먹다	a-chi-meul meok-da
almoço (m)	점심식사	jeom-sim-sik-sa
almoçar (vi)	점심을 먹다	jeom-si-meul meok-da
jantar (m)	저녁식사	jeo-nyeok-sik-sa
jantar (vi)	저녁을 먹다	jeo-nyeo-geul meok-da

| apetite (m) | 식욕 | si-gyok |
| Bom apetite! | 맛있게 드십시오! | man-nit-ge deu-sip-si-o! |

abrir (~ uma lata, etc.)	열다	yeol-da
derramar (~ líquido)	엎지르다	eop-ji-reu-da
derramar-se (vr)	쏟아지다	sso-da-ji-da

ferver (vi)	끓다	kkeul-ta
ferver (vt)	끓이다	kkeu-ri-da
fervido (adj)	끓인	kkeu-rin
esfriar (vt)	식히다	sik-i-da
esfriar-se (vr)	식다	sik-da

| sabor, gosto (m) | 맛 | mat |
| fim (m) de boca | 뒷 맛 | dwit mat |

emagrecer (vi)	살을 빼다	sa-reul ppae-da
dieta (f)	다이어트	da-i-eo-teu
vitamina (f)	비타민	bi-ta-min
caloria (f)	칼로리	kal-lo-ri

| vegetariano (m) | 채식주의자 | chae-sik-ju-ui-ja |
| vegetariano (adj) | 채식주의의 | chae-sik-ju-ui-ui |

gorduras (f pl)	지방	ji-bang
proteínas (f pl)	단백질	dan-baek-jil
carboidratos (m pl)	탄수화물	tan-su-hwa-mul

fatia (~ de limão, etc.)	조각	jo-gak
pedaço (~ de bolo)	조각	jo-gak
migalha (f), farelo (m)	부스러기	bu-seu-reo-gi

52. Por a mesa

colher (f)	숟가락	sut-ga-rak
faca (f)	나이프	na-i-peu
garfo (m)	포크	po-keu

xícara (f)	컵	keop
prato (m)	접시	jeop-si
pires (m)	받침 접시	bat-chim jeop-si
guardanapo (m)	냅킨	naep-kin
palito (m)	이쑤시개	i-ssu-si-gae

53. Restaurante

restaurante (m)	레스토랑	re-seu-to-rang
cafeteria (f)	커피숍	keo-pi-syop
bar (m), cervejaria (f)	바	ba
salão (m) de chá	카페, 티룸	ka-pe, ti-rum

garçom (m)	웨이터	we-i-teo
garçonete (f)	웨이트리스	we-i-teu-ri-seu
barman (m)	바텐더	ba-ten-deo

cardápio (m)	메뉴판	me-nyu-pan
lista (f) de vinhos	와인 메뉴	wa-in me-nyu
reservar uma mesa	테이블 예약을 하다	te-i-beul rye-ya-geul ha-da

prato (m)	요리, 코스	yo-ri, ko-seu
pedir (vt)	주문하다	ju-mun-ha-da
fazer o pedido	주문을 하다	ju-mu-neul ha-da

aperitivo (m)	아페리티프	a-pe-ri-ti-peu
entrada (f)	애피타이저	ae-pi-ta-i-jeo
sobremesa (f)	디저트	di-jeo-teu

conta (f)	계산서	gye-san-seo
pagar a conta	계산하다	gye-san-ha-da
dar o troco	거스름돈을 주다	geo-seu-reum-do-neul ju-da
gorjeta (f)	팁	tip

Família, parentes e amigos

54. Informação pessoal. Formulários

nome (m)	이름	i-reum
sobrenome (m)	성	seong
data (f) de nascimento	생년월일	saeng-nyeon-wo-ril
local (m) de nascimento	탄생지	tan-saeng-ji
nacionalidade (f)	국적	guk-jeok
lugar (m) de residência	거소	geo-so
país (m)	나라	na-ra
profissão (f)	직업	ji-geop
sexo (m)	성별	seong-byeol
estatura (f)	키	ki
peso (m)	몸무게	mom-mu-ge

55. Membros da família. Parentes

mãe (f)	어머니	eo-meo-ni
pai (m)	아버지	a-beo-ji
filho (m)	아들	a-deul
filha (f)	딸	ttal
caçula (f)	작은딸	ja-geun-ttal
caçula (m)	작은아들	ja-geun-a-deul
filha (f) mais velha	맏딸	mat-ttal
filho (m) mais velho	맏아들	ma-da-deul
irmão (m)	형제	hyeong-je
irmã (f)	자매	ja-mae
primo (m)	사촌 형제	sa-chon hyeong-je
prima (f)	사촌 자매	sa-chon ja-mae
mamãe (f)	엄마	eom-ma
papai (m)	아빠	a-ppa
pais (pl)	부모	bu-mo
criança (f)	아이, 아동	a-i, a-dong
crianças (f pl)	아이들	a-i-deul
avó (f)	할머니	hal-meo-ni
avô (m)	할아버지	ha-ra-beo-ji
neto (m)	손자	son-ja
neta (f)	손녀	son-nyeo
netos (pl)	손자들	son-ja-deul
tio (m)	삼촌	sam-chon

sobrinho (m)	조카	jo-ka
sobrinha (f)	조카딸	jo-ka-ttal
sogra (f)	장모	jang-mo
sogro (m)	시아버지	si-a-beo-ji
genro (m)	사위	sa-wi
madrasta (f)	계모	gye-mo
padrasto (m)	계부	gye-bu
criança (f) de colo	영아	yeong-a
bebê (m)	아기	a-gi
menino (m)	꼬마	kko-ma
mulher (f)	아내	a-nae
marido (m)	남편	nam-pyeon
esposo (m)	배우자	bae-u-ja
esposa (f)	배우자	bae-u-ja
casado (adj)	결혼한	gyeol-hon-han
casada (adj)	결혼한	gyeol-hon-han
solteiro (adj)	미혼의	mi-hon-ui
solteirão (m)	미혼 남자	mi-hon nam-ja
divorciado (adj)	이혼한	i-hon-han
viúva (f)	과부	gwa-bu
viúvo (m)	홀아비	ho-ra-bi
parente (m)	친척	chin-cheok
parente (m) próximo	가까운 친척	ga-kka-un chin-cheok
parente (m) distante	먼 친척	meon chin-cheok
parentes (m pl)	친척들	chin-cheok-deul
órfão (m), órfã (f)	고아	go-a
tutor (m)	후견인	hu-gyeon-in
adotar (um filho)	입양하다	i-byang-ha-da
adotar (uma filha)	입양하다	i-byang-ha-da

56. Amigos. Colegas de trabalho

amigo (m)	친구	chin-gu
amiga (f)	친구	chin-gu
amizade (f)	우정	u-jeong
ser amigos	사귀다	sa-gwi-da
amigo (m)	벗	beot
amiga (f)	벗	beot
parceiro (m)	파트너	pa-teu-neo
chefe (m)	상사	sang-sa
superior (m)	윗사람	wit-sa-ram
subordinado (m)	부하	bu-ha
colega (m, f)	동료	dong-nyo
conhecido (m)	아는 사람	a-neun sa-ram
companheiro (m) de viagem	동행자	dong-haeng-ja

colega (m) de classe	동급생	dong-geup-saeng
vizinho (m)	이웃	i-ut
vizinha (f)	이웃	i-ut
vizinhos (pl)	이웃들	i-ut-deul

57. Homem. Mulher

mulher (f)	여자	yeo-ja
menina (f)	소녀, 아가씨	so-nyeo, a-ga-ssi
noiva (f)	신부	sin-bu

bonita, bela (adj)	아름다운	a-reum-da-un
alta (adj)	키가 큰	ki-ga keun
esbelta (adj)	날씬한	nal-ssin-han
baixa (adj)	키가 작은	ki-ga ja-geun

loira (f)	블론드 여자	beul-lon-deu yeo-ja
morena (f)	갈색머리 여성	gal-saeng-meo-ri yeo-seong

de senhora	여성의	yeo-seong-ui
virgem (f)	처녀	cheo-nyeo
grávida (adj)	임신한	im-sin-han

homem (m)	남자	nam-ja
loiro (m)	블론드 남자	beul-lon-deu nam-ja
moreno (m)	갈색머리 남자	gal-saeng-meo-ri nam-ja
alto (adj)	키가 큰	ki-ga keun
baixo (adj)	키가 작은	ki-ga ja-geun

rude (adj)	무례한	mu-rye-han
atarracado (adj)	땅딸막한	ttang-ttal-mak-an
robusto (adj)	강건한	gang-han
forte (adj)	강한	gang-han
força (f)	힘	him

gordo (adj)	뚱뚱한	ttung-ttung-han
moreno (adj)	거무스레한	geo-mu-seu-re-han
esbelto (adj)	날씬한	nal-ssin-han
elegante (adj)	우아한	u-a-han

58. Idade

idade (f)	나이	na-i
juventude (f)	청년시절	cheong-nyeon-si-jeol
jovem (adj)	젊은	jeol-meun

mais novo (adj)	더 젊은	deo jeol-meun
mais velho (adj)	더 나이 든	deo na-i deun

jovem (m)	젊은 분	jeol-meun bun
adolescente (m)	청소년	cheong-so-nyeon
rapaz (m)	사내	sa-nae

| velho (m) | 노인 | no-in |
| velha (f) | 노인 | no-in |

adulto	어른	eo-reun
de meia-idade	중년의	jung-nyeo-nui
idoso, de idade (adj)	나이 든	na-i deun
velho (adj)	늙은	neul-geun

aposentadoria (f)	은퇴	eun-toe
aposentar-se (vr)	은퇴하다	eun-toe-ha-da
aposentado (m)	은퇴자	eun-toe-ja

59. Crianças

criança (f)	아이, 아동	a-i, a-dong
crianças (f pl)	아이들	a-i-deul
gêmeos (m pl), gêmeas (f pl)	쌍둥이	ssang-dung-i

berço (m)	요람	yo-ram
chocalho (m)	딸랑이	ttal-lang-i
fralda (f)	기저귀	gi-jeo-gwi

chupeta (f), bico (m)	젖꼭지	jeot-kkok-ji
carrinho (m) de bebê	유모차	yu-mo-cha
jardim (m) de infância	유치원	yu-chi-won
babysitter, babá (f)	애기보는 사람	ae-gi-bo-neun sa-ram

infância (f)	유년	yu-nyeon
boneca (f)	인형	in-hyeong
brinquedo (m)	장난감	jang-nan-gam
jogo (m) de montar	블록 장난감	beul-lok jang-nan-gam

bem-educado (adj)	잘 교육받은	jal gyo-yuk-ba-deun
malcriado (adj)	잘못 키운	jal-mot ki-un
mimado (adj)	버릇없는	beo-reus-eom-neun

ser travesso	짓궂다	jit-gut-da
travesso, traquinas (adj)	장난기 있는	jang-nan-gi in-neun
travessura (f)	장난기	jang-nan-gi
criança (f) travessa	장난꾸러기	jang-nan-kku-reo-gi

| obediente (adj) | 말 잘 듣는 | mal jal deun-neun |
| desobediente (adj) | 반항적인 | ban-hang-jeo-gin |

dócil (adj)	유순한	yu-sun-han
inteligente (adj)	영리한	yeong-ni-han
prodígio (m)	신동	sin-dong

60. Casais. Vida de família

| beijar (vt) | 키스하다 | ki-seu-ha-da |
| beijar-se (vr) | 입을 맞추다 | i-beul mat-chu-da |

família (f)	가족	ga-jok
familiar (vida ~)	가족의	ga-jo-gui
casal (m)	부부	bu-bu
matrimônio (m)	결혼	gyeol-hon
lar (m)	따뜻한 가정	tta-tteu-tan ga-jeong
dinastia (f)	혈통	hyeol-tong
encontro (m)	데이트	de-i-teu
beijo (m)	키스	ki-seu
amor (m)	사랑	sa-rang
amar (pessoa)	사랑하다	sa-rang-ha-da
amado, querido (adj)	사랑받는	sa-rang-ban-neun
ternura (f)	상냥함	sang-nyang-ham
afetuoso (adj)	자상한	ja-sang-han
fidelidade (f)	성실	seong-sil
fiel (adj)	성실한	seong-sil-han
cuidado (m)	배려	bae-ryeo
carinhoso (adj)	배려하는	bae-ryeo-ha-neun
recém-casados (pl)	신혼 부부	sin-hon bu-bu
lua (f) de mel	허니문	heo-ni-mun
casar-se (com um homem)	결혼하다	gyeol-hon-ha-da
casar-se (com uma mulher)	결혼하다	gyeol-hon-ha-da
casamento (m)	결혼식	gyeol-hon-sik
aniversário (m)	기념일	gi-nyeom-il
amante (m)	애인	ae-in
amante (f)	정부	jeong-bu
adultério (m), traição (f)	불륜	bul-lyun
cometer adultério	바람을 피우다	ba-ra-meul pi-u-da
ciumento (adj)	질투하는	jil-tu-ha-neun
ser ciumento, -a	질투하다	jil-tu-ha-da
divórcio (m)	이혼	i-hon
divorciar-se (vr)	이혼하다	i-hon-ha-da
brigar (discutir)	다투다	da-tu-da
fazer as pazes	화해하다	hwa-hae-ha-da
juntos (ir ~)	같이	ga-chi
sexo (m)	섹스	sek-seu
felicidade (f)	행복	haeng-bok
feliz (adj)	행복한	haeng-bok-an
infelicidade (f)	불행	bul-haeng
infeliz (adj)	불행한	bul-haeng-han

Caráter. Sentimentos. Emoções

61. Sentimentos. Emoções

sentimento (m)	감정	gam-jeong
sentimentos (m pl)	감정	gam-jeong
sentir (vt)	느끼다	neu-kki-da
fome (f)	배고픔	bae-go-peum
ter fome	배가 고프다	bae-ga go-peu-da
sede (f)	목마름	mong-ma-reum
ter sede	목마르다	mong-ma-reu-da
sonolência (f)	졸음	jo-reum
estar sonolento	졸리다	jol-li-da
cansaço (m)	피로	pi-ro
cansado (adj)	피곤한	pi-gon-han
ficar cansado	피곤하다	pi-gon-ha-da
humor (m)	기분	gi-bun
tédio (m)	지루함	ji-ru-ham
entediar-se (vr)	심심하다	sim-sim-ha-da
reclusão (isolamento)	은둔 생활	eun-dun saeng-hwal
isolar-se (vr)	고적하게 살다	go-jeok-a-ge sal-da
preocupar (vt)	걱정하게 만들다	geok-jeong-ha-ge man-deul-da
estar preocupado	걱정하다	geok-jeong-ha-da
preocupação (f)	걱정	geok-jeong
ansiedade (f)	심려	sim-nyeo
preocupado (adj)	사로잡힌	sa-ro-ja-pin
estar nervoso	긴장하다	gin-jang-ha-da
entrar em pânico	공황 상태에 빠지다	gong-hwang sang-tae-e ppa-ji-da
esperança (f)	희망	hui-mang
esperar (vt)	희망하다	hui-mang-ha-da
certeza (f)	확실	hwak-sil
certo, seguro de ...	확실한	hwak-sil-han
indecisão (f)	불확실성	bul-hwak-sil-seong
indeciso (adj)	불확실한	bul-hwak-sil-han
bêbado (adj)	취한	chwi-han
sóbrio (adj)	술 취하지 않은	sul chwi-ha-ji a-neun
fraco (adj)	약한	yak-an
feliz (adj)	행복한	haeng-bok-an
assustar (vt)	겁주다	geop-ju-da
fúria (f)	격분	gyeok-bun
ira, raiva (f)	격노	gyeong-no

depressão (f)	우울함	u-ul-ham
desconforto (m)	불편함	bul-pyeon-ham
conforto (m)	안락	al-lak
arrepender-se (vr)	후회하다	hu-hoe-ha-da
arrependimento (m)	후회	hu-hoe
azar (m), má sorte (f)	불운	bu-run
tristeza (f)	슬픔	seul-peum

vergonha (f)	부끄러움	bu-kkeu-reo-um
alegria (f)	기쁨, 반가움	gi-ppeum, ban-ga-um
entusiasmo (m)	열광, 열성	yeol-gwang, yeol-seong
entusiasta (m)	열광자	yeol-gwang-ja
mostrar entusiasmo	열의를 보이다	yeo-rui-reul bo-i-da

62. Caráter. Personalidade

caráter (m)	성격	seong-gyeok
falha (f) de caráter	성격결함	seong-gyeok-gyeol-ham
mente (f)	마음	ma-eum
razão (f)	이성	i-seong

consciência (f)	양심	yang-sim
hábito, costume (m)	습관	seup-gwan
habilidade (f)	능력	neung-nyeok
saber (~ nadar, etc.)	할 수 있다	hal su it-da

paciente (adj)	참을성 있는	cha-meul-seong in-neun
impaciente (adj)	참을성 없는	cha-meul-seong eom-neun
curioso (adj)	호기심이 많은	ho-gi-sim-i ma-neun
curiosidade (f)	호기심	ho-gi-sim

modéstia (f)	겸손	gyeom-son
modesto (adj)	겸손한	gyeom-son-han
imodesto (adj)	자만하는	ja-man-ha-neun

| preguiçoso (adj) | 게으른 | ge-eu-reun |
| preguiçoso (m) | 게으름뱅이 | ge-eu-reum-baeng-i |

astúcia (f)	교활	gyo-hwal
astuto (adj)	교활한	gyo-hwal-han
desconfiança (f)	불신	bul-sin
desconfiado (adj)	불신하는	bul-sin-ha-neun

generosidade (f)	관대함	gwan-dae-ham
generoso (adj)	관대한	gwan-dae-han
talentoso (adj)	재능이 있는	jae-neung-i in-neun
talento (m)	재능	jae-neung

corajoso (adj)	용감한	yong-gam-han
coragem (f)	용기	yong-gi
honesto (adj)	정직한	jeong-jik-an
honestidade (f)	정직	jeong-jik
prudente, cuidadoso (adj)	주의깊은	ju-ui-gi-peun
valoroso (adj)	용감한	yong-gam-han

sério (adj)	진지한	jin-ji-han
severo (adj)	엄한	eom-han
decidido (adj)	과단성 있는	gwa-dan-seong in-neun
indeciso (adj)	과단성 없는	gwa-dan-seong eom-neun
tímido (adj)	소심한	so-sim-han
timidez (f)	소심	so-sim
confiança (f)	신뢰	sil-loe
confiar (vt)	신뢰하다	sil-loe-ha-da
crédulo (adj)	잘 믿는	jal min-neun
sinceramente	성실하게	seong-sil-ha-ge
sincero (adj)	성실한	seong-sil-han
sinceridade (f)	성실	seong-sil
aberto (adj)	열린	yeol-lin
calmo (adj)	차분한	cha-bun-han
franco (adj)	솔직한	sol-jik-an
ingênuo (adj)	순진한	sun-jin-han
distraído (adj)	건망증이 심한	geon-mang-jeung-i sim-han
engraçado (adj)	웃긴	ut-gin
ganância (f)	욕심	yok-sim
ganancioso (adj)	욕심 많은	yok-sim ma-neun
avarento, sovina (adj)	인색한	in-saek-an
mal (adj)	사악한	sa-a-kan
teimoso (adj)	고집이 센	go-ji-bi sen
desagradável (adj)	불쾌한	bul-kwae-han
egoísta (m)	이기주의자	i-gi-ju-ui-ja
egoísta (adj)	이기적인	i-gi-jeo-gin
covarde (m)	비겁한 자, 겁쟁이	bi-geo-pan ja, geop-jaeng-i
covarde (adj)	비겁한	bi-geo-pan

63. O sono. Sonhos

dormir (vi)	잠을 자다	ja-meul ja-da
sono (m)	잠	jam
sonho (m)	꿈	kkum
sonhar (ver sonhos)	꿈을 꾸다	kku-meul kku-da
sonolento (adj)	졸린	jol-lin
cama (f)	침대	chim-dae
colchão (m)	매트리스	mae-teu-ri-seu
cobertor (m)	이불	i-bul
travesseiro (m)	베개	be-gae
lençol (m)	시트	si-teu
insônia (f)	불면증	bul-myeon-jeung
sem sono (adj)	불면의	bul-myeon-ui
sonífero (m)	수면제	su-myeon-je
tomar um sonífero	수면제를 먹다	su-myeon-je-reul meok-da
estar sonolento	졸리다	jol-li-da

bocejar (vi)	하품하다	ha-pum-ha-da
ir para a cama	잠자리에 들다	jam-ja-ri-e deul-da
fazer a cama	침대를 정리하다	chim-dae-reul jeong-ni-ha-da
adormecer (vi)	잠들다	jam-deul-da

pesadelo (m)	악몽	ang-mong
ronco (m)	코골기	ko-gol-gi
roncar (vi)	코를 골다	ko-reul gol-da

despertador (m)	알람 시계	al-lam si-gye
acordar, despertar (vt)	깨우다	kkae-u-da
acordar (vi)	깨다	kkae-da
levantar-se (vr)	일어나다	i-reo-na-da
lavar-se (vr)	세수하다	se-su-ha-da

64. Humor. Riso. Alegria

humor (m)	유머	yu-meo
senso (m) de humor	유머 감각	yu-meo gam-gak
divertir-se (vr)	즐기다	jeul-gi-da
alegre (adj)	명랑한	myeong-nang-han
diversão (f)	즐거움	jeul-geo-um

sorriso (m)	미소	mi-so
sorrir (vi)	미소를 짓다	mi-so-reul jit-da
começar a rir	웃기 시작하다	ut-gi si-jak-a-da
rir (vi)	웃다	ut-da
riso (m)	웃음	us-eum

anedota (f)	일화	il-hwa
engraçado (adj)	웃긴	ut-gin
ridículo, cômico (adj)	웃긴	ut-gin

brincar (vi)	농담하다	nong-dam-ha-da
piada (f)	농담	nong-dam
alegria (f)	기쁜, 즐거움	gi-ppeun, jeul-geo-um
regozijar-se (vr)	기뻐하다	gi-ppeo-ha-da
alegre (adj)	기쁜	gi-ppeun

65. Discussão, conversação. Parte 1

| comunicação (f) | 의사소통 | ui-sa-so-tong |
| comunicar-se (vr) | 연락을 주고받다 | yeol-la-geul ju-go-bat-da |

conversa (f)	대화	dae-hwa
diálogo (m)	대화	dae-hwa
discussão (f)	논의	non-ui
debate (m)	언쟁	eon-jaeng
debater (vt)	언쟁하다	eon-jaeng-ha-da

| interlocutor (m) | 대화 상대 | dae-hwa sang-dae |
| tema (m) | 주제 | ju-je |

ponto (m) de vista	관점	gwan-jeom
opinião (f)	의견	ui-gyeon
discurso (m)	연설	yeon-seol
discussão (f)	의논	ui-non
discutir (vt)	의논하다	ui-non-ha-da
conversa (f)	대화	dae-hwa
conversar (vi)	대화하다	i-ya-gi-ha-da
reunião (f)	회의	hoe-ui
encontrar-se (vr)	만나다	man-na-da
provérbio (m)	속담	sok-dam
ditado, provérbio (m)	속담	sok-dam
adivinha (f)	수수께끼	su-su-kke-kki
dizer uma adivinha	수수께끼를 내다	su-su-kke-kki-reul lae-da
senha (f)	비밀번호	bi-mil-beon-ho
segredo (m)	비밀	bi-mil
juramento (m)	맹세	maeng-se
jurar (vi)	맹세하다	maeng-se-ha-da
promessa (f)	약속	yak-sok
prometer (vt)	약속하다	yak-sok-a-da
conselho (m)	조언	jo-eon
aconselhar (vt)	조언하다	jo-eon-ha-da
escutar (~ os conselhos)	… 를 따르다	… reul tta-reu-da
novidade, notícia (f)	소식	so-sik
sensação (f)	센세이션	sen-se-i-syeon
informação (f)	정보	jeong-bo
conclusão (f)	결론	gyeol-lon
voz (f)	목소리	mok-so-ri
elogio (m)	칭찬	ching-chan
amável, querido (adj)	친절한	chin-jeol-han
palavra (f)	단어	dan-eo
frase (f)	어구	eo-gu
resposta (f)	대답	dae-dap
verdade (f)	진리	jil-li
mentira (f)	거짓말	geo-jin-mal
pensamento (m)	생각	saeng-gak
ideia (f)	관념	gwan-nyeom
fantasia (f)	판타지	pan-ta-ji

66. Discussão, conversação. Parte 2

estimado, respeitado (adj)	존경받는	jon-gyeong-ban-neun
respeitar (vt)	존경하다	jon-gyeong-ha-da
respeito (m)	존경	jon-gyeong
Estimado …, Caro …	친애하는 …	chin-ae-ha-neun …
apresentar (alguém a alguém)	소개하다	so-gae-ha-da

intenção (f)	의도	ui-do
tencionar (~ fazer algo)	의도하다	ui-do-ha-da
desejo (de boa sorte)	바람	ba-ram
desejar (ex. ~ boa sorte)	바라다	ba-ra-da
surpresa (f)	놀라움	nol-la-um
surpreender (vt)	놀라게 하다	nol-la-ge ha-da
surpreender-se (vr)	놀라다	nol-la-da
dar (vt)	주다	ju-da
pegar (tomar)	잡다	jap-da
devolver (vt)	돌려주다	dol-lyeo-ju-da
retornar (vt)	돌려주다	dol-lyeo-ju-da
desculpar-se (vr)	사과하다	sa-gwa-ha-da
desculpa (f)	사과	sa-gwa
perdoar (vt)	용서하다	yong-seo-ha-da
falar (vi)	말하다	mal-ha-da
escutar (vt)	듣다	deut-da
ouvir até o fim	끝까지 듣다	kkeut-kka-ji deut-da
entender (compreender)	이해하다	i-hae-ha-da
mostrar (vt)	보여주다	bo-yeo-ju-da
olhar para …	… 를 보다	… reul bo-da
chamar (alguém para …)	부르다	bu-reu-da
perturbar (vt)	방해하다	bang-hae-ha-da
entregar (~ em mãos)	건네주다	geon-ne-ju-da
pedido (m)	요청	yo-cheong
pedir (ex. ~ ajuda)	부탁하다	bu-tak-a-da
exigência (f)	요구	yo-gu
exigir (vt)	요구하다	yo-gu-ha-da
insultar (chamar nomes)	놀리다	nol-li-da
zombar (vt)	조롱하다	jo-rong-ha-da
zombaria (f)	조롱, 조소	jo-rong, jo-so
alcunha (f), apelido (m)	별명	byeol-myeong
insinuação (f)	암시	am-si
insinuar (vt)	암시하다	am-si-ha-da
querer dizer	의미하다	ui-mi-ha-da
descrição (f)	서술	seo-sul
descrever (vt)	서술하다	seo-sul-ha-da
elogio (m)	칭찬	ching-chan
elogiar (vt)	칭찬하다	ching-chan-ha-da
desapontamento (m)	실망	sil-mang
desapontar (vt)	실망시키다	sil-mang-si-ki-da
desapontar-se (vr)	실망하다	sil-mang-ha-da
suposição (f)	추측	chu-cheuk
supor (vt)	추측하다	chu-cheuk-a-da
advertência (f)	경고	gyeong-go
advertir (vt)	경고하다	gyeong-go-ha-da

67. Discussão, conversação. Parte 3

| convencer (vt) | 설득하다 | seol-deu-ka-da |
| acalmar (vt) | 진정시키다 | jin-jeong-si-ki-da |

silêncio (o ~ é de ouro)	침묵	chim-muk
ficar em silêncio	침묵을 지키다	chim-mu-geul ji-ki-da
sussurrar (vt)	속삭이다	sok-sa-gi-da
sussurro (m)	속삭임	sok-sa-gim

| francamente | 솔직하게 | sol-jik-a-ge |
| na minha opinião … | 내 생각에 … | nae saeng-ga-ge … |

detalhe (~ da história)	세부	se-bu
detalhado (adj)	자세한	ja-se-han
detalhadamente	자세하게	ja-se-ha-ge

| dica (f) | 단서 | dan-seo |
| dar uma dica | 힌트를 주다 | hin-teu-reul ju-da |

olhar (m)	흘깃 봄	heul-kkit bom
dar uma olhada	보다	bo-da
fixo (olhada ~a)	고정된	go-jeong-doen
piscar (vi)	눈을 깜빡이다	nu-neul kkam-ppa-gi-da
piscar (vt)	눈짓하다	nun-ji-ta-da
acenar com a cabeça	끄덕이다	kkeu-deo-gi-da

suspiro (m)	한숨	han-sum
suspirar (vi)	한숨을 쉬다	han-su-meul swi-da
estremecer (vi)	몸을 떨다	mo-meul tteol-da
gesto (m)	손짓	son-jit
tocar (com as mãos)	만지다	man-ji-da
agarrar (~ pelo braço)	잡다	jap-da
bater de leve	툭 치다	tuk chi-da

Cuidado!	조심!	jo-sim!
Sério?	정말?	jeong-mal?
Tem certeza?	확실해요?	hwak-sil-hae-yo?
Boa sorte!	행운을 빕니다!	haeng-u-neul bim-ni-da!
Entendi!	알겠어요!	al-ge-seo-yo!
Que pena!	유감이에요!	yu-ga-mi-e-yo!

68. Acordo. Recusa

consentimento (~ mútuo)	동의	dong-ui
consentir (vi)	동의하다	dong-ui-ha-da
aprovação (f)	찬성	chan-seong
aprovar (vt)	찬성하다	chan-seong-ha-da
recusa (f)	거절	geo-jeol
negar-se a …	거절하다	geo-jeol-ha-da

| Ótimo! | 좋아요! | jo-a-yo! |
| Tudo bem! | 좋아요! | jo-a-yo! |

Está bem! De acordo!	그래요!	geu-rae-yo!
proibido (adj)	금지된	geum-ji-doen
é proibido	금지되어 있다	geum-ji-doe-eo it-da
é impossível	불가능하다	bul-ga-neung-ha-da
incorreto (adj)	틀린	teul-lin

rejeitar (~ um pedido)	거부하다	geo-bu-ha-da
apoiar (vt)	지지하다	ji-ji-ha-da
aceitar (desculpas, etc.)	받아들이다	ba-da-deu-ri-da

confirmar (vt)	확인해 주다	hwa-gin-hae ju-da
confirmação (f)	확인	hwa-gin
permissão (f)	허락	heo-rak
permitir (vt)	허가하다	heo-ga-ha-da
decisão (f)	결정	gyeol-jeong
não dizer nada	아무 말도 않다	a-mu mal-do an-ta

condição (com uma ~)	조건	jo-geon
pretexto (m)	핑계	ping-gye
elogio (m)	칭찬	ching-chan
elogiar (vt)	칭찬하다	ching-chan-ha-da

69. Sucesso. Boa sorte. Insucesso

êxito, sucesso (m)	성공	seong-gong
com êxito	성공적으로	seong-gong-jeo-geu-ro
bem sucedido (adj)	성공적인	seong-gong-jeo-gin

sorte (fortuna)	운	un
Boa sorte!	행운을 빕니다!	haeng-u-neul bim-ni-da!
de sorte	운이 좋은	un-i jo-eun
sortudo, felizardo (adj)	운이 좋은	un-i jo-eun
fracasso (m)	실패	sil-pae
pouca sorte (f)	불운	bu-run
azar (m), má sorte (f)	불운	bu-run
mal sucedido (adj)	성공적이지 못한	seong-gong-jeo-gi-ji mo-tan
catástrofe (f)	재난	jae-nan

orgulho (m)	자존심	ja-jon-sim
orgulhoso (adj)	자존심 강한	ja-jon-sim gang-han
estar orgulhoso, -a	득의만면이다	deu-gui-man-myeon-i-da
vencedor (m)	승리자	seung-ni-ja
vencer (vi, vt)	이기다	i-gi-da
perder (vt)	지다	ji-da
tentativa (f)	사실, 시도	sa-sil, si-do
tentar (vt)	해보다	hae-bo-da
chance (m)	기회	gi-hoe

70. Conflitos. Emoções negativas

| grito (m) | 고함 | go-ham |
| gritar (vi) | 소리치다 | so-ri-chi-da |

discussão (f)	싸움	ssa-um
brigar (discutir)	다투다	da-tu-da
escândalo (m)	싸움	ssa-um
criar escândalo	싸움을 하다	ssa-u-meul ha-da
conflito (m)	갈등	gal-deung
mal-entendido (m)	오해	o-hae
insulto (m)	모욕	mo-yok
insultar (vt)	모욕하다	mo-yok-a-da
insultado (adj)	모욕 당한	mo-yok dang-han
ofensa (f)	분노	bun-no
ofender (vt)	모욕하다	mo-yok-a-da
ofender-se (vr)	약오르다	ya-go-reu-da
indignação (f)	분개	bun-gae
indignar-se (vr)	분개하다	bun-gae-ha-da
queixa (f)	불평	bul-pyeong
queixar-se (vr)	불평하다	bul-pyeong-ha-da
desculpa (f)	사과	sa-gwa
desculpar-se (vr)	사과하다	sa-gwa-ha-da
pedir perdão	용서를 빌다	yong-seo-reul bil-da
crítica (f)	비판	bi-pan
criticar (vt)	비판하다	bi-pan-ha-da
acusação (f)	비난	bi-nan
acusar (vt)	비난하다	bi-nan-ha-da
vingança (f)	복수	bok-su
vingar (vt)	복수하다	bok-su-ha-da
vingar-se de	갚아주다	ga-pa-ju-da
desprezo (m)	경멸	gyeong-myeol
desprezar (vt)	경멸하다	gyeong-myeol-ha-da
ódio (m)	증오	jeung-o
odiar (vt)	증오하다	jeung-o-ha-da
nervoso (adj)	긴장한	gin-jang-han
estar nervoso	긴장하다	gin-jang-ha-da
zangado (adj)	화가 난	hwa-ga nan
zangar (vt)	화나게 하다	hwa-na-ge ha-da
humilhação (f)	굴욕	gu-ryok
humilhar (vt)	굴욕감을 주다	gu-ryok-ga-meul ju-da
humilhar-se (vr)	창피를 당하다	chang-pi-reul dang-ha-da
choque (m)	충격	chung-gyeok
chocar (vt)	충격을 주다	chung-gyeo-geul ju-da
aborrecimento (m)	문제	mun-je
desagradável (adj)	불쾌한	bul-kwae-han
medo (m)	두려움	du-ryeo-um
terrível (tempestade, etc.)	끔찍한	kkeum-jjik-an
assustador (ex. história ~a)	무서운	mu-seo-un
horror (m)	공포	gong-po

horrível (crime, etc.)	지독한	ji-dok-an
chorar (vi)	울다	ul-da
começar a chorar	울기 시작하다	ul-gi si-jak-a-da
lágrima (f)	눈물	nun-mul
falta (f)	잘못	jal-mot
culpa (f)	죄책감	joe-chaek-gam
desonra (f)	불명예	bul-myeong-ye
protesto (m)	항의	hang-ui
estresse (m)	스트레스	seu-teu-re-seu
perturbar (vt)	방해하다	bang-hae-ha-da
zangar-se com ...	화내다	hwa-nae-da
zangado (irritado)	화가 난	hwa-ga nan
terminar (vt)	끝내다	kkeun-nae-da
praguejar	욕하다	yok-a-da
assustar-se	무서워하다	mu-seo-wo-ha-da
golpear (vt)	치다	chi-da
brigar (na rua, etc.)	싸우다	ssa-u-da
resolver (o conflito)	해결하다	hae-gyeol-ha-da
descontente (adj)	불만족한	bul-kwae-han
furioso (adj)	맹렬한	maeng-nyeol-han
Não está bem!	그건 좋지 않아요!	geu-geon jo-chi a-na-yo!
É ruim!	그건 나빠요!	geu-geon na-ppa-yo!

Medicina

71. Doenças

doença (f)	병	byeong
estar doente	눕다	nup-da
saúde (f)	건강	geon-gang
nariz (m) escorrendo	비염	bi-yeom
amigdalite (f)	편도염	pyeon-do-yeom
resfriado (m)	감기	gam-gi
ficar resfriado	감기에 걸리다	gam-gi-e geol-li-da
bronquite (f)	기관지염	gi-gwan-ji-yeom
pneumonia (f)	폐렴	pye-ryeom
gripe (f)	독감	dok-gam
míope (adj)	근시의	geun-si-ui
presbita (adj)	원시의	won-si-ui
estrabismo (m)	사시	sa-si
estrábico, vesgo (adj)	사시인	sa-si-in
catarata (f)	백내장	baeng-nae-jang
glaucoma (m)	녹내장	nong-nae-jang
AVC (m), apoplexia (f)	뇌졸증	noe-jol-jung
ataque (m) cardíaco	심장마비	sim-jang-ma-bi
enfarte (m) do miocárdio	심근경색증	sim-geun-gyeong-saek-jeung
paralisia (f)	마비	ma-bi
paralisar (vt)	마비되다	ma-bi-doe-da
alergia (f)	알레르기	al-le-reu-gi
asma (f)	천식	cheon-sik
diabetes (f)	당뇨병	dang-nyo-byeong
dor (f) de dente	치통, 이앓이	chi-tong, i-a-ri
cárie (f)	충치	chung-chi
diarreia (f)	설사	seol-sa
prisão (f) de ventre	변비증	byeon-bi-jeung
desarranjo (m) intestinal	배탈	bae-tal
intoxicação (f) alimentar	식중독	sik-jung-dok
intoxicar-se	식중독에 걸리다	sik-jung-do-ge geol-li-da
artrite (f)	관절염	gwan-jeo-ryeom
raquitismo (m)	구루병	gu-ru-byeong
reumatismo (m)	류머티즘	ryu-meo-ti-jeum
gastrite (f)	위염	wi-yeom
apendicite (f)	맹장염	maeng-jang-yeom
colecistite (f)	담낭염	dam-nang-yeom

úlcera (f)	궤양	gwe-yang
sarampo (m)	홍역	hong-yeok
rubéola (f)	풍진	pung-jin
icterícia (f)	황달	hwang-dal
hepatite (f)	간염	gan-nyeom
esquizofrenia (f)	정신 분열증	jeong-sin bu-nyeol-jeung
raiva (f)	광견병	gwang-gyeon-byeong
neurose (f)	신경증	sin-gyeong-jeung
contusão (f) cerebral	뇌진탕	noe-jin-tang
câncer (m)	암	am
esclerose (f)	경화증	gyeong-hwa-jeung
esclerose (f) múltipla	다발성 경화증	da-bal-seong gyeong-hwa-jeung
alcoolismo (m)	알코올 중독	al-ko-ol jung-dok
alcoólico (m)	알코올 중독자	al-ko-ol jung-dok-ja
sífilis (f)	매독	mae-dok
AIDS (f)	에이즈	e-i-jeu
tumor (m)	종양	jong-yang
maligno (adj)	악성의	ak-seong-ui
benigno (adj)	양성의	yang-seong-ui
febre (f)	열병	yeol-byeong
malária (f)	말라리아	mal-la-ri-a
gangrena (f)	괴저	goe-jeo
enjoo (m)	뱃멀미	baen-meol-mi
epilepsia (f)	간질	gan-jil
epidemia (f)	유행병	yu-haeng-byeong
tifo (m)	발진티푸스	bal-jin-ti-pu-seu
tuberculose (f)	결핵	gyeol-haek
cólera (f)	콜레라	kol-le-ra
peste (f) bubônica	페스트	pe-seu-teu

72. Sintomas. Tratamentos. Parte 1

sintoma (m)	증상	jeung-sang
temperatura (f)	체온	che-on
febre (f)	열	yeol
pulso (m)	맥박	maek-bak
vertigem (f)	현기증	hyeon-gi-jeung
quente (testa, etc.)	뜨거운	tteu-geo-un
calafrio (m)	전율	jeo-nyul
pálido (adj)	창백한	chang-baek-an
tosse (f)	기침	gi-chim
tossir (vi)	기침을 하다	gi-chi-meul ha-da
espirrar (vi)	재채기하다	jae-chae-gi-ha-da
desmaio (m)	실신	sil-sin
desmaiar (vi)	실신하다	sil-sin-ha-da

mancha (f) preta	멍	meong
galo (m)	혹	hok
machucar-se (vr)	부딪치다	bu-dit-chi-da
contusão (f)	타박상	ta-bak-sang
machucar-se (vr)	타박상을 입다	ta-bak-sang-eul rip-da

mancar (vi)	절다	jeol-da
deslocamento (f)	탈구	tal-gu
deslocar (vt)	탈구하다	tal-gu-ha-da
fratura (f)	골절	gol-jeol
fraturar (vt)	골절하다	gol-jeol-ha-da

corte (m)	베인	be-in
cortar-se (vr)	베다	jeol-chang-eul rip-da
hemorragia (f)	출혈	chul-hyeol

| queimadura (f) | 화상 | hwa-sang |
| queimar-se (vr) | 데다 | de-da |

picar (vt)	찌르다	jji-reu-da
picar-se (vr)	찔리다	jjil-li-da
lesionar (vt)	다치다	da-chi-da
lesão (m)	부상	bu-sang
ferida (f), ferimento (m)	부상	bu-sang
trauma (m)	정신적 외상	jeong-sin-jeok goe-sang

delirar (vi)	망상을 겪다	mang-sang-eul gyeok-da
gaguejar (vi)	말을 더듬다	ma-reul deo-deum-da
insolação (f)	일사병	il-sa-byeong

73. Sintomas. Tratamentos. Parte 2

| dor (f) | 통증 | tong-jeung |
| farpa (no dedo, etc.) | 가시 | ga-si |

suor (m)	땀	ttam
suar (vi)	땀이 나다	ttam-i na-da
vômito (m)	구토	gu-to
convulsões (f pl)	경련	gyeong-nyeon

grávida (adj)	임신한	im-sin-han
nascer (vi)	태어나다	tae-eo-na-da
parto (m)	출산	chul-san
dar à luz	낳다	na-ta
aborto (m)	낙태	nak-tae

respiração (f)	호흡	ho-heup
inspiração (f)	들숨	deul-sum
expiração (f)	날숨	nal-sum
expirar (vi)	내쉬다	nae-swi-da
inspirar (vi)	들이쉬다	deu-ri-swi-da

| inválido (m) | 장애인 | jang-ae-in |
| aleijado (m) | 병신 | byeong-sin |

drogado (m)	마약 중독자	ma-yak jung-dok-ja
surdo (adj)	귀가 먼	gwi-ga meon
mudo (adj)	벙어리인	beong-eo-ri-in
surdo-mudo (adj)	농아인	nong-a-in
louco, insano (adj)	미친	mi-chin
louco (m)	광인	gwang-in
louca (f)	광인	gwang-in
ficar louco	미치다	mi-chi-da
gene (m)	유전자	yu-jeon-ja
imunidade (f)	면역성	myeo-nyeok-seong
hereditário (adj)	유전의	yu-jeon-ui
congênito (adj)	선천적인	seon-cheon-jeo-gin
vírus (m)	바이러스	ba-i-reo-seu
micróbio (m)	미생물	mi-saeng-mul
bactéria (f)	세균	se-gyun
infecção (f)	감염	gam-nyeom

74. Sintomas. Tratamentos. Parte 3

hospital (m)	병원	byeong-won
paciente (m)	환자	hwan-ja
diagnóstico (m)	진단	jin-dan
cura (f)	치료	chi-ryo
curar-se (vr)	치료를 받다	chi-ryo-reul bat-da
tratar (vt)	치료하다	chi-ryo-ha-da
cuidar (pessoa)	간호하다	gan-ho-ha-da
cuidado (m)	간호	gan-ho
operação (f)	수술	su-sul
enfaixar (vt)	붕대를 감다	bung-dae-reul gam-da
enfaixamento (m)	붕대	bung-dae
vacinação (f)	예방주사	ye-bang-ju-sa
vacinar (vt)	접종하다	jeop-jong-ha-da
injeção (f)	주사	ju-sa
dar uma injeção	주사하다	ju-sa-ha-da
amputação (f)	절단	jeol-dan
amputar (vt)	절단하다	jeol-dan-ha-da
coma (f)	혼수 상태	hon-su sang-tae
estar em coma	혼수 상태에 있다	hon-su sang-tae-e it-da
reanimação (f)	집중 치료	jip-jung chi-ryo
recuperar-se (vr)	회복하다	hoe-bok-a-da
estado (~ de saúde)	상태	sang-tae
consciência (perder a ~)	의식	ui-sik
memória (f)	기억	gi-eok
tirar (vt)	빼다	ppae-da
obturação (f)	충전물	chung-jeon-mul

obturar (vt)	때우다	ttae-u-da
hipnose (f)	최면	choe-myeon
hipnotizar (vt)	최면을 걸다	choe-myeo-neul geol-da

75. Médicos

médico (m)	의사	ui-sa
enfermeira (f)	간호사	gan-ho-sa
médico (m) pessoal	개인 의사	gae-in ui-sa
dentista (m)	치과 의사	chi-gwa ui-sa
oculista (m)	안과 의사	an-gwa ui-sa
terapeuta (m)	내과 의사	nae-gwa ui-sa
cirurgião (m)	외과 의사	oe-gwa ui-sa
psiquiatra (m)	정신과 의사	jeong-sin-gwa ui-sa
pediatra (m)	소아과 의사	so-a-gwa ui-sa
psicólogo (m)	심리학자	sim-ni-hak-ja
ginecologista (m)	부인과 의사	bu-in-gwa ui-sa
cardiologista (m)	심장병 전문의	sim-jang-byeong jeon-mun-ui

76. Medicina. Drogas. Acessórios

medicamento (m)	약	yak
remédio (m)	약제	yak-je
receita (f)	처방	cheo-bang
comprimido (m)	정제	jeong-je
unguento (m)	연고	yeon-go
ampola (f)	앰풀	aem-pul
solução, preparado (m)	혼합물	hon-ham-mul
xarope (m)	물약	mul-lyak
cápsula (f)	알약	a-ryak
pó (m)	가루약	ga-ru-yak
atadura (f)	거즈 붕대	geo-jeu bung-dae
algodão (m)	솜	som
iodo (m)	요오드	yo-o-deu
curativo (m) adesivo	반창고	ban-chang-go
conta-gotas (m)	점안기	jeom-an-gi
termômetro (m)	체온계	che-on-gye
seringa (f)	주사기	ju-sa-gi
cadeira (f) de rodas	휠체어	hwil-che-eo
muletas (f pl)	목발	mok-bal
analgésico (m)	진통제	jin-tong-je
laxante (m)	완하제	wan-ha-je
álcool (m)	알코올	al-ko-ol
ervas (f pl) medicinais	약초	yak-cho
de ervas (chá ~)	약초의	yak-cho-ui

77. Fumar. Produtos tabágicos

tabaco (m)	담배	dam-bae
cigarro (m)	담배	dam-bae
charuto (m)	시가	si-ga
cachimbo (m)	담뱃대	dam-baet-dae
maço (~ de cigarros)	갑	gap
fósforos (m pl)	성냥	seong-nyang
caixa (f) de fósforos	성냥 갑	seong-nyang gap
isqueiro (m)	라이터	ra-i-teo
cinzeiro (m)	재떨이	jae-tteo-ri
cigarreira (f)	담배 케이스	dam-bae ke-i-seu
piteira (f)	물부리	mul-bu-ri
filtro (m)	필터	pil-teo
fumar (vi, vt)	피우다	pi-u-da
acender um cigarro	담배에 불을 붙이다	dam-bae-e bu-reul bu-chi-da
tabagismo (m)	흡연	heu-byeon
fumante (m)	흡연자	heu-byeon-ja
bituca (f)	꽁초	kkong-cho
fumaça (f)	연기	yeon-gi
cinza (f)	재	jae

HABITAT HUMANO

Cidade

78. Cidade. Vida na cidade

cidade (f)	도시	do-si
capital (f)	수도	su-do
aldeia (f)	마을	ma-eul
mapa (m) da cidade	도시 지도	do-si ji-do
centro (m) da cidade	시내	si-nae
subúrbio (m)	근교	geun-gyo
suburbano (adj)	근교의	geun-gyo-ui
arredores (m pl)	주변	ju-byeon
quarteirão (m)	한 구획	han gu-hoek
quarteirão (m) residencial	동	dong
tráfego (m)	교통	gyo-tong
semáforo (m)	신호등	sin-ho-deung
transporte (m) público	대중교통	dae-jung-gyo-tong
cruzamento (m)	교차로	gyo-cha-ro
faixa (f)	횡단 보도	hoeng-dan bo-do
túnel (m) subterrâneo	지하 보도	ji-ha bo-do
cruzar, atravessar (vt)	건너가다	geon-neo-ga-da
pedestre (m)	보행자	bo-haeng-ja
calçada (f)	인도	in-do
ponte (f)	다리	da-ri
margem (f) do rio	강변로	gang-byeon-no
alameda (f)	길	gil
parque (m)	공원	gong-won
bulevar (m)	대로	dae-ro
praça (f)	광장	gwang-jang
avenida (f)	가로	ga-ro
rua (f)	거리	geo-ri
travessa (f)	골목	gol-mok
beco (m) sem saída	막다른길	mak-da-reun-gil
casa (f)	집	jip
edifício, prédio (m)	빌딩	bil-ding
arranha-céu (m)	고층 건물	go-cheung geon-mul
fachada (f)	전면	jeon-myeon
telhado (m)	지붕	ji-bung
janela (f)	창문	chang-mun

arco (m)	아치	a-chi
coluna (f)	기둥	gi-dung
esquina (f)	모퉁이	mo-tung-i
vitrine (f)	쇼윈도우	syo-win-do-u
letreiro (m)	간판	gan-pan
cartaz (do filme, etc.)	포스터	po-seu-teo
cartaz (m) publicitário	광고 포스터	gwang-go po-seu-teo
painel (m) publicitário	광고판	gwang-go-pan
lixo (m)	쓰레기	sseu-re-gi
lata (f) de lixo	쓰레기통	sseu-re-gi-tong
aterro (m) sanitário	쓰레기장	sseu-re-gi-jang
orelhão (m)	공중 전화	gong-jung jeon-hwa
poste (m) de luz	가로등	ga-ro-deung
banco (m)	벤치	ben-chi
polícia (m)	경찰관	gyeong-chal-gwan
polícia (instituição)	경찰	gyeong-chal
mendigo, pedinte (m)	거지	geo-ji
desabrigado (m)	노숙자	no-suk-ja

79. Instituições urbanas

loja (f)	가게, 상점	ga-ge, sang-jeom
drogaria (f)	약국	yak-guk
ótica (f)	안경 가게	an-gyeong ga-ge
centro (m) comercial	쇼핑몰	syo-ping-mol
supermercado (m)	슈퍼마켓	syu-peo-ma-ket
padaria (f)	빵집	ppang-jip
padeiro (m)	제빵사	je-ppang-sa
pastelaria (f)	제과점	je-gwa-jeom
mercearia (f)	식료품점	sing-nyo-pum-jeom
açougue (m)	정육점	jeong-yuk-jeom
fruteira (f)	야채 가게	ya-chae ga-ge
mercado (m)	시장	si-jang
cafeteria (f)	커피숍	keo-pi-syop
restaurante (m)	레스토랑	re-seu-to-rang
bar (m)	바	ba
pizzaria (f)	피자 가게	pi-ja ga-ge
salão (m) de cabeleireiro	미장원	mi-jang-won
agência (f) dos correios	우체국	u-che-guk
lavanderia (f)	드라이 클리닝	deu-ra-i keul-li-ning
estúdio (m) fotográfico	사진관	sa-jin-gwan
sapataria (f)	신발 가게	sin-bal ga-ge
livraria (f)	서점	seo-jeom
loja (f) de artigos esportivos	스포츠용품 매장	seu-po-cheu-yong-pum mae-jang

costureira (m)	옷 수선 가게	ot su-seon ga-ge
aluguel (m) de roupa	의류 임대	ui-ryu im-dae
videolocadora (f)	비디오 대여	bi-di-o dae-yeo
circo (m)	서커스	seo-keo-seu
jardim (m) zoológico	동물원	dong-mu-rwon
cinema (m)	영화관	yeong-hwa-gwan
museu (m)	박물관	bang-mul-gwan
biblioteca (f)	도서관	do-seo-gwan
teatro (m)	극장	geuk-jang
ópera (f)	오페라극장	o-pe-ra-geuk-jang
boate (casa noturna)	나이트 클럽	na-i-teu keul-leop
cassino (m)	카지노	ka-ji-no
mesquita (f)	모스크	mo-seu-keu
sinagoga (f)	유대교 회당	yu-dae-gyo hoe-dang
catedral (f)	대성당	dae-seong-dang
templo (m)	사원, 신전	sa-won, sin-jeon
igreja (f)	교회	gyo-hoe
faculdade (f)	단과대학	dan-gwa-dae-hak
universidade (f)	대학교	dae-hak-gyo
escola (f)	학교	hak-gyo
prefeitura (f)	도, 현	do, hyeon
câmara (f) municipal	시청	si-cheong
hotel (m)	호텔	ho-tel
banco (m)	은행	eun-haeng
embaixada (f)	대사관	dae-sa-gwan
agência (f) de viagens	여행사	yeo-haeng-sa
agência (f) de informações	안내소	an-nae-so
casa (f) de câmbio	환전소	hwan-jeon-so
metrô (m)	지하철	ji-ha-cheol
hospital (m)	병원	byeong-won
posto (m) de gasolina	주유소	ju-yu-so
parque (m) de estacionamento	주차장	ju-cha-jang

80. Sinais

letreiro (m)	간판	gan-pan
aviso (m)	안내문	an-nae-mun
cartaz, pôster (m)	포스터	po-seu-teo
placa (f) de direção	방향표시	bang-hyang-pyo-si
seta (f)	화살표	hwa-sal-pyo
aviso (advertência)	경고	gyeong-go
sinal (m) de aviso	경고판	gyeong-go-pan
avisar, advertir (vt)	경고하다	gyeong-go-ha-da
dia (m) de folga	휴일	hyu-il
horário (~ dos trens, etc.)	시간표	si-gan-pyo

horário (m)	영업 시간	yeong-eop si-gan
BEM-VINDOS!	어서 오세요!	eo-seo o-se-yo!
ENTRADA	입구	ip-gu
SAÍDA	출구	chul-gu
EMPURRE	미세요	mi-se-yo
PUXE	당기세요	dang-gi-se-yo
ABERTO	열림	yeol-lim
FECHADO	닫힘	da-chim
MULHER	여성전용	yeo-seong-jeo-nyong
HOMEM	남성	nam-seong-jeo-nyong
DESCONTOS	할인	ha-rin
SALDOS, PROMOÇÃO	세일	se-il
NOVIDADE!	신상품	sin-sang-pum
GRÁTIS	공짜	gong-jja
ATENÇÃO!	주의!	ju-ui!
NÃO HÁ VAGAS	빈 방 없음	bin bang eop-seum
RESERVADO	예약석	ye-yak-seok
ADMINISTRAÇÃO	관리부	gwal-li-bu
SOMENTE PESSOAL AUTORIZADO	직원 전용	ji-gwon jeo-nyong
CUIDADO CÃO FEROZ	개조심	gae-jo-sim
PROIBIDO FUMAR!	금연	geu-myeon
NÃO TOCAR	손 대지 마시오!	son dae-ji ma-si-o!
PERIGOSO	위험	wi-heom
PERIGO	위험	wi-heom
ALTA TENSÃO	고전압	go-jeon-ap
PROIBIDO NADAR	수영 금지	su-yeong geum-ji
COM DEFEITO	수리중	su-ri-jung
INFLAMÁVEL	가연성 물자	ga-yeon-seong mul-ja
PROIBIDO	금지	geum-ji
ENTRADA PROIBIDA	출입 금지	chu-rip geum-ji
CUIDADO TINTA FRESCA	칠 주의	chil ju-ui

81. Transportes urbanos

ônibus (m)	버스	beo-seu
bonde (m) elétrico	전차	jeon-cha
trólebus (m)	트롤리 버스	teu-rol-li beo-seu
rota (f), itinerário (m)	노선	no-seon
número (m)	번호	beon-ho
ir de ... (carro, etc.)	··· 타고 가다	... ta-go ga-da
entrar no ...	타다	ta-da
descer do ...	··· 에서 내리다	... e-seo nae-ri-da
parada (f)	정류장	jeong-nyu-jang
próxima parada (f)	다음 정류장	da-eum jeong-nyu-jang

terminal (m)	종점	jong-jeom
horário (m)	시간표	si-gan-pyo
esperar (vt)	기다리다	gi-da-ri-da
passagem (f)	표	pyo
tarifa (f)	요금	yo-geum
bilheteiro (m)	계산원	gye-san-won
controle (m) de passagens	검표	geom-pyo
revisor (m)	검표원	geom-pyo-won
atrasar-se (vr)	··· 시간에 늦다	... si-gan-e neut-da
perder (o autocarro, etc.)	놓치다	no-chi-da
estar com pressa	서두르다	seo-du-reu-da
táxi (m)	택시	taek-si
taxista (m)	택시 운전 기사	taek-si un-jeon gi-sa
de táxi (ir ~)	택시로	taek-si-ro
ponto (m) de táxis	택시 정류장	taek-si jeong-nyu-jang
chamar um táxi	택시를 부르다	taek-si-reul bu-reu-da
pegar um táxi	택시를 타다	taek-si-reul ta-da
tráfego (m)	교통	gyo-tong
engarrafamento (m)	교통 체증	gyo-tong che-jeung
horas (f pl) de pico	러시 아워	reo-si a-wo
estacionar (vi)	주차하다	ju-cha-ha-da
estacionar (vt)	주차하다	ju-cha-ha-da
parque (m) de estacionamento	주차장	ju-cha-jang
metrô (m)	지하철	ji-ha-cheol
estação (f)	역	yeok
ir de metrô	지하철을 타다	ji-ha-cheo-reul ta-da
trem (m)	기차	gi-cha
estação (f) de trem	기차역	gi-cha-yeok

82. Turismo

monumento (m)	기념비	gi-nyeom-bi
fortaleza (f)	요새	yo-sae
palácio (m)	궁전	gung-jeon
castelo (m)	성	seong
torre (f)	탑	tap
mausoléu (m)	영묘	yeong-myo
arquitetura (f)	건축	geon-chuk
medieval (adj)	중세의	jung-se-ui
antigo (adj)	고대의	go-dae-ui
nacional (adj)	국가의	guk-ga-ui
famoso, conhecido (adj)	유명한	yu-myeong-han
turista (m)	관광객	gwan-gwang-gaek
guia (pessoa)	가이드	ga-i-deu
excursão (f)	견학, 관광	gyeon-hak, gwan-gwang
mostrar (vt)	보여주다	bo-yeo-ju-da

contar (vt)	이야기하다	i-ya-gi-ha-da
encontrar (vt)	찾다	chat-da
perder-se (vr)	길을 잃다	gi-reul ril-ta
mapa (~ do metrô)	노선도	no-seon-do
mapa (~ da cidade)	지도	ji-do
lembrança (f), presente (m)	기념품	gi-nyeom-pum
loja (f) de presentes	기념품 가게	gi-nyeom-pum ga-ge
tirar fotos, fotografar	사진을 찍다	sa-ji-neul jjik-da
fotografar-se (vr)	사진을 찍다	sa-ji-neul jjik-da

83. Compras

comprar (vt)	사다	sa-da
compra (f)	구매	gu-mae
fazer compras	쇼핑하다	syo-ping-ha-da
compras (f pl)	쇼핑	syo-ping
estar aberta (loja)	열리다	yeol-li-da
estar fechada	닫다	dat-da
calçado (m)	신발	sin-bal
roupa (f)	옷	ot
cosméticos (m pl)	화장품	hwa-jang-pum
alimentos (m pl)	식품	sik-pum
presente (m)	선물	seon-mul
vendedor (m)	판매원	pan-mae-won
vendedora (f)	여판매원	yeo-pan-mae-won
caixa (f)	계산대	gye-san-dae
espelho (m)	거울	geo-ul
balcão (m)	계산대	gye-san-dae
provador (m)	탈의실	ta-rui-sil
provar (vt)	입어보다	i-beo-bo-da
servir (roupa, caber)	어울리다	eo-ul-li-da
gostar (apreciar)	좋아하다	jo-a-ha-da
preço (m)	가격	ga-gyeok
etiqueta (f) de preço	가격표	ga-gyeok-pyo
custar (vt)	값이 … 이다	gap-si … i-da
Quanto?	얼마?	eol-ma?
desconto (m)	할인	ha-rin
não caro (adj)	비싸지 않은	bi-ssa-ji a-neun
barato (adj)	싼	ssan
caro (adj)	비싼	bi-ssan
É caro	비쌉니다	bi-ssam-ni-da
aluguel (m)	임대	im-dae
alugar (roupas, etc.)	빌리다	bil-li-da
crédito (m)	신용	si-nyong
a crédito	신용으로	si-nyong-eu-ro

84. Dinheiro

dinheiro (m)	돈	don
câmbio (m)	환전	hwan-jeon
taxa (f) de câmbio	환율	hwa-nyul
caixa (m) eletrônico	현금 자동 지급기	hyeon-geum ja-dong ji-geup-gi
moeda (f)	동전	dong-jeon
dólar (m)	달러	dal-leo
euro (m)	유로	yu-ro
lira (f)	리라	ri-ra
marco (m)	마르크	ma-reu-keu
franco (m)	프랑	peu-rang
libra (f) esterlina	파운드	pa-un-deu
iene (m)	엔	en
dívida (f)	빚	bit
devedor (m)	채무자	chae-mu-ja
emprestar (vt)	빌려주다	bil-lyeo-ju-da
pedir emprestado	빌리다	bil-li-da
banco (m)	은행	eun-haeng
conta (f)	계좌	gye-jwa
depositar na conta	계좌에 입금하다	ip-geum-ha-da
sacar (vt)	출금하다	chul-geum-ha-da
cartão (m) de crédito	신용 카드	si-nyong ka-deu
dinheiro (m) vivo	현금	hyeon-geum
cheque (m)	수표	su-pyo
passar um cheque	수표를 끊다	su-pyo-reul kkeun-ta
talão (m) de cheques	수표책	su-pyo-chaek
carteira (f)	지갑	ji-gap
niqueleira (f)	동전지갑	dong-jeon-ji-gap
cofre (m)	금고	geum-go
herdeiro (m)	상속인	sang-so-gin
herança (f)	유산	yu-san
fortuna (riqueza)	재산, 큰돈	jae-san, keun-don
arrendamento (m)	임대	im-dae
aluguel (pagar o ~)	집세	jip-se
alugar (vt)	임대하다	im-dae-ha-da
preço (m)	가격	ga-gyeok
custo (m)	비용	bi-yong
soma (f)	액수	aek-su
gastar (vt)	쓰다	sseu-da
gastos (m pl)	출비를	chul-bi-reul
economizar (vi)	절약하다	jeo-ryak-a-da
econômico (adj)	경제적인	gyeong-je-jeo-gin
pagar (vt)	지불하다	ji-bul-ha-da

pagamento (m)	지불	ji-bul
troco (m)	거스름돈	geo-seu-reum-don

imposto (m)	세금	se-geum
multa (f)	벌금	beol-geum
multar (vt)	벌금을 부과하다	beol-geu-meul bu-gwa-ha-da

85. Correios. Serviço postal

agência (f) dos correios	우체국	u-che-guk
correio (m)	우편물	u-pyeon-mul
carteiro (m)	우체부	u-che-bu
horário (m)	영업 시간	yeong-eop si-gan

carta (f)	편지	pyeon-ji
carta (f) registada	등기 우편	deung-gi u-pyeon
cartão (m) postal	엽서	yeop-seo
telegrama (m)	전보	jeon-bo
encomenda (f)	소포	so-po
transferência (f) de dinheiro	송금	song-geum

receber (vt)	받다	bat-da
enviar (vt)	보내다	bo-nae-da
envio (m)	발송	bal-song

endereço (m)	주소	ju-so
código (m) postal	우편 번호	u-pyeon beon-ho
remetente (m)	발송인	bal-song-in
destinatário (m)	수신인	su-sin-in

nome (m)	이름	i-reum
sobrenome (m)	성	seong

tarifa (f)	요금	yo-geum
ordinário (adj)	일반의	il-ba-nui
econômico (adj)	경제적인	gyeong-je-jeo-gin

peso (m)	무게	mu-ge
pesar (estabelecer o peso)	무게를 달다	mu-ge-reul dal-da
envelope (m)	봉투	bong-tu
selo (m) postal	우표	u-pyo

Moradia. Casa. Lar

86. Casa. Habitação

casa (f)	집	jip
em casa	집에	ji-be
pátio (m), quintal (f)	마당	ma-dang
cerca, grade (f)	울타리	ul-ta-ri
tijolo (m)	벽돌	byeok-dol
de tijolos	벽돌의	byeok-do-rui
pedra (f)	돌	dol
de pedra	돌의	do-rui
concreto (m)	콘크리트	kon-keu-ri-teu
concreto (adj)	콘크리트의	kon-keu-ri-teu-ui
novo (adj)	새로운	sae-ro-un
velho (adj)	오래된	o-rae-doen
decrépito (adj)	쓰러질듯한	sseu-reo-jil-deu-tan
moderno (adj)	근대의	geun-dae-ui
de vários andares	다층의	da-cheung-ui
alto (adj)	높은	no-peun
andar (m)	층	cheung
de um andar	단층의	dan-cheung-ui
térreo (m)	일층	il-cheung
andar (m) de cima	꼭대기층	kkok-dae-gi-cheung
telhado (m)	지붕	ji-bung
chaminé (f)	굴뚝	gul-ttuk
telha (f)	기와	gi-wa
de telha	기와를 얹은	gi-wa-reul reon-jeun
sótão (m)	다락	da-rak
janela (f)	창문	chang-mun
vidro (m)	유리	yu-ri
parapeito (m)	창가	chang-ga
persianas (f pl)	덧문	deon-mun
parede (f)	벽	byeok
varanda (f)	발코니	bal-ko-ni
calha (f)	선홈통	seon-hom-tong
em cima	위층으로	wi-cheung-eu-ro
subir (vi)	위층에 올라가다	wi-cheung-e ol-la-ga-da
descer (vi)	내려오다	nae-ryeo-o-da
mudar-se (vr)	이사가다	i-sa-ga-da

87. Casa. Entrada. Elevador

entrada (f)	입구	ip-gu
escada (f)	계단	gye-dan
degraus (m pl)	단	dan
corrimão (m)	난간	nan-gan
hall (m) de entrada	로비	ro-bi
caixa (f) de correio	우편함	u-pyeon-ham
lata (f) do lixo	쓰레기통	sseu-re-gi-tong
calha (f) de lixo	쓰레기 활송 장치	sseu-re-gi hwal-song jang-chi
elevador (m)	엘리베이터	el-li-be-i-teo
elevador (m) de carga	화물 엘리베이터	hwa-mul rel-li-be-i-teo
cabine (f)	엘리베이터 카	el-li-be-i-teo ka
pegar o elevador	엘리베이터를 타다	el-li-be-i-teo-reul ta-da
apartamento (m)	아파트	a-pa-teu
residentes (pl)	주민	ju-min
vizinho (m)	이웃	i-ut
vizinha (f)	이웃	i-ut
vizinhos (pl)	이웃들	i-ut-deul

88. Casa. Eletricidade

eletricidade (f)	전기	jeon-gi
lâmpada (f)	전구	jeon-gu
interruptor (m)	스위치	seu-wi-chi
fusível, disjuntor (m)	퓨즈	pyu-jeu
fio, cabo (m)	전선	jeon-seon
instalação (f) elétrica	배선	bae-seon
medidor (m) de eletricidade	전기 계량기	jeon-gi gye-ryang-gi
indicação (f), registro (m)	판독값	pan-dok-gap

89. Casa. Portas. Fechaduras

porta (f)	문	mun
portão (m)	대문	dae-mun
maçaneta (f)	손잡이	son-ja-bi
destrancar (vt)	빗장을 벗기다	bit-jang-eul beot-gi-da
abrir (vt)	열다	yeol-da
fechar (vt)	닫다	dat-da
chave (f)	열쇠	yeol-soe
molho (m)	열쇠 꾸러미	yeol-soe kku-reo-mi
ranger (vi)	삐걱거리다	ppi-geok-geo-ri-da
rangido (m)	삐걱거리는 소리	ppi-geok-geo-ri-neun so-ri
dobradiça (f)	경첩	gyeong-cheop
capacho (m)	문 매트	mun mae-teu
fechadura (f)	자물쇠	ja-mul-soe

buraco (m) da fechadura	열쇠 구멍	yeol-soe gu-meong
barra (f)	빗장	bit-jang
fecho (ferrolho pequeno)	빗장걸이	bit-jang-geo-ri
cadeado (m)	맹꽁이 자물쇠	maeng-kkong-i ja-mul-soe
tocar (vt)	울리다	ul-li-da
toque (m)	벨소리	bel-so-ri
campainha (f)	벨	bel
botão (m)	초인종	cho-in-jong
batida (f)	노크	no-keu
bater (vi)	두드리다	du-deu-ri-da
código (m)	코드	ko-deu
fechadura (f) de código	숫자 배합 자물쇠	sut-ja bae-hap ja-mul-soe
interfone (m)	인터콤	in-teo-kom
número (m)	번호	beon-ho
placa (f) de porta	문패	mun-pae
olho (m) mágico	문구멍	mun-gu-meong

90. Casa de campo

aldeia (f)	마을	ma-eul
horta (f)	채소밭	chae-so-bat
cerca (f)	울타리	ul-ta-ri
cerca (f) de piquete	말뚝 울타리	mal-ttuk gul-ta-ri
portão (f) do jardim	쪽문	jjong-mun
celeiro (m)	곡창	gok-chang
adega (f)	지하 저장실	ji-ha jeo-jang-sil
galpão, barracão (m)	헛간	heot-gan
poço (m)	우물	u-mul
fogão (m)	화덕	hwa-deok
atiçar o fogo	불을 지피다	bu-reul ji-pi-da
lenha (carvão ou ~)	장작	jang-jak
acha, lenha (f)	통나무	tong-na-mu
varanda (f)	베란다	be-ran-da
alpendre (m)	테라스	te-ra-seu
degraus (m pl) de entrada	현관	hyeon-gwan
balanço (m)	그네	geu-ne

91. Moradia. Mansão

casa (f) de campo	시외 주택	si-oe ju-taek
vila (f)	별장	byeol-jang
ala (~ do edifício)	동	dong
jardim (m)	정원	jeong-won
parque (m)	공원	gong-won
estufa (f)	열대온실	yeol-dae-on-sil
cuidar de ...	··· 을 맡다	... eul mat-da

piscina (f)	수영장	su-yeong-jang
academia (f) de ginástica	헬스장	hel-seu-jang
quadra (f) de tênis	테니스장	te-ni-seu-jang
cinema (m)	홈씨어터	hom-ssi-eo-teo
garagem (f)	차고	cha-go
propriedade (f) privada	개인 소유물	gae-in so-yu-mul
terreno (m) privado	사유 토지	sa-yu to-ji
advertência (f)	경고	gyeong-go
sinal (m) de aviso	경고판	gyeong-go-pan
guarda (f)	보안	bo-an
guarda (m)	보안요원	bo-a-nyo-won
alarme (m)	도난 경보기	do-nan gyeong-bo-gi

92. Castelo. Palácio

castelo (m)	성	seong
palácio (m)	궁전	gung-jeon
fortaleza (f)	요새	yo-sae
muralha (f)	성벽	seong-byeok
torre (f)	탑	tap
calabouço (m)	내성	nae-seong
grade (f) levadiça	내리닫이 쇠창살문	nae-ri-da-ji soe-chang-sal-mun
passagem (f) subterrânea	지하 통로	ji-ha tong-no
fosso (m)	해자	hae-ja
corrente, cadeia (f)	쇠사슬	soe-sa-seul
seteira (f)	총안	chong-an
magnífico (adj)	장대한	jang-dae-han
majestoso (adj)	장엄한	jang-eom-han
inexpugnável (adj)	난공불락의	nan-gong-bul-la-gui
medieval (adj)	중세의	jung-se-ui

93. Apartamento

apartamento (m)	아파트	a-pa-teu
quarto, cômodo (m)	방	bang
quarto (m) de dormir	침실	chim-sil
sala (f) de jantar	식당	sik-dang
sala (f) de estar	거실	geo-sil
escritório (m)	서재	seo-jae
sala (f) de entrada	곁방	gyeot-bang
banheiro (m)	욕실	yok-sil
lavabo (m)	화장실	hwa-jang-sil
teto (m)	천장	cheon-jang
chão, piso (m)	마루	ma-ru
canto (m)	구석	gu-seok

94. Apartamento. Limpeza

arrumar, limpar (vt)	청소하다	cheong-so-ha-da
guardar (no armário, etc.)	치우다	chi-u-da
pó (m)	먼지	meon-ji
empoeirado (adj)	먼지 투성이의	meon-ji tu-seong-i-ui
tirar o pó	먼지를 떨다	meon-ji-reul tteol-da
aspirador (m)	진공 청소기	jin-gong cheong-so-gi
aspirar (vt)	진공 청소기로 청소하다	jin-gong cheong-so-gi-ro cheong-so-ha-da
varrer (vt)	쓸다	sseul-da
sujeira (f)	쓸기	sseul-gi
arrumação, ordem (f)	정돈	jeong-don
desordem (f)	뒤죽박죽	dwi-juk-bak-juk
esfregão (m)	대걸레	dae-geol-le
pano (m), trapo (m)	행주	haeng-ju
vassoura (f)	빗자루	bit-ja-ru
pá (f) de lixo	쓰레받기	sseu-re-bat-gi

95. Mobiliário. Interior

mobiliário (m)	가구	ga-gu
mesa (f)	식탁, 테이블	sik-tak, te-i-beul
cadeira (f)	의자	ui-ja
cama (f)	침대	chim-dae
sofá, divã (m)	소파	so-pa
poltrona (f)	안락 의자	al-lak gui-ja
estante (f)	책장	chaek-jang
prateleira (f)	책꽂이	chaek-kko-ji
guarda-roupas (m)	옷장	ot-jang
cabide (m) de parede	옷걸이	ot-geo-ri
cabideiro (m) de pé	스탠드옷걸이	seu-taen-deu-ot-geo-ri
cômoda (f)	서랍장	seo-rap-jang
mesinha (f) de centro	커피 테이블	keo-pi te-i-beul
espelho (m)	거울	geo-ul
tapete (m)	양탄자	yang-tan-ja
tapete (m) pequeno	러그	reo-geu
lareira (f)	벽난로	byeong-nan-no
vela (f)	초	cho
castiçal (m)	촛대	chot-dae
cortinas (f pl)	커튼	keo-teun
papel (m) de parede	벽지	byeok-ji
persianas (f pl)	블라인드	beul-la-in-deu
luminária (f) de mesa	테이블 램프	deung

luminária (f) de parede	벽등	byeok-deung
abajur (m) de pé	플로어 스탠드	peul-lo-eo seu-taen-deu
lustre (m)	샹들리에	syang-deul-li-e
pé (de mesa, etc.)	다리	da-ri
braço, descanso (m)	팔걸이	pal-geo-ri
costas (f pl)	등받이	deung-ba-ji
gaveta (f)	서랍	seo-rap

96. Quarto de dormir

roupa (f) de cama	침구	chim-gu
travesseiro (m)	베개	be-gae
fronha (f)	베갯잇	be-gaen-nit
cobertor (m)	이불	i-bul
lençol (m)	시트	si-teu
colcha (f)	침대보	chim-dae-bo

97. Cozinha

cozinha (f)	부엌	bu-eok
gás (m)	가스	ga-seu
fogão (m) a gás	가스 레인지	ga-seu re-in-ji
fogão (m) elétrico	전기 레인지	jeon-gi re-in-ji
forno (m)	오븐	o-beun
forno (m) de micro-ondas	전자 레인지	jeon-ja re-in-ji
geladeira (f)	냉장고	naeng-jang-go
congelador (m)	냉동고	naeng-dong-go
máquina (f) de lavar louça	식기 세척기	sik-gi se-cheok-gi
moedor (m) de carne	고기 분쇄기	go-gi bun-swae-gi
espremedor (m)	과즙기	gwa-jeup-gi
torradeira (f)	토스터	to-seu-teo
batedeira (f)	믹서기	mik-seo-gi
máquina (f) de café	커피 메이커	keo-pi me-i-keo
cafeteira (f)	커피 주전자	keo-pi ju-jeon-ja
moedor (m) de café	커피 그라인더	keo-pi geu-ra-in-deo
chaleira (f)	주전자	ju-jeon-ja
bule (m)	티팟	ti-pat
tampa (f)	뚜껑	ttu-kkeong
coador (m) de chá	차거름망	cha-geo-reum-mang
colher (f)	숟가락	sut-ga-rak
colher (f) de chá	티스푼	ti-seu-pun
colher (f) de sopa	숟가락	sut-ga-rak
garfo (m)	포크	po-keu
faca (f)	칼	kal
louça (f)	식기	sik-gi
prato (m)	접시	jeop-si

pires (m)	받침 접시	bat-chim jeop-si
cálice (m)	소주잔	so-ju-jan
copo (m)	유리잔	yu-ri-jan
xícara (f)	컵	keop

açucareiro (m)	설탕그릇	seol-tang-geu-reut
saleiro (m)	소금통	so-geum-tong
pimenteiro (m)	후추통	hu-chu-tong
manteigueira (f)	버터 접시	beo-teo jeop-si

panela (f)	냄비	naem-bi
frigideira (f)	프라이팬	peu-ra-i-paen
concha (f)	국자	guk-ja
coador (m)	체	che
bandeja (f)	쟁반	jaeng-ban

garrafa (f)	병	byeong
pote (m) de vidro	유리병	yu-ri-byeong
lata (~ de cerveja)	캔, 깡통	kaen, kkang-tong

abridor (m) de garrafa	병따개	byeong-tta-gae
abridor (m) de latas	깡통 따개	kkang-tong tta-gae
saca-rolhas (m)	코르크 마개 뽑이	ko-reu-keu ma-gae ppo-bi
filtro (m)	필터	pil-teo
filtrar (vt)	여과하다	yeo-gwa-ha-da

lixo (m)	쓰레기	sseu-re-gi
lixeira (f)	쓰레기통	sseu-re-gi-tong

98. Casa de banho

banheiro (m)	욕실	yok-sil
água (f)	물	mul
torneira (f)	수도꼭지	su-do-kkok-ji
água (f) quente	온수	on-su
água (f) fria	냉수	naeng-su

pasta (f) de dente	치약	chi-yak
escovar os dentes	이를 닦다	i-reul dak-da

barbear-se (vr)	깎다	kkak-da
espuma (f) de barbear	면도 크림	myeon-do keu-rim
gilete (f)	면도기	myeon-do-gi

lavar (vt)	씻다	ssit-da
tomar banho	목욕하다	mo-gyok-a-da
chuveiro (m), ducha (f)	샤워	sya-wo
tomar uma ducha	샤워하다	sya-wo-ha-da

banheira (f)	욕조	yok-jo
vaso (m) sanitário	변기	byeon-gi
pia (f)	세면대	se-myeon-dae
sabonete (m)	비누	bi-nu
saboneteira (f)	비누 그릇	bi-nu geu-reut

esponja (f)	스펀지	seu-peon-ji
xampu (m)	샴푸	syam-pu
toalha (f)	수건	su-geon
roupão (m) de banho	목욕가운	mo-gyok-ga-un
lavagem (f)	빨래	ppal-lae
lavadora (f) de roupas	세탁기	se-tak-gi
lavar a roupa	빨래하다	ppal-lae-ha-da
detergente (m)	가루세제	ga-ru-se-je

99. Eletrodomésticos

televisor (m)	텔레비전	tel-le-bi-jeon
gravador (m)	카세트 플레이어	ka-se-teu peul-le-i-eo
videogravador (m)	비디오테이프 녹화기	bi-di-o-te-i-peu nok-wa-gi
rádio (m)	라디오	ra-di-o
leitor (m)	플레이어	peul-le-i-eo
projetor (m)	프로젝터	peu-ro-jek-teo
cinema (m) em casa	홈씨어터	hom-ssi-eo-teo
DVD Player (m)	디비디 플레이어	di-bi-di peul-le-i-eo
amplificador (m)	앰프	aem-peu
console (f) de jogos	게임기	ge-im-gi
câmera (f) de vídeo	캠코더	kaem-ko-deo
máquina (f) fotográfica	카메라	ka-me-ra
câmera (f) digital	디지털 카메라	di-ji-teol ka-me-ra
aspirador (m)	진공 청소기	jin-gong cheong-so-gi
ferro (m) de passar	다리미	da-ri-mi
tábua (f) de passar	다림질 판	da-rim-jil pan
telefone (m)	전화	jeon-hwa
celular (m)	휴대폰	hyu-dae-pon
máquina (f) de escrever	타자기	ta-ja-gi
máquina (f) de costura	재봉틀	jae-bong-teul
microfone (m)	마이크	ma-i-keu
fone (m) de ouvido	헤드폰	he-deu-pon
controle remoto (m)	원격 조종	won-gyeok jo-jong
CD (m)	씨디	ssi-di
fita (f) cassete	테이프	te-i-peu
disco (m) de vinil	레코드 판	re-ko-deu pan

100. Reparações. Renovação

renovação (f)	수리를	su-ri-reul
renovar (vt), fazer obras	수리를 하다	su-ri-reul ha-da
reparar (vt)	보수하다	bo-su-ha-da
consertar (vt)	정리하다	jeong-ni-ha-da
refazer (vt)	다시 하다	da-si ha-da

tinta (f)	페인트	pe-in-teu
pintar (vt)	페인트를 칠하다	pe-in-teu-reul chil-ha-da
pintor (m)	페인트공	pe-in-teu-gong
pincel (m)	붓	but

cal (f)	백색 도료	baek-saek do-ryo
caiar (vt)	백색 도료를 칠하다	baek-saek do-ryo-reul chil-ha-da

papel (m) de parede	벽지	byeok-ji
colocar papel de parede	벽지를 붙이다	byeok-ji-reul bu-chi-da
verniz (m)	니스	ni-seu
envernizar (vt)	니스를 칠하다	ni-seu-reul chil-ha-da

101. Canalizações

água (f)	물	mul
água (f) quente	온수	on-su
água (f) fria	냉수	naeng-su
torneira (f)	수도꼭지	su-do-kkok-ji

gota (f)	물방울	mul-bang-ul
gotejar (vi)	방울져 떨어지다	bang-ul-jyeo tteo-reo-ji-da
vazar (vt)	새다	sae-da
vazamento (m)	누출	nu-chul
poça (f)	웅덩이	ung-deong-i

tubo (m)	관, 파이프	gwan, pa-i-peu
válvula (f)	밸브	bael-beu
entupir-se (vr)	막히다	mak-i-da

ferramentas (f pl)	공구	gong-gu
chave (f) inglesa	멍키렌치	meong-ki-ren-chi
desenroscar (vt)	열리다	yeol-li-da
enroscar (vt)	돌려서 조이다	dol-lyeo-seo jo-i-da

desentupir (vt)	··· 를 뚫다	... reul ttul-ta
encanador (m)	배관공	bae-gwan-gong
porão (m)	지하실	ji-ha-sil
rede (f) de esgotos	하수도	ha-su-do

102. Fogo. Deflagração

incêndio (m)	불	bul
chama (f)	화염	hwa-yeom
faísca (f)	불똥	bul-ttong
fumaça (f)	연기	yeon-gi
tocha (f)	횃불	hwaet-bul
fogueira (f)	모닥불	mo-dak-bul

gasolina (f)	휘발유, 가솔린	hwi-ba-ryu, ga-sol-lin
querosene (m)	등유	deung-yu

inflamável (adj)	가연성의	ga-yeon-seong-ui
explosivo (adj)	폭발성의	pok-bal-seong-ui
PROIBIDO FUMAR!	금연	geu-myeon
segurança (f)	안전	an-jeon
perigo (m)	위험	wi-heom
perigoso (adj)	위험한	wi-heom-han
incendiar-se (vr)	불이 붙다	bu-ri but-da
explosão (f)	폭발	pok-bal
incendiar (vt)	방화하다	bang-hwa-ha-da
incendiário (m)	방화범	bang-hwa-beom
incêndio (m) criminoso	방화	bang-hwa
flamejar (vi)	활활 타다	hwal-hwal ta-da
queimar (vi)	타다	ta-da
queimar tudo (vi)	불에 타다	bu-re ta-da
bombeiro (m)	소방관	so-bang-gwan
caminhão (m) de bombeiros	소방차	so-bang-cha
corpo (m) de bombeiros	소방대	so-bang-dae
mangueira (f)	소방 호스	so-bang ho-seu
extintor (m)	소화기	so-hwa-gi
capacete (m)	헬멧	hel-met
sirene (f)	사이렌	sa-i-ren
gritar (vi)	소리치다	so-ri-chi-da
chamar por socorro	도와 달라고 외치다	do-wa dal-la-go oe-chi-da
socorrista (m)	구조자	gu-jo-ja
salvar, resgatar (vt)	구조하다	gu-jo-ha-da
chegar (vi)	도착하다	do-chak-a-da
apagar (vt)	끄다	kkeu-da
água (f)	물	mul
areia (f)	모래	mo-rae
ruínas (f pl)	폐허	pye-heo
ruir (vi)	붕괴되다	bung-goe-doe-da
desmoronar (vi)	무너지다	mu-neo-ji-da
desabar (vi)	무너지다	mu-neo-ji-da
fragmento (m)	파편	pa-pyeon
cinza (f)	재	jae
sufocar (vi)	질식하다	jil-sik-a-da
perecer (vi)	사망하다	sa-mang-ha-da

ATIVIDADES HUMANAS

Emprego. Negócios. Parte 1

103. Escritório. O trabalho no escritório

escritório (~ de advogados)	사무실	sa-mu-sil
escritório (do diretor, etc.)	사무실	sa-mu-sil
recepção (f)	접수처	jeop-su-cheo
secretário (m)	비서	bi-seo
diretor (m)	사장	sa-jang
gerente (m)	매니저	mae-ni-jeo
contador (m)	회계사	hoe-gye-sa
empregado (m)	직원	ji-gwon
mobiliário (m)	가구	ga-gu
mesa (f)	책상	chaek-sang
cadeira (f)	책상 의자	chaek-sang ui-ja
cabideiro (m) de pé	스탠드옷걸이	seu-taen-deu-ot-geo-ri
computador (m)	컴퓨터	keom-pyu-teo
impressora (f)	프린터	peu-rin-teo
fax (m)	팩스기	paek-seu-gi
fotocopiadora (f)	복사기	bok-sa-gi
papel (m)	종이	jong-i
artigos (m pl) de escritório	사무용품	sa-mu-yong-pum
tapete (m) para mouse	마우스 패드	ma-u-seu pae-deu
folha (f)	한 장	han jang
pasta (f)	바인더	ba-in-deo
catálogo (m)	카탈로그	ka-tal-lo-geu
lista (f) telefônica	전화번호부	jeon-hwa-beon-ho-bu
documentação (f)	문서	mun-seo
brochura (f)	브로셔	beu-ro-syeo
panfleto (m)	전단	jeon-dan
amostra (f)	샘플	saem-peul
formação (f)	수련회를	su-ryeon-hoe-reul
reunião (f)	회의	hoe-ui
hora (f) de almoço	점심시간	jeom-sim-si-gan
fazer uma cópia	사본을 만들다	sa-bo-neul man-deul-da
tirar cópias	복사하다	bok-sa-ha-da
receber um fax	팩스를 받다	paek-seu-reul bat-da
enviar um fax	팩스를 보내다	paek-seu-reul bo-nae-da
fazer uma chamada	전화하다	jeon-hwa-ha-da
responder (vt)	대답하다	dae-da-pa-da

passar (vt)	연결해 주다	yeon-gyeol-hae ju-da
marcar (vt)	마련하다	ma-ryeon-ha-da
demonstrar (vt)	전시하다	jeon-si-ha-da
estar ausente	결석하다	gyeol-seok-a-da
ausência (f)	결근	gyeol-geun

104. Processos negociais. Parte 1

ocupação (f)	직업	ji-geop
firma, empresa (f)	회사	hoe-sa
companhia (f)	회사	hoe-sa
corporação (f)	사단 법인	sa-dan beo-bin
empresa (f)	업체	eop-che
agência (f)	에이전시	e-i-jeon-si

acordo (documento)	약정	yak-jeong
contrato (m)	계약	gye-yak
acordo (transação)	거래	geo-rae
pedido (m)	주문	ju-mun
termos (m pl)	조건	jo-geon

por atacado	도매로	do-mae-ro
por atacado (adj)	도매의	do-mae-ui
venda (f) por atacado	도매	do-mae
a varejo	소매의	so-mae-ui
venda (f) a varejo	소매	so-mae

concorrente (m)	경쟁자	gyeong-jaeng-ja
concorrência (f)	경쟁	gyeong-jaeng
competir (vi)	경쟁하다	gyeong-jaeng-ha-da

| sócio (m) | 파트너 | pa-teu-neo |
| parceria (f) | 파트너십 | pa-teu-neo-sip |

crise (f)	위기	wi-gi
falência (f)	파산	pa-san
entrar em falência	파산하다	pa-san-ha-da
dificuldade (f)	어려움	eo-ryeo-um
problema (m)	문제	mun-je
catástrofe (f)	재난	jae-nan

economia (f)	경기, 경제	gyeong-gi, gyeong-je
econômico (adj)	경제의	gyeong-je-ui
recessão (f) econômica	경기침체	gyeong-gi-chim-che

| objetivo (m) | 목표 | mok-pyo |
| tarefa (f) | 임무 | im-mu |

comerciar (vi, vt)	거래하다	geo-rae-ha-da
rede (de distribuição)	네트워크	ne-teu-wo-keu
estoque (m)	재고	jae-go
sortimento (m)	세트	se-teu
líder (m)	리더	ri-deo
grande (~ empresa)	규모가 큰	gyu-mo-ga keun

monopólio (m)	독점	dok-jeom
teoria (f)	이론	i-ron
prática (f)	실천	sil-cheon
experiência (f)	경험	gyeong-heom
tendência (f)	경향	gyeong-hyang
desenvolvimento (m)	개발	gae-bal

105. Processos negociais. Parte 2

rentabilidade (f)	수익, 이익	su-ik, i-ik
rentável (adj)	수익성이 있는	su-ik-seong-i in-neun
delegação (f)	대표단	dae-pyo-dan
salário, ordenado (m)	급여, 월급	geu-byeo, wol-geup
corrigir (~ um erro)	고치다	go-chi-da
viagem (f) de negócios	출장	chul-jang
comissão (f)	수수료	su-su-ryo
controlar (vt)	제어하다	je-eo-ha-da
conferência (f)	회의	hoe-ui
licença (f)	면허증	myeon-heo-jeung
confiável (adj)	믿을 만한	mi-deul man-han
empreendimento (m)	시작	si-jak
norma (f)	표준	pyo-jun
circunstância (f)	상황	sang-hwang
dever (do empregado)	의무	ui-mu
empresa (f)	조직	jo-jik
organização (f)	준비	jun-bi
organizado (adj)	조직된	jo-jik-doen
anulação (f)	취소	chwi-so
anular, cancelar (vt)	취소하다	chwi-so-ha-da
relatório (m)	보고서	bo-go-seo
patente (f)	특허	teuk-eo
patentear (vt)	특허를 받다	teuk-eo-reul bat-da
planejar (vt)	계획하다	gye-hoek-a-da
bônus (m)	보너스	bo-neo-seu
profissional (adj)	전문가의	jeon-mun-ga-ui
procedimento (m)	절차	jeol-cha
examinar (~ a questão)	조사하다	jo-sa-ha-da
cálculo (m)	계산	gye-san
reputação (f)	평판	pyeong-pan
risco (m)	위험	wi-heom
dirigir (~ uma empresa)	운영하다	u-nyeong-ha-da
informação (f)	정보	jeong-bo
propriedade (f)	소유	so-yu
união (f)	연합	yeon-hap
seguro (m) de vida	생명 보험	saeng-myeong bo-heom
fazer um seguro	보험에 들다	bo-heom-e deul-da

seguro (m)	보험	bo-heom
leilão (m)	경매	gyeong-mae
notificar (vt)	통지하다	tong-ji-ha-da
gestão (f)	주관	ju-gwan
serviço (indústria de ~s)	서비스	seo-bi-seu

fórum (m)	포럼	po-reom
funcionar (vi)	기능하다	gi-neung-ha-da
estágio (m)	단계	dan-gye
jurídico, legal (adj)	법률상의	beom-nyul-sang-ui
advogado (m)	법률고문	beom-nyul-go-mun

106. Produção. Trabalhos

usina (f)	공장	gong-jang
fábrica (f)	공장	gong-jang
oficina (f)	작업장	ja-geop-jang
local (m) de produção	현장	hyeon-jang

indústria (f)	산업, 공업	san-eop, gong-eop
industrial (adj)	산업의	san-eo-bui
indústria (f) pesada	중공업	jung-gong-eop
indústria (f) ligeira	경공업	gyeong-gong-eop

produção (f)	제품	je-pum
produzir (vt)	제조하다	je-jo-ha-da
matérias-primas (f pl)	원재료	won-jae-ryo

chefe (m) de obras	작업반장	ja-geop-ban-jang
equipe (f)	작업반	ja-geop-ban
operário (m)	노동자	no-dong-ja

dia (m) de trabalho	근무일	geun-mu-il
intervalo (m)	휴식	hyu-sik
reunião (f)	회의	hoe-ui
discutir (vt)	의논하다	ui-non-ha-da

plano (m)	계획	gye-hoek
cumprir o plano	계획을 수행하다	gye-hoe-geul su-haeng-ha-da
taxa (f) de produção	생산량	saeng-sal-lyang
qualidade (f)	품질	pum-jil
controle (m)	관리	gwal-li
controle (m) da qualidade	품질 관리	pum-jil gwal-li

segurança (f) no trabalho	산업안전	sa-neo-ban-jeon
disciplina (f)	규율	gyu-yul
infração (f)	위반	wi-ban
violar (as regras)	위반하다	wi-ban-ha-da

greve (f)	파업	pa-eop
grevista (m)	파업자	pa-eop-ja
estar em greve	파업하다	pa-eo-pa-da
sindicato (m)	노동조합	no-dong-jo-hap
inventar (vt)	발명하다	bal-myeong-ha-da

invenção (f)	발명	bal-myeong
pesquisa (f)	연구	yeon-gu
melhorar (vt)	개선하다	gae-seon-ha-da
tecnologia (f)	기술	gi-sul
desenho (m) técnico	건축 도면	geon-chuk do-myeon

carga (f)	화물	hwa-mul
carregador (m)	하역부	ha-yeok-bu
carregar (o caminhão, etc.)	싣다	sit-da
carregamento (m)	적재	jeok-jae

| descarregar (vt) | 짐을 부리다 | ji-meul bu-ri-da |
| descarga (f) | 짐부리기 | jim-bu-ri-gi |

transporte (m)	운송	un-song
companhia (f) de transporte	운송 회사	un-song hoe-sa
transportar (vt)	운송하다	un-song-ha-da

vagão (m) de carga	화차	hwa-cha
tanque (m)	탱크	taeng-keu
caminhão (m)	트럭	teu-reok

| máquina (f) operatriz | 공작 기계 | gong-jak gi-gye |
| mecanismo (m) | 기계 장치 | gi-gye jang-chi |

resíduos (m pl) industriais	산업폐기물	san-eop-pye-gi-mul
embalagem (f)	포장	po-jang
embalar (vt)	포장하다	po-jang-ha-da

107. Contrato. Acordo

contrato (m)	계약	gye-yak
acordo (m)	약정	yak-jeong
adendo, anexo (m)	별첨	byeol-cheom

| assinar o contrato | 계약에 서명하다 | gye-ya-ge seo-myeong-ha-da |
| assinatura (f) | 서명 | seo-myeong |

| assinar (vt) | 서명하다 | seo-myeong-ha-da |
| carimbo (m) | 도장 | do-jang |

| objeto (m) do contrato | 계약 내용 | gye-yak nae-yong |
| cláusula (f) | 항 | hang |

| partes (f pl) | 양측 | yang-cheuk |
| domicílio (m) legal | 법인 주소 | beo-bin ju-so |

| violar o contrato | 계약을 위반하다 | gye-ya-geul rwi-ban-ha-da |
| obrigação (f) | 의무 | ui-mu |

responsabilidade (f)	책임	chae-gim
força (f) maior	불가항력	bul-ga-hang-nyeok
litígio (m), disputa (f)	분쟁	bun-jaeng
multas (f pl)	제재	je-jae

108. Importação & Exportação

importação (f)	수입	su-ip
importador (m)	수입업자	su-i-beop-ja
importar (vt)	수입하다	su-i-pa-da
de importação	수입의	su-i-bui
exportador (m)	수출업자	su-chu-reop-ja
exportar (vt)	수출하다	su-chul-ha-da
mercadoria (f)	상품	sang-pum
lote (de mercadorias)	탁송물	tak-song-mul
peso (m)	무게	mu-ge
volume (m)	부피	bu-pi
metro (m) cúbico	입방 미터	ip-bang mi-teo
produtor (m)	생산자	saeng-san-ja
companhia (f) de transporte	운송 회사	un-song hoe-sa
contêiner (m)	컨테이너	keon-te-i-neo
fronteira (f)	국경	guk-gyeong
alfândega (f)	세관	se-gwan
taxa (f) alfandegária	관세	gwan-se
funcionário (m) da alfândega	세관원	se-gwan-won
contrabando (atividade)	밀수입	mil-su-ip
contrabando (produtos)	밀수품	mil-su-pum

109. Finanças

ação (f)	주식	ju-sik
obrigação (f)	채권	chae-gwon
nota (f) promissória	어음	eo-eum
bolsa (f) de valores	증권거래소	jeung-gwon-geo-rae-so
cotação (m) das ações	주가	ju-ga
tornar-se mais barato	내리다	nae-ri-da
tornar-se mais caro	오르다	o-reu-da
participação (f) majoritária	지배 지분	ji-bae ji-bun
investimento (m)	투자	tu-ja
investir (vt)	투자하다	tu-ja-ha-da
porcentagem (f)	퍼센트	peo-sen-teu
juros (m pl)	이자	i-ja
lucro (m)	수익, 이익	su-ik, i-ik
lucrativo (adj)	수익성이 있는	su-ik-seong-i in-neun
imposto (m)	세금	se-geum
divisa (f)	통화	tong-hwa
nacional (adj)	국가의	guk-ga-ui
câmbio (m)	환전	hwan-jeon

contador (m)	회계사	hoe-gye-sa
contabilidade (f)	회계	hoe-gye

falência (f)	파산	pa-san
falência, quebra (f)	붕괴	bung-goe
ruína (f)	파산	pa-san
estar quebrado	파산하다	pa-san-ha-da
inflação (f)	인플레이션	in-peul-le-i-syeon
desvalorização (f)	평가절하	pyeong-ga-jeol-ha

capital (m)	자본	ja-bon
rendimento (m)	소득	so-deuk
volume (m) de negócios	총매출액	chong-mae-chu-raek
recursos (m pl)	재원을	jae-wo-neul
recursos (m pl) financeiros	재정 자원을	jae-jeong ja-wo-neul
reduzir (vt)	줄이다	ju-ri-da

110. Marketing

marketing (m)	마케팅	ma-ke-ting
mercado (m)	시장	si-jang
segmento (m) do mercado	시장 분야	si-jang bu-nya
produto (m)	제품	je-pum
mercadoria (f)	상품	sang-pum

marca (f) registrada	트레이드마크	teu-re-i-deu-ma-keu
logotipo (m)	로고	ro-go
logo (m)	로고	ro-go

demanda (f)	수요	su-yo
oferta (f)	공급	gong-geup
necessidade (f)	필요	pi-ryo
consumidor (m)	소비자	so-bi-ja

análise (f)	분석	bun-seok
analisar (vt)	분석하다	bun-seok-a-da
posicionamento (m)	포지셔닝	po-ji-syeo-ning
posicionar (vt)	포지셔닝하다	po-ji-syeo-ning-ha-da

preço (m)	가격	ga-gyeok
política (f) de preços	가격 정책	ga-gyeok jeong-chaek
formação (f) de preços	가격 형성	ga-gyeok yeong-seong

111. Publicidade

publicidade (f)	광고	gwang-go
fazer publicidade	광고하다	gwang-go-ha-da
orçamento (m)	예산	ye-san

anúncio (m)	광고	gwang-go
publicidade (f) na TV	텔레비전 광고	tel-le-bi-jeon gwang-go
publicidade (f) na rádio	라디오 광고	ra-di-o gwang-go

publicidade (f) exterior	옥외 광고	o-goe gwang-go
comunicação (f) de massa	매체	mae-che
periódico (m)	정기 간행물	jeong-gi gan-haeng-mul
imagem (f)	이미지	i-mi-ji

| slogan (m) | 슬로건 | seul-lo-geon |
| mote (m), lema (f) | 표어 | pyo-eo |

campanha (f)	캠페인	kaem-pe-in
campanha (f) publicitária	광고 캠페인	gwang-go kaem-pe-in
grupo (m) alvo	공략 대상	gong-nyak dae-sang

cartão (m) de visita	명함	myeong-ham
panfleto (m)	전단	jeon-dan
brochura (f)	브로셔	beu-ro-syeo
folheto (m)	팜플렛	pam-peul-let
boletim (~ informativo)	회보	hoe-bo

letreiro (m)	간판	gan-pan
cartaz, pôster (m)	포스터	po-seu-teo
painel (m) publicitário	광고판	gwang-go-pan

112. Banca

| banco (m) | 은행 | eun-haeng |
| balcão (f) | 지점 | ji-jeom |

| consultor (m) bancário | 행원 | haeng-won |
| gerente (m) | 지배인 | ji-bae-in |

conta (f)	은행계좌	eun-haeng-gye-jwa
número (m) da conta	계좌 번호	gye-jwa beon-ho
conta (f) corrente	당좌	dang-jwa
conta (f) poupança	보통 예금	bo-tong ye-geum

abrir uma conta	계좌를 열다	gye-jwa-reul ryeol-da
fechar uma conta	계좌를 해지하다	gye-jwa-reul hae-ji-ha-da
depositar na conta	계좌에 입금하다	ip-geum-ha-da
sacar (vt)	출금하다	chul-geum-ha-da

depósito (m)	저금	jeo-geum
fazer um depósito	입금하다	ip-geum-ha-da
transferência (f) bancária	송금	song-geum
transferir (vt)	송금하다	song-geum-ha-da

| soma (f) | 액수 | aek-su |
| Quanto? | 얼마? | eol-ma? |

assinatura (f)	서명	seo-myeong
assinar (vt)	서명하다	seo-myeong-ha-da
cartão (m) de crédito	신용 카드	si-nyong ka-deu
senha (f)	비밀번호	bi-mil-beon-ho
número (m) do cartão de crédito	신용 카드 번호	si-nyong ka-deu beon-ho

caixa (m) eletrônico	현금 자동 지급기	hyeon-geum ja-dong ji-geup-gi
cheque (m)	수표	su-pyo
passar um cheque	수표를 끊다	su-pyo-reul kkeun-ta
talão (m) de cheques	수표책	su-pyo-chaek
empréstimo (m)	대출	dae-chul
pedir um empréstimo	대출 신청하다	dae-chul sin-cheong-ha-da
obter empréstimo	대출을 받다	dae-chu-reul bat-da
dar um empréstimo	대출하다	dae-chul-ha-da
garantia (f)	담보	dam-bo

113. Telefone. Conversação telefônica

telefone (m)	전화	jeon-hwa
celular (m)	휴대폰	hyu-dae-pon
secretária (f) eletrônica	자동 응답기	ja-dong eung-dap-gi
fazer uma chamada	전화하다	jeon-hwa-ha-da
chamada (f)	통화	tong-hwa
discar um número	번호로 걸다	beon-ho-ro geol-da
Alô!	여보세요!	yeo-bo-se-yo!
perguntar (vt)	묻다	mut-da
responder (vt)	전화를 받다	jeon-hwa-reul bat-da
ouvir (vt)	듣다	deut-da
bem	잘	jal
mal	좋지 않은	jo-chi a-neun
ruído (m)	잡음	ja-beum
fone (m)	수화기	su-hwa-gi
pegar o telefone	전화를 받다	jeon-hwa-reul bat-da
desligar (vi)	전화를 끊다	jeon-hwa-reul kkeun-ta
ocupado (adj)	통화 중인	tong-hwa jung-in
tocar (vi)	울리다	ul-li-da
lista (f) telefônica	전화 번호부	jeon-hwa beon-ho-bu
local (adj)	시내의	si-nae-ui
de longa distância	장거리의	jang-geo-ri-ui
internacional (adj)	국제적인	guk-je-jeo-gin

114. Telefone móvel

celular (m)	휴대폰	hyu-dae-pon
tela (f)	화면	hwa-myeon
botão (m)	버튼	beo-teun
cartão SIM (m)	SIM 카드	SIM ka-deu
bateria (f)	건전지	geon-jeon-ji
descarregar-se (vr)	나가다	na-ga-da

carregador (m)	충전기	chung-jeon-gi
menu (m)	메뉴	me-nyu
configurações (f pl)	설정	seol-jeong
melodia (f)	벨소리	bel-so-ri
escolher (vt)	선택하다	seon-taek-a-da
calculadora (f)	계산기	gye-san-gi
correio (m) de voz	자동 응답기	ja-dong eung-dap-gi
despertador (m)	알람 시계	al-lam si-gye
contatos (m pl)	연락처	yeol-lak-cheo
mensagem (f) de texto	문자 메시지	mun-ja me-si-ji
assinante (m)	가입자	ga-ip-ja

115. Estacionário

caneta (f)	볼펜	bol-pen
caneta (f) tinteiro	만년필	man-nyeon-pil
lápis (m)	연필	yeon-pil
marcador (m) de texto	형광펜	hyeong-gwang-pen
caneta (f) hidrográfica	사인펜	sa-in-pen
bloco (m) de notas	공책	gong-chaek
agenda (f)	수첩	su-cheop
régua (f)	자	ja
calculadora (f)	계산기	gye-san-gi
borracha (f)	지우개	ji-u-gae
alfinete (m)	압정	ap-jeong
clipe (m)	클립	keul-lip
cola (f)	접착제	jeop-chak-je
grampeador (m)	호치키스	ho-chi-ki-seu
furador (m) de papel	펀치	peon-chi
apontador (m)	연필깎이	yeon-pil-kka-kki

116. Vários tipos de documentos

relatório (m)	보고	bo-go
acordo (m)	약정	yak-jeong
ficha (f) de inscrição	신청서	sin-cheong-seo
autêntico (adj)	진본의	jin-bo-nui
crachá (m)	명찰	myeong-chal
cartão (m) de visita	명함	myeong-ham
certificado (m)	인증서	in-jeung-seo
cheque (m)	수표	su-pyo
conta (f)	계산서	gye-san-seo
constituição (f)	헌법	heon-beop
contrato (m)	계약	gye-yak
cópia (f)	사본	sa-bon

exemplar (~ assinado)	사본	sa-bon
declaração (f) alfandegária	세관신고서	se-gwan-sin-go-seo
documento (m)	서류	seo-ryu
carteira (f) de motorista	운전 면허증	un-jeon myeon-heo-jeung
adendo, anexo (m)	별첨	byeol-cheom
questionário (m)	서식	seo-sik

carteira (f) de identidade	신분증	sin-bun-jeung
inquérito (m)	문의서	mun-ui-seo
convite (m)	초대장	cho-dae-jang
fatura (f)	송장	song-jang

lei (f)	법	beop
carta (correio)	편지	pyeon-ji
papel (m) timbrado	용지	yong-ji
lista (f)	목록	mong-nok
manuscrito (m)	원고	won-go
boletim (~ informativo)	회보	hoe-bo
bilhete (mensagem breve)	쪽지	jjok-ji

passe (m)	출입증	chu-rip-jeung
passaporte (m)	여권	yeo-gwon
permissão (f)	허가증	heo-ga-jeung
currículo (m)	이력서	i-ryeok-seo
nota (f) promissória	차용증서	cha-yong-jeung-seo
recibo (m)	영수증	yeong-su-jeung
talão (f)	영수증	yeong-su-jeung
relatório (m)	보고	bo-go

mostrar (vt)	보여주다	bo-yeo-ju-da
assinar (vt)	서명하다	seo-myeong-ha-da
assinatura (f)	서명	seo-myeong
carimbo (m)	도장	do-jang
texto (m)	문서	mun-seo
ingresso (m)	표	pyo

| riscar (vt) | 그어 지우다 | geu-eo ji-u-da |
| preencher (vt) | 작성하다 | jak-seong-ha-da |

| carta (f) de porte | 선적 송장 | seon-jeok song-jang |
| testamento (m) | 유언 | yu-eon |

117. Tipos de negócios

serviços (m pl) de contabilidade	회계 서비스	hoe-gye seo-bi-seu
publicidade (f)	광고	gwang-go
agência (f) de publicidade	광고 회사	gwang-go hoe-sa
ar (m) condicionado	에어컨	e-eo-keon
companhia (f) aérea	항공사	hang-gong-sa

bebidas (f pl) alcoólicas	주류	ju-ryu
comércio (m) de antiguidades	골동품	gol-dong-pum
galeria (f) de arte	미술관	mi-sul-gwan

serviços (m pl) de auditoria	회계 감사	hoe-gye gam-sa
negócios (m pl) bancários	금융업계	geu-myung-eop-gye
bar (m)	바	ba
salão (m) de beleza	미장원	mi-jang-won
livraria (f)	서점	seo-jeom
cervejaria (f)	맥주 양조장	maek-ju yang-jo-jang
centro (m) de escritórios	비즈니스 센터	bi-jeu-ni-seu sen-teo
escola (f) de negócios	비즈니스 스쿨	bi-jeu-ni-seu seu-kul
cassino (m)	카지노	ka-ji-no
construção (f)	건설	geon-seol
consultoria (f)	컨설팅	keon-seol-ting
clínica (f) dentária	치과 병원	chi-gwa byeong-won
design (m)	디자인	di-ja-in
drogaria (f)	약국	yak-guk
lavanderia (f)	드라이 클리닝	deu-ra-i keul-li-ning
agência (f) de emprego	직업 소개소	ji-geop so-gae-so
serviços (m pl) financeiros	재무 서비스	jae-mu seo-bi-seu
alimentos (m pl)	식품	sik-pum
funerária (f)	장례식장	jang-nye-sik-jang
mobiliário (m)	가구	ga-gu
roupa (f)	옷	ot
hotel (m)	호텔	ho-tel
sorvete (m)	아이스크림	a-i-seu-keu-rim
indústria (f)	산업, 공업	san-eop, gong-eop
seguro (~ de vida, etc.)	보험	bo-heom
internet (f)	인터넷	in-teo-net
investimento (m)	투자	tu-ja
joalheiro (m)	보석 상인	bo-seok sang-in
joias (f pl)	보석	bo-seok
lavanderia (f)	세탁소	se-tak-so
assessorias (f pl) jurídicas	법률컨설팅	beom-nyul-keon-seol-ting
indústria (f) ligeira	경공업	gyeong-gong-eop
revista (f)	잡지	jap-ji
medicina (f)	의학	ui-hak
cinema (m)	영화관	yeong-hwa-gwan
museu (m)	박물관	bang-mul-gwan
agência (f) de notícias	통신사	tong-sin-sa
jornal (m)	신문	sin-mun
boate (casa noturna)	나이트 클럽	na-i-teu keul-leop
petróleo (m)	석유	seo-gyu
serviços (m pl) de remessa	문서 송달 회사	mun-seo song-dal hoe-sa
indústria (f) farmacêutica	의약	ui-yak
tipografia (f)	인쇄산업	in-swae-san-eop
editora (f)	출판사	chul-pan-sa
rádio (m)	라디오	ra-di-o
imobiliário (m)	부동산	bu-dong-san
restaurante (m)	레스토랑	re-seu-to-rang

empresa (f) de segurança	보안 회사	bo-an hoe-sa
esporte (m)	스포츠	seu-po-cheu
bolsa (f) de valores	증권거래소	jeung-gwon-geo-rae-so
loja (f)	가게, 상점	ga-ge, sang-jeom
supermercado (m)	슈퍼마켓	syu-peo-ma-ket
piscina (f)	수영장	su-yeong-jang
alfaiataria (f)	양복점	yang-bok-jeom
televisão (f)	텔레비전	tel-le-bi-jeon
teatro (m)	극장	geuk-jang
comércio (m)	거래	geo-rae
serviços (m pl) de transporte	운송	un-song
viagens (f pl)	관광산업	gwan-gwang-sa-neop
veterinário (m)	수의사	su-ui-sa
armazém (m)	창고	chang-go
recolha (f) do lixo	쓰레기 수거	sseu-re-gi su-geo

Emprego. Negócios. Parte 2

118. Espetáculo. Feira

feira, exposição (f)	전시회	jeon-si-hoe
feira (f) comercial	상품 전시회	sang-pum jeon-si-hoe
participação (f)	참가	cham-ga
participar (vi)	참가하다	cham-ga-ha-da
participante (m)	참가자	cham-ga-ja
diretor (m)	대표이사	dae-pyo-i-sa
direção (f)	조직위원회	jo-ji-gwi-won-hoe
organizador (m)	조직위원회	jo-ji-gwi-won-hoe
organizar (vt)	조직하다	jo-jik-a-da
ficha (f) de inscrição	참가 신청서	cham-ga sin-cheong-seo
preencher (vt)	작성하다	jak-seong-ha-da
detalhes (m pl)	상세	sang-se
informação (f)	정보	jeong-bo
preço (m)	가격	ga-gyeok
incluindo	포함하여	po-ham-ha-yeo
incluir (vt)	포함하다	po-ham-ha-da
pagar (vt)	지불하다	ji-bul-ha-da
taxa (f) de inscrição	등록비	deung-nok-bi
entrada (f)	입구	ip-gu
pavilhão (m), salão (f)	전시실	jeon-si-sil
inscrever (vt)	등록하다	deung-nok-a-da
crachá (m)	명찰	myeong-chal
stand (m)	부스	bu-seu
reservar (vt)	예약하다	ye-yak-a-da
vitrine (f)	진열장	ji-nyeol-jang
lâmpada (f)	스포트라이트	seu-po-teu-ra-i-teu
design (m)	디자인	di-ja-in
pôr (posicionar)	배치하다	bae-chi-ha-da
distribuidor (m)	배급업자	bae-geu-beop-ja
fornecedor (m)	공급자	gong-geup-ja
país (m)	나라	na-ra
estrangeiro (adj)	외국의	oe-gu-gui
produto (m)	제품	je-pum
associação (f)	협회	hyeo-poe
sala (f) de conferência	회의장	hoe-ui-jang
congresso (m)	회의	hoe-ui

concurso (m)	컨테스트	keon-te-seu-teu
visitante (m)	방문객	bang-mun-gaek
visitar (vt)	방문하다	bang-mun-ha-da
cliente (m)	고객	go-gaek

119. Media

jornal (m)	신문	sin-mun
revista (f)	잡지	jap-ji
imprensa (f)	언론	eon-non
rádio (m)	라디오	ra-di-o
estação (f) de rádio	라디오 방송국	ra-di-o bang-song-guk
televisão (f)	텔레비전	tel-le-bi-jeon

apresentador (m)	진행자	jin-haeng-ja
locutor (m)	아나운서	a-na-un-seo
comentarista (m)	해설가	hae-seol-ga

jornalista (m)	저널리스트	jeo-neol-li-seu-teu
correspondente (m)	특파원	teuk-pa-won
repórter (m) fotográfico	사진 기자	sa-jin gi-ja
repórter (m)	리포터	ri-po-teo

redator (m)	편집자	pyeon-jip-ja
redator-chefe (m)	편집장	pyeon-jip-jang
assinar a ...	··· 를 구독하다	... reul gu-dok-a-da
assinatura (f)	구독	gu-dok
assinante (m)	구독자	gu-dok-ja
ler (vt)	읽다	ik-da
leitor (m)	독자	dok-ja

tiragem (f)	발행 부수	bal-haeng bu-su
mensal (adj)	월간의	wol-ga-nui
semanal (adj)	주간의	ju-ga-nui
número (jornal, revista)	호	ho
recente, novo (adj)	최신의	choe-si-nui

manchete (f)	헤드라인	he-deu-ra-in
pequeno artigo (m)	짧은 기사	jjal-beun gi-sa
coluna (~ semanal)	칼럼	kal-leom
artigo (m)	기사	gi-sa
página (f)	페이지	pe-i-ji

reportagem (f)	보도	bo-do
evento (festa, etc.)	사건	sa-geon
sensação (f)	센세이션	sen-se-i-syeon
escândalo (m)	스캔들	seu-kaen-deul
escandaloso (adj)	스캔들의	seu-kaen-deu-rui
grande (adj)	엄청난	eom-cheong-nan

programa (m)	쇼	syo
entrevista (f)	인터뷰	in-teo-byu
transmissão (f) ao vivo	라이브 방송	ra-i-beu bang-song
canal (m)	채널	chae-neol

120. Agricultura

agricultura (f)	농업	nong-eop
camponês (m)	소작농	so-jang-nong
camponesa (f)	소작농	so-jang-nong
agricultor, fazendeiro (m)	농부	nong-bu
trator (m)	트랙터	teu-raek-teo
colheitadeira (f)	콤바인	kom-ba-in
arado (m)	쟁기	jaeng-gi
arar (vt)	땅을 갈다	ttang-eul gal-da
campo (m) lavrado	한 쟁기의 땅	han jaeng-gi-ui ttang
sulco (m)	고랑	go-rang
semear (vt)	뿌리다	ppu-ri-da
plantadeira (f)	파종기	pa-jong-gi
semeadura (f)	씨뿌리기	pa-jong
foice (m)	긴 낫	gin nat
cortar com foice	낫질하다	nat-jil-ha-da
pá (f)	삽	sap
cavar (vt)	갈다	gal-da
enxada (f)	호미	ho-mi
capinar (vt)	풀을 뽑다	pu-reul ppop-da
erva (f) daninha	잡초	jap-cho
regador (m)	물뿌리개	mul-ppu-ri-gae
regar (plantas)	물을 주다	mu-reul ju-da
rega (f)	살수	sal-su
forquilha (f)	쇠스랑	soe-seu-rang
ancinho (m)	갈퀴	gal-kwi
fertilizante (m)	비료	bi-ryo
fertilizar (vt)	비료를 주다	bi-ryo-reul ju-da
estrume, esterco (m)	거름	geo-reum
campo (m)	밭	bat
prado (m)	풀밭	pul-bat
horta (f)	채소밭	chae-so-bat
pomar (m)	과수원	gwa-su-won
pastar (vt)	방목하다	bang-mo-ka-da
pastor (m)	목동	mok-dong
pastagem (f)	목초지	mok-cho-ji
pecuária (f)	목축	mok-chuk
criação (f) de ovelhas	목양	mo-gyang
plantação (f)	농원	nong-won
canteiro (m)	이랑	i-rang
estufa (f)	온실	on-sil

| seca (f) | 가뭄 | ga-mum |
| seco (verão ~) | 건조한 | geon-jo-han |

| cereais (m pl) | 곡류 | gong-nyu |
| colher (vt) | 수확하다 | su-hwak-a-da |

moleiro (m)	제분업자	je-bun-eop-ja
moinho (m)	제분소	je-bun-so
moer (vt)	제분하다	je-bun-ha-da
farinha (f)	밀가루	mil-ga-ru
palha (f)	짚	jip

121. Construção. Processo de construção

canteiro (m) de obras	공사장	gong-sa-jang
construir (vt)	건설하다	geon-seol-ha-da
construtor (m)	공사장 인부	gong-sa-jang in-bu

projeto (m)	프로젝트	peu-ro-jek-teu
arquiteto (m)	건축가	geon-chuk-ga
operário (m)	노동자	no-dong-ja

fundação (f)	기초	gi-cho
telhado (m)	지붕	ji-bung
estaca (f)	기초 말뚝	gi-cho mal-ttuk
parede (f)	벽	byeok

| colunas (f pl) de sustentação | 철근 | cheol-geun |
| andaime (m) | 비계 | bi-gye |

| concreto (m) | 콘크리트 | kon-keu-ri-teu |
| granito (m) | 화강암 | hwa-gang-am |

| pedra (f) | 돌 | dol |
| tijolo (m) | 벽돌 | byeok-dol |

areia (f)	모래	mo-rae
cimento (m)	시멘트	si-men-teu
emboço, reboco (m)	회반죽	hoe-ban-juk
emboçar, rebocar (vt)	회반죽을 칠하다	hoe-ban-ju-geul chil-ha-da
tinta (f)	페인트	pe-in-teu

| pintar (vt) | 페인트를 칠하다 | pe-in-teu-reul chil-ha-da |
| barril (m) | 통 | tong |

grua (f), guindaste (m)	크레인	keu-re-in
erguer (vt)	올리다	ol-li-da
baixar (vt)	내리다	nae-ri-da

buldózer (m)	불도저	bul-do-jeo
escavadora (f)	굴착기	gul-chak-gi
caçamba (f)	굴삭기 버킷	beo-kit
escavar (vt)	파다	pa-da
capacete (m) de proteção	안전모	an-jeon-mo

122. Ciência. Investigação. Cientistas

ciência (f)	과학	gwa-hak
científico (adj)	과학의	gwa-ha-gui
cientista (m)	과학자	gwa-hak-ja
teoria (f)	이론	i-ron
axioma (m)	공리	gong-ni
análise (f)	분석	bun-seok
analisar (vt)	분석하다	bun-seok-a-da
argumento (m)	주장	ju-jang
substância (f)	물질	mul-jil
hipótese (f)	가설	ga-seol
dilema (m)	딜레마	dil-le-ma
tese (f)	학위 논문	ha-gwi non-mun
dogma (m)	도그마	do-geu-ma
doutrina (f)	학설	hak-seol
pesquisa (f)	연구	yeon-gu
pesquisar (vt)	연구하다	yeon-gu-ha-da
testes (m pl)	실험	sil-heom
laboratório (m)	연구실	yeon-gu-sil
método (m)	방법	bang-beop
molécula (f)	분자	bun-ja
monitoramento (m)	감시	gam-si
descoberta (f)	발견	bal-gyeon
postulado (m)	공준	gong-jun
princípio (m)	원칙	won-chik
prognóstico (previsão)	예상	ye-sang
prognosticar (vt)	예상하다	ye-sang-ha-da
síntese (f)	종합	jong-hap
tendência (f)	경향	gyeong-hyang
teorema (m)	정리	jeong-ni
ensinamentos (m pl)	가르침	ga-reu-chim
fato (m)	사실	sa-sil
expedição (f)	탐험	tam-heom
experiência (f)	실험	sil-heom
acadêmico (m)	아카데미 회원	a-ka-de-mi hoe-won
bacharel (m)	학사	hak-sa
doutor (m)	박사	bak-sa
professor (m) associado	부교수	bu-gyo-su
mestrado (m)	석사	seok-sa
professor (m)	교수	gyo-su

Profissões e ocupações

123. Procura de emprego. Demissão

trabalho (m)	직업	ji-geop
pessoal (m)	직원	ji-gwon
carreira (f)	경력	gyeong-nyeok
perspectivas (f pl)	전망	jeon-mang
habilidades (f pl)	숙달	suk-dal
seleção (f)	선발	seon-bal
agência (f) de emprego	직업 소개소	ji-geop so-gae-so
currículo (m)	이력서	i-ryeok-seo
entrevista (f) de emprego	면접	myeon-jeop
vaga (f)	결원	gyeo-rwon
salário (m)	급여, 월급	geu-byeo, wol-geup
salário (m) fixo	고정급	go-jeong-geup
pagamento (m)	급료	geum-nyo
cargo (m)	직위	ji-gwi
dever (do empregado)	의무	ui-mu
gama (f) de deveres	업무범위	eom-mu-beom-wi
ocupado (adj)	바쁜	ba-ppeun
despedir, demitir (vt)	해고하다	hae-go-ha-da
demissão (f)	해고	hae-go
desemprego (m)	실업	si-reop
desempregado (m)	실업자	si-reop-ja
aposentadoria (f)	은퇴	eun-toe
aposentar-se (vr)	은퇴하다	eun-toe-ha-da

124. Gente de negócios

diretor (m)	사장	sa-jang
gerente (m)	지배인	ji-bae-in
patrão, chefe (m)	상사	sang-sa
superior (m)	상사	sang-sa
superiores (m pl)	상사	sang-sa
presidente (m)	회장	hoe-jang
chairman (m)	의장	ui-jang
substituto (m)	부 …	bu …
assistente (m)	조수	jo-su
secretário (m)	비서	bi-seo

secretário (m) pessoal	개인 비서	gae-in bi-seo
homem (m) de negócios	사업가	sa-eop-ga
empreendedor (m)	사업가	sa-eop-ga
fundador (m)	설립자	seol-lip-ja
fundar (vt)	설립하다	seol-li-pa-da
principiador (m)	설립자	seol-lip-ja
parceiro, sócio (m)	파트너	pa-teu-neo
acionista (m)	주주	ju-ju
milionário (m)	백만장자	baeng-man-jang-ja
bilionário (m)	억만장자	eong-man-jang-ja
proprietário (m)	소유자	so-yu-ja
proprietário (m) de terras	토지 소유자	to-ji so-yu-ja
cliente (m)	고객	go-gaek
cliente (m) habitual	단골	dan-gol
comprador (m)	구매자	gu-mae-ja
visitante (m)	방문객	bang-mun-gaek
profissional (m)	전문가	jeon-mun-ga
perito (m)	전문가	jeon-mun-ga
especialista (m)	전문가	jeon-mun-ga
banqueiro (m)	은행가	eun-haeng-ga
corretor (m)	브로커	beu-ro-keo
caixa (m, f)	계산원	gye-san-won
contador (m)	회계사	hoe-gye-sa
guarda (m)	보안요원	bo-a-nyo-won
investidor (m)	투자가	tu-ja-ga
devedor (m)	채무자	chae-mu-ja
credor (m)	빚쟁이	bit-jaeng-i
mutuário (m)	차용인	cha-yong-in
importador (m)	수입업자	su-i-beop-ja
exportador (m)	수출업자	su-chu-reop-ja
produtor (m)	생산자	saeng-san-ja
distribuidor (m)	배급업자	bae-geu-beop-ja
intermediário (m)	중간상인	jung-gan-sang-in
consultor (m)	컨설턴트	keon-seol-teon-teu
representante comercial	판매 대리인	pan-mae dae-ri-in
agente (m)	중개인	jung-gae-in
agente (m) de seguros	보험설계사	bo-heom-seol-gye-sa

125. Profissões de serviços

cozinheiro (m)	요리사	yo-ri-sa
chefe (m) de cozinha	주방장	ju-bang-jang
padeiro (m)	제빵사	je-ppang-sa
barman (m)	바텐더	ba-ten-deo

| garçom (m) | 웨이터 | we-i-teo |
| garçonete (f) | 웨이트리스 | we-i-teu-ri-seu |

advogado (m)	변호사	byeon-ho-sa
jurista (m)	법률고문	beom-nyul-go-mun
notário (m)	공증인	gong-jeung-in

eletricista (m)	전기 기사	jeon-gi gi-sa
encanador (m)	배관공	bae-gwan-gong
carpinteiro (m)	목수	mok-su

massagista (m)	안마사	an-ma-sa
massagista (f)	안마사	an-ma-sa
médico (m)	의사	ui-sa

taxista (m)	택시 운전 기사	taek-si un-jeon gi-sa
condutor (automobilista)	운전 기사	un-jeon gi-sa
entregador (m)	배달원	bae-da-rwon

camareira (f)	객실 청소부	gaek-sil cheong-so-bu
guarda (m)	보안요원	bo-a-nyo-won
aeromoça (f)	승무원	seung-mu-won

professor (m)	선생님	seon-saeng-nim
bibliotecário (m)	사서	sa-seo
tradutor (m)	번역가	beo-nyeok-ga
intérprete (m)	통역가	tong-yeok-ga
guia (m)	가이드	ga-i-deu

cabeleireiro (m)	미용사	mi-yong-sa
carteiro (m)	우체부	u-che-bu
vendedor (m)	점원	jeom-won

jardineiro (m)	정원사	jeong-won-sa
criado (m)	하인	ha-in
criada (f)	하녀	ha-nyeo
empregada (f) de limpeza	청소부	cheong-so-bu

126. Profissões militares e postos

soldado (m) raso	일병	il-byeong
sargento (m)	병장	byeong-jang
tenente (m)	중위	jung-wi
capitão (m)	대위	dae-wi

major (m)	소령	so-ryeong
coronel (m)	대령	dae-ryeong
general (m)	장군	jang-gun
marechal (m)	원수	won-su
almirante (m)	제독	je-dok

militar (m)	군인	gun-in
soldado (m)	군인	gun-in
oficial (m)	장교	jang-gyo

comandante (m)	사령관	sa-ryeong-gwan
guarda (m) de fronteira	국경 수비대원	guk-gyeong su-bi-dae-won
operador (m) de rádio	무선 기사	mu-seon gi-sa
explorador (m)	정찰병	jeong-chal-byeong
sapador-mineiro (m)	공병대원	gong-byeong-dae-won
atirador (m)	사수	sa-su
navegador (m)	항법사	hang-beop-sa

127. Oficiais. Padres

| rei (m) | 왕 | wang |
| rainha (f) | 여왕 | yeo-wang |

| príncipe (m) | 왕자 | wang-ja |
| princesa (f) | 공주 | gong-ju |

| czar (m) | 차르 | cha-reu |
| czarina (f) | 여황제 | yeo-hwang-je |

presidente (m)	대통령	dae-tong-nyeong
ministro (m)	장관	jang-gwan
primeiro-ministro (m)	총리	chong-ni
senador (m)	상원의원	sang-won-ui-won

diplomata (m)	외교관	oe-gyo-gwan
cônsul (m)	영사	yeong-sa
embaixador (m)	대사	dae-sa
conselheiro (m)	고문관	go-mun-gwan

funcionário (m)	공무원	gong-mu-won
prefeito (m)	도지사, 현감	do-ji-sa, hyeon-gam
Presidente (m) da Câmara	시장	si-jang

| juiz (m) | 판사 | pan-sa |
| procurador (m) | 검사 | geom-sa |

missionário (m)	선교사	seon-gyo-sa
monge (m)	수도사	su-do-sa
abade (m)	수도원장	su-do-won-jang
rabino (m)	랍비	rap-bi

vizir (m)	고관	go-gwan
xá (m)	샤	sya
xeique (m)	셰이크	sye-i-keu

128. Profissões agrícolas

abelheiro (m)	양봉가	yang-bong-ga
pastor (m)	목동	mok-dong
agrônomo (m)	농학자	nong-hak-ja
criador (m) de gado	목축업자	mok-chu-geop-ja
veterinário (m)	수의사	su-ui-sa

agricultor, fazendeiro (m)	농부	nong-bu
vinicultor (m)	포도주 제조자	po-do-ju je-jo-ja
zoólogo (m)	동물학자	dong-mul-hak-ja
vaqueiro (m)	카우보이	ka-u-bo-i

129. Profissões artísticas

ator (m)	배우	bae-u
atriz (f)	여배우	yeo-bae-u
cantor (m)	가수	ga-su
cantora (f)	여가수	yeo-ga-su
bailarino (m)	무용가	mu-yong-ga
bailarina (f)	여성 무용가	yeo-seong mu-yong-ga
artista (m)	공연자	gong-yeon-ja
artista (f)	여성 공연자	yeo-seong gong-yeon-ja
músico (m)	음악가	eum-ak-ga
pianista (m)	피아니스트	pi-a-ni-seu-teu
guitarrista (m)	기타 연주자	gi-ta yeon-ju-ja
maestro (m)	지휘자	ji-hwi-ja
compositor (m)	작곡가	jak-gok-ga
empresário (m)	기획자	gi-hoek-ja
diretor (m) de cinema	영화감독	yeong-hwa-gam-dok
produtor (m)	제작자	je-jak-ja
roteirista (m)	시나리오 작가	si-na-ri-o jak-ga
crítico (m)	미술 비평가	mi-sul bi-pyeong-ga
escritor (m)	작가	jak-ga
poeta (m)	시인	si-in
escultor (m)	조각가	jo-gak-ga
pintor (m)	화가	hwa-ga
malabarista (m)	저글러	jeo-geul-leo
palhaço (m)	어릿광대	eo-rit-gwang-dae
acrobata (m)	곡예사	go-gye-sa
ilusionista (m)	마술사	ma-sul-sa

130. Várias profissões

médico (m)	의사	ui-sa
enfermeira (f)	간호사	gan-ho-sa
psiquiatra (m)	정신과 의사	jeong-sin-gwa ui-sa
dentista (m)	치과 의사	chi-gwa ui-sa
cirurgião (m)	외과 의사	oe-gwa ui-sa
astronauta (m)	우주비행사	u-ju-bi-haeng-sa
astrônomo (m)	천문학자	cheon-mun-hak-ja

motorista (m)	운전 기사	un-jeon gi-sa
maquinista (m)	기관사	gi-gwan-sa
mecânico (m)	정비공	jeong-bi-gong

mineiro (m)	광부	gwang-bu
operário (m)	노동자	no-dong-ja
serralheiro (m)	자물쇠공	ja-mul-soe-gong
marceneiro (m)	목수	mok-su
torneiro (m)	선반공	seon-ban-gong
construtor (m)	공사장 인부	gong-sa-jang in-bu
soldador (m)	용접공	yong-jeop-gong

professor (m)	교수	gyo-su
arquiteto (m)	건축가	geon-chuk-ga
historiador (m)	역사학자	yeok-sa-hak-ja
cientista (m)	과학자	gwa-hak-ja
físico (m)	물리학자	mul-li-hak-ja
químico (m)	화학자	hwa-hak-ja

arqueólogo (m)	고고학자	go-go-hak-ja
geólogo (m)	지질학자	ji-jil-hak-ja
pesquisador (cientista)	연구원	yeon-gu-won

| babysitter, babá (f) | 애기보는 사람 | ae-gi-bo-neun sa-ram |
| professor (m) | 교사 | gyo-sa |

redator (m)	편집자	pyeon-jip-ja
redator-chefe (m)	편집장	pyeon-jip-jang
correspondente (m)	통신원	tong-sin-won
datilógrafa (f)	타이피스트	ta-i-pi-seu-teu

designer (m)	디자이너	di-ja-i-neo
especialista (m) em informática	컴퓨터 전문가	keom-pyu-teo jeon-mun-ga
programador (m)	프로그래머	peu-ro-geu-rae-meo
engenheiro (m)	엔지니어	en-ji-ni-eo

marujo (m)	선원	seon-won
marinheiro (m)	수부	su-bu
socorrista (m)	구조자	gu-jo-ja

bombeiro (m)	소방관	so-bang-gwan
polícia (m)	경찰관	gyeong-chal-gwan
guarda-noturno (m)	경비원	gyeong-bi-won
detetive (m)	형사	hyeong-sa

funcionário (m) da alfândega	세관원	se-gwan-won
guarda-costas (m)	경호원	gyeong-ho-won
guarda (m) prisional	간수	gan-su
inspetor (m)	감독관	gam-dok-gwan

esportista (m)	스포츠맨	seu-po-cheu-maen
treinador (m)	코치	ko-chi
açougueiro (m)	정육점 주인	jeong-yuk-jeom ju-in
sapateiro (m)	구둣방	gu-dut-bang
comerciante (m)	상인	sang-in

carregador (m)	하역부	ha-yeok-bu
estilista (m)	패션 디자이너	pae-syeon di-ja-i-neo
modelo (f)	모델	mo-del

131. Ocupações. Estatuto social

| estudante (~ de escola) | 남학생 | nam-hak-saeng |
| estudante (~ universitária) | 대학생 | dae-hak-saeng |

filósofo (m)	철학자	cheol-hak-ja
economista (m)	경제 학자	gyeong-je hak-ja
inventor (m)	발명가	bal-myeong-ga

desempregado (m)	실업자	si-reop-ja
aposentado (m)	은퇴자	eun-toe-ja
espião (m)	비밀요원	bi-mi-ryo-won

preso, prisioneiro (m)	죄수	joe-su
grevista (m)	파업자	pa-eop-ja
burocrata (m)	관료	gwal-lyo
viajante (m)	여행자	yeo-haeng-ja

| homossexual (m) | 동성애자 | dong-seong-ae-ja |
| hacker (m) | 해커 | hae-keo |

bandido (m)	산적	san-jeok
assassino (m)	살인 청부업자	sa-rin cheong-bu-eop-ja
drogado (m)	마약 중독자	ma-yak jung-dok-ja
traficante (m)	마약 밀매자	ma-yak mil-mae-ja
prostituta (f)	매춘부	mae-chun-bu
cafetão (m)	포주	po-ju

bruxo (m)	마법사	ma-beop-sa
bruxa (f)	여자 마법사	yeo-ja ma-beop-sa
pirata (m)	해적	hae-jeok
escravo (m)	노예	no-ye
samurai (m)	사무라이	sa-mu-ra-i
selvagem (m)	야만인	ya-man-in

Desportos

132. Tipos de desportos. Desportistas

esportista (m)	스포츠맨	seu-po-cheu-maen
tipo (m) de esporte	스포츠 종류	seu-po-cheu jong-nyu
basquete (m)	농구	nong-gu
jogador (m) de basquete	농구 선수	nong-gu seon-su
beisebol (m)	야구	ya-gu
jogador (m) de beisebol	야구 선수	ya-gu seon-su
futebol (m)	축구	chuk-gu
jogador (m) de futebol	축구 선수	chuk-gu seon-su
goleiro (m)	골키퍼	gol-ki-peo
hóquei (m)	하키	ha-ki
jogador (m) de hóquei	하키 선수	ha-ki seon-su
vôlei (m)	배구	bae-gu
jogador (m) de vôlei	배구 선수	bae-gu seon-su
boxe (m)	권투	gwon-tu
boxeador (m)	권투 선수	gwon-tu seon-su
luta (f)	레슬링	re-seul-ling
lutador (m)	레슬링 선수	re-seul-ling seon-su
caratê (m)	가라테	ga-ra-te
carateca (m)	가라테 선수	ga-ra-te seon-su
judô (m)	유도	yu-do
judoca (m)	유도 선수	yu-do seon-su
tênis (m)	테니스	te-ni-seu
tenista (m)	테니스 선수	te-ni-seu seon-su
natação (f)	수영	su-yeong
nadador (m)	수영 선수	su-yeong seon-su
esgrima (f)	펜싱	pen-sing
esgrimista (m)	펜싱 선수	pen-sing seon-su
xadrez (m)	체스	che-seu
jogador (m) de xadrez	체스 선수	che-seu seon-su
alpinismo (m)	등산	deung-san
alpinista (m)	등산가	deung-san-ga
corrida (f)	달리기	dal-li-gi

corredor (m)	달리기 선수	dal-li-gi seon-su
atletismo (m)	육상 경기	yuk-sang gyeong-gi
atleta (m)	선수	seon-su

| hipismo (m) | 승마 | seung-ma |
| cavaleiro (m) | 승마 선수 | seung-ma seon-su |

patinação (f) artística	피겨 스케이팅	pi-gyeo seu-ke-i-ting
patinador (m)	피겨 스케이팅 선수	pi-gyeo seu-ke-i-ting seon-su
patinadora (f)	피겨 스케이팅 선수	pi-gyeo seu-ke-i-ting seon-su

| halterofilismo (m) | 역도 | yeok-do |
| halterofilista (m) | 역도 선수 | yeok-do seon-su |

| corrida (f) de carros | 자동차 경주 | ja-dong-cha gyeong-ju |
| piloto (m) | 카레이서 | ka-re-i-seo |

| ciclismo (m) | 자전거경기 | ja-jeon-geo-gyeong-gi |
| ciclista (m) | 자전거 선수 | ja-jeon-geo seon-su |

salto (m) em distância	멀리뛰기	meol-li-ttwi-gi
salto (m) com vara	장대 높이뛰기	jang-dae no-pi-ttwi-gi
atleta (m) de saltos	뛰기선수	ttwi-gi-seon-su

133. Tipos de desportos. Diversos

futebol (m) americano	미식 축구	mi-sik chuk-gu
badminton (m)	배드민턴	bae-deu-min-teon
biatlo (m)	바이애슬론	ba-i-ae-seul-lon
bilhar (m)	당구	dang-gu

bobsled (m)	봅슬레이	bop-seul-le-i
musculação (f)	보디빌딩	bo-di-bil-ding
polo (m) aquático	수구	su-gu
handebol (m)	핸드볼	haen-deu-bol
golfe (m)	골프	gol-peu

remo (m)	조정	jo-jeong
mergulho (m)	스쿠버다이빙	seu-ku-beo-da-i-bing
corrida (f) de esqui	크로스컨트리 스키	keu-ro-seu-keon-teu-ri seu-ki
tênis (m) de mesa	탁구	tak-gu

vela (f)	요트타기	yo-teu-ta-gi
rali (m)	랠리	rael-li
rúgbi (m)	럭비	reok-bi
snowboard (m)	스노보드	seu-no-bo-deu
arco-e-flecha (m)	양궁	yang-gung

134. Ginásio

| barra (f) | 역기 | yeok-gi |
| halteres (m pl) | 아령 | a-ryeong |

aparelho (m) de musculação	운동 기구	un-dong gi-gu
bicicleta (f) ergométrica	헬스자전거	hel-seu-ja-jeon-geo
esteira (f) de corrida	러닝 머신	reo-ning meo-sin
barra (f) fixa	철봉	cheol-bong
barras (f pl) paralelas	평행봉	pyeong-haeng-bong
cavalo (m)	안마	an-ma
tapete (m) de ginástica	매트	mae-teu
aeróbica (f)	에어로빅	e-eo-ro-bik
ioga, yoga (f)	요가	yo-ga

135. Hóquei

hóquei (m)	하키	ha-ki
jogador (m) de hóquei	하키 선수	ha-ki seon-su
jogar hóquei	하키를 하다	ha-ki-reul ha-da
gelo (m)	얼음	eo-reum
disco (m)	하키 퍽	ha-ki peok
taco (m) de hóquei	하키 스틱	ha-ki seu-tik
patins (m pl) de gelo	스케이트	seu-ke-i-teu
muro (m)	사이드보드	sa-i-deu-bo-deu
tiro (m)	슛	syut
goleiro (m)	골키퍼	gol-ki-peo
gol (m)	득점	deuk-jeom
marcar um gol	골을 넣다	go-reul leo-ta
tempo (m)	피리어드	pi-ri-eo-deu
banco (m) de reservas	후보 선수 대기석	hu-bo seon-su dae-gi-seok

136. Futebol

futebol (m)	축구	chuk-gu
jogador (m) de futebol	축구 선수	chuk-gu seon-su
jogar futebol	축구를 하다	chuk-gu-reul ha-da
Time (m) Principal	메이저 리그	me-i-jeo ri-geu
time (m) de futebol	축구클럽	chuk-gu-keul-leop
treinador (m)	코치	ko-chi
proprietário (m)	구단주	gu-dan-ju
equipe (f)	팀	tim
capitão (m)	주장	ju-jang
jogador (m)	선수	seon-su
jogador (m) reserva	후보 선수	hu-bo seon-su
atacante (m)	포워드	po-wo-deu
centroavante (m)	센터 포워드	sen-teo po-wo-deu
marcador (m)	득점자	deuk-jeom-ja

defesa (m)	수비수	su-bi-su
meio-campo (m)	미드필더	mi-deu-pil-deo
jogo (m), partida (f)	경기	gyeong-gi
encontrar-se (vr)	만나다	man-na-da
final (m)	결승전	gyeol-seung-jeon
semifinal (f)	준결승전	jun-gyeol-seung-jeon
campeonato (m)	선수권	seon-su-gwon
tempo (m)	경기 시간	gyeong-gi si-gan
primeiro tempo (m)	전반전	jeon-ban-jeon
intervalo (m)	하프 타임	ha-peu ta-im
goleira (f)	골	gol
goleiro (m)	골키퍼	gol-ki-peo
trave (f)	골대	gol-dae
travessão (m)	크로스바	keu-ro-seu-ba
rede (f)	골망	gol-mang
tomar um gol	골을 내주다	go-reul lae-ju-da
bola (f)	공	gong
passe (m)	패스	pae-seu
chute (m)	슛	syut
chutar (vt)	슛을 하다	syus-eul ha-da
pontapé (m)	프리킥	peu-ri-kik
escanteio (m)	코너킥	ko-neo-kik
ataque (m)	공격	gong-gyeok
contra-ataque (m)	반격	ban-gyeok
combinação (f)	조합	jo-hap
árbitro (m)	주심, 심판	ju-sim, sim-pan
apitar (vi)	휘슬을 불다	hwi-seu-reul bul-da
apito (m)	휘슬, 호각	hwi-seul
falta (f)	반칙	ban-chik
cometer a falta	반칙을 하다	ban-chi-geul ha-da
expulsar (vt)	퇴장시키다	toe-jang-si-ki-da
cartão (m) amarelo	옐로카드	yel-lo-ka-deu
cartão (m) vermelho	레드카드	re-deu-ka-deu
desqualificação (f)	실격	sil-gyeok
desqualificar (vt)	실격시키다	sil-gyeok-si-ki-da
pênalti (m)	페널티킥	pe-neol-ti-kik
barreira (f)	수비벽	su-bi-byeok
marcar (vt)	득점하다	deuk-jeom-ha-da
gol (m)	득점	deuk-jeom
marcar um gol	득점하다	deuk-jeom-ha-da
substituição (f)	선수교체	seon-su-gyo-che
substituir (vt)	교체하다	gyo-che-ha-da
regras (f pl)	규칙	gyu-chik
tática (f)	전술	jeon-sul
estádio (m)	경기장	gyeong-gi-jang
arquibancadas (f pl)	관람석	gwal-lam-seok

| fã, torcedor (m) | 서포터 | seo-po-teo |
| gritar (vi) | 소리 치다 | so-ri chi-da |

| placar (m) | 스코어보드 | ho-gak |
| resultado (m) | 점수 | jeom-su |

derrota (f)	패배	pae-bae
perder (vt)	지다	ji-da
empate (m)	무승부	mu-seung-bu
empatar (vi)	무승부로 끝나다	mu-seung-bu-ro kkeun-na-da

vitória (f)	승리	seung-ni
vencer (vi, vt)	이기다	i-gi-da
campeão (m)	챔피언	chaem-pi-eon
melhor (adj)	최고의	choe-go-ui
felicitar (vt)	축하하다	chuk-a-ha-da

| comentarista (m) | 해설가 | hae-seol-ga |
| comentar (vt) | 실황 방송을 하다 | sil-hwang bang-song-eul ha-da |

| transmissão (f) | 방송 | bang-song |

137. Esqui alpino

esqui (m)	스키	seu-ki
esquiar (vi)	스키를 타다	seu-ki-reul ta-da
estação (f) de esqui	스키 리조트	seu-ki ri-jo-teu
teleférico (m)	리프트	ri-peu-teu

bastões (m pl) de esqui	스키 폴	seu-ki pol
declive (m)	슬로프	seul-lo-peu
slalom (m)	슬랄롬	seul-lal-lom

138. Tênis. Golfe

golfe (m)	골프	gol-peu
clube (m) de golfe	골프채	gol-peu-chae
jogador (m) de golfe	골퍼	gol-peo

buraco (m)	홀	hol
taco (m)	골프채	gol-peu-chae
trolley (m)	골프백카트	gol-peu-baek-ka-teu

| tênis (m) | 테니스 | te-ni-seu |
| quadra (f) de tênis | 테니스장 | te-ni-seu-jang |

| saque (m) | 서브 | seo-beu |
| sacar (vi) | 서브하다 | seo-beu-ha-da |

raquete (f)	라켓	ra-ket
rede (f)	네트	ne-teu
bola (f)	공	gong

139. Xadrez

xadrez (m)	체스	che-seu
peças (f pl) de xadrez	체스의 말	che-seu-ui mal
jogador (m) de xadrez	체스 선수	che-seu seon-su
tabuleiro (m) de xadrez	체스판	che-seu-pan
peça (f)	체스의 말	che-seu-ui mal
brancas (f pl)	백	baek
pretas (f pl)	흑	heuk
peão (m)	폰	pon
bispo (m)	비숍	bi-syop
cavalo (m)	나이트	na-i-teu
torre (f)	룩	ruk
dama (f)	퀸	kwin
rei (m)	킹	king
vez (f)	두기	du-gi
mover (vt)	말을 옮기다	ma-reul rom-gi-da
sacrificar (vt)	희생시키다	hui-saeng-si-ki-da
roque (m)	캐슬링	kae-seul-ling
xeque (m)	체크	che-keu
xeque-mate (m)	체크메이트	che-keu-me-i-teu
torneio (m) de xadrez	체스 토너먼트	che-seu to-neo-meon-teu
grão-mestre (m)	그랜드 마스터	geu-raen-deu ma-seu-teo
combinação (f)	조합	jo-hap
partida (f)	판	pan
jogo (m) de damas	체커	che-keo

140. Boxe

boxe (m)	권투	gwon-tu
combate (m)	회전	hoe-jeon
round (m)	라운드	ra-un-deu
ringue (m)	링	ring
gongo (m)	공	gong
murro, soco (m)	펀치	peon-chi
derrubada (f)	녹다운	nok-da-un
nocaute (m)	녹아웃	no-ga-ut
nocautear (vt)	녹아웃 시키다	no-ga-ut si-ki-da
luva (f) de boxe	권투 글러브	gwon-tu geul-leo-beu
juiz (m)	부심	bu-sim
peso-pena (m)	라이트급	ra-i-teu-geup
peso-médio (m)	미들급	mi-deul-geup
peso-pesado (m)	헤비급	he-bi-geup

141. Desportos. Diversos

Jogos (m pl) Olímpicos	올림픽	ol-lim-pik
vencedor (m)	승리자	seung-ni-ja
vencer (vi)	이기고 있다	i-gi-go it-da
vencer (vi, vt)	이기다	i-gi-da

| líder (m) | 선두 | seon-du |
| liderar (vt) | 선두를 달리다 | seon-du-reul dal-li-da |

primeiro lugar (m)	일등	il-deung
segundo lugar (m)	준우승	seu-ko-eo-bo-deu
terceiro lugar (m)	3위	sam-wi

medalha (f)	메달	me-dal
troféu (m)	트로피	teu-ro-pi
taça (f)	우승컵	u-seung-keop
prêmio (m)	상	sang
prêmio (m) principal	최고 상품	choe-go sang-pum

| recorde (m) | 기록 | gi-rok |
| estabelecer um recorde | 기록을 세우다 | gi-ro-geul se-u-da |

| final (m) | 결승전 | gyeol-seung-jeon |
| final (adj) | 마지막의 | ma-ji-ma-gui |

| campeão (m) | 챔피언 | chaem-pi-eon |
| campeonato (m) | 선수권 | seon-su-gwon |

estádio (m)	경기장	gyeong-gi-jang
arquibancadas (f pl)	관람석	gwal-lam-seok
fã, torcedor (m)	서포터	seo-po-teo
adversário (m)	상대	sang-dae

| partida (f) | 출발점 | chul-bal-jeom |
| linha (f) de chegada | 결승점 | gyeol-seung-jeom |

| derrota (f) | 패배 | pae-bae |
| perder (vt) | 지다 | ji-da |

árbitro, juiz (m)	심판	sim-pan
júri (m)	배심원단	bae-si-mwon-dan
resultado (m)	점수	jeom-su
empate (m)	무승부	mu-seung-bu
empatar (vi)	무승부로 끝나다	mu-seung-bu-ro kkeun-na-da
ponto (m)	점수	jeom-su
resultado (m) final	결과	gyeol-gwa

intervalo (m)	하프 타임	ha-peu ta-im
doping (m)	도핑	do-ping
penalizar (vt)	처벌하다	cheo-beol-ha-da
desqualificar (vt)	실격시키다	sil-gyeok-si-ki-da

| aparelho, aparato (m) | 기구 | gi-gu |
| dardo (m) | 투창 | tu-chang |

| peso (m) | 포환 | po-hwan |
| bola (f) | 공 | gong |

alvo, objetivo (m)	목표	mok-pyo
alvo (~ de papel)	과녁	gwa-nyeok
disparar, atirar (vi)	쏘다	sso-da
preciso (tiro ~)	정확한	jeong-hwak-an

treinador (m)	코치	ko-chi
treinar (vt)	훈련하다	hul-lyeon-ha-da
treinar-se (vr)	훈련하다	hul-lyeon-ha-da
treino (m)	훈련	hul-lyeon

academia (f) de ginástica	헬스장	hel-seu-jang
exercício (m)	운동, 연습	un-dong, yeon-seup
aquecimento (m)	워밍업	wo-ming-eop

Educação

142. Escola

escola (f)	학교	hak-gyo
diretor (m) de escola	교장	gyo-jang
aluno (m)	남학생	nam-hak-saeng
aluna (f)	여학생	yeo-hak-saeng
estudante (m)	남학생	nam-hak-saeng
estudante (f)	여학생	yeo-hak-saeng
ensinar (vt)	가르치다	ga-reu-chi-da
aprender (vt)	배우다	bae-u-da
decorar (vt)	암기하다	am-gi-ha-da
estudar (vi)	배우다	bae-u-da
estar na escola	재학 중이다	jae-hak jung-i-da
ir à escola	학교에 가다	hak-gyo-e ga-da
alfabeto (m)	알파벳	al-pa-bet
disciplina (f)	과목	gwa-mok
sala (f) de aula	교실	gyo-sil
lição, aula (f)	수업	su-eop
recreio (m)	쉬는 시간	swi-neun si-gan
toque (m)	수업종	su-eop-jong
classe (f)	학교 책상	hak-gyo chaek-sang
quadro (m) negro	칠판	chil-pan
nota (f)	성적	seong-jeok
boa nota (f)	좋은 성적	jo-eun seong-jeok
nota (f) baixa	나쁜 성적	na-ppeun seong-jeok
dar uma nota	성적을 매기다	seong-jeo-geul mae-gi-da
erro (m)	실수	sil-su
errar (vi)	실수하다	sil-su-ha-da
corrigir (~ um erro)	고치다	go-chi-da
cola (f)	커닝 페이퍼	keo-ning pe-i-peo
dever (m) de casa	숙제	suk-je
exercício (m)	연습 문제	yeon-seup mun-je
estar presente	출석하다	chul-seok-a-da
estar ausente	결석하다	gyeol-seok-a-da
punir (vt)	처벌하다	cheo-beol-ha-da
punição (f)	벌	beol
comportamento (m)	처신	cheo-sin

boletim (m) escolar	성적표	seong-jeok-pyo
lápis (m)	연필	yeon-pil
borracha (f)	지우개	ji-u-gae
giz (m)	분필	bun-pil
porta-lápis (m)	필통	pil-tong

mala, pasta, mochila (f)	책가방	chaek-ga-bang
caneta (f)	펜	pen
caderno (m)	노트	no-teu
livro (m) didático	교과서	gyo-gwa-seo
compasso (m)	컴퍼스	keom-peo-seu

| traçar (vt) | 제도하다 | je-do-ha-da |
| desenho (m) técnico | 건축 도면 | geon-chuk do-myeon |

poesia (f)	시	si
de cor	외워서	oe-wo-seo
decorar (vt)	암기하다	am-gi-ha-da

| férias (f pl) | 학교 방학 | bang-hak |
| estar de férias | 방학 중이다 | bang-hak jung-i-da |

teste (m), prova (f)	필기 시험	pil-gi si-heom
redação (f)	논술	non-sul
ditado (m)	받아쓰기 시험	ba-da-sseu-gi si-heom

exame (m), prova (f)	시험	si-heom
fazer prova	시험을 보다	si-heo-meul bo-da
experiência (~ química)	실험	sil-heom

143. Colégio. Universidade

academia (f)	아카데미	a-ka-de-mi
universidade (f)	대학교	dae-hak-gyo
faculdade (f)	교수진	gyo-su-jin

estudante (m)	대학생	dae-hak-saeng
estudante (f)	여대생	yeo-dae-saeng
professor (m)	강사	gang-sa

| auditório (m) | 교실 | gyo-sil |
| graduado (m) | 졸업생 | jo-reop-saeng |

| diploma (m) | 졸업증 | jo-reop-jeung |
| tese (f) | 학위 논문 | ha-gwi non-mun |

| estudo (obra) | 연구 | yeon-gu |
| laboratório (m) | 연구실 | yeon-gu-sil |

| palestra (f) | 강의 | gang-ui |
| colega (m) de curso | 대학 동급생 | dae-hak dong-geup-saeng |

| bolsa (f) de estudos | 장학금 | jang-hak-geum |
| grau (m) acadêmico | 학위 | ha-gwi |

144. Ciências. Disciplinas

matemática (f)	수학	su-hak
álgebra (f)	대수학	dae-su-hak
geometria (f)	기하학	gi-ha-hak

astronomia (f)	천문학	cheon-mun-hak
biologia (f)	생물학	saeng-mul-hak
geografia (f)	지리학	ji-ri-hak
geologia (f)	지질학	ji-jil-hak
história (f)	역사학	yeok-sa-hak

medicina (f)	의학	ui-hak
pedagogia (f)	교육학	gyo-yuk-ak
direito (m)	법학	beo-pak

física (f)	물리학	mul-li-hak
química (f)	화학	hwa-hak
filosofia (f)	철학	cheol-hak
psicologia (f)	심리학	sim-ni-hak

145. Sistema de escrita. Ortografia

gramática (f)	문법	mun-beop
vocabulário (m)	어휘	eo-hwi
fonética (f)	음성학	eum-seong-hak

substantivo (m)	명사	myeong-sa
adjetivo (m)	형용사	hyeong-yong-sa
verbo (m)	동사	dong-sa
advérbio (m)	부사	bu-sa

pronome (m)	대명사	dae-myeong-sa
interjeição (f)	감탄사	gam-tan-sa
preposição (f)	전치사	jeon-chi-sa

raiz (f)	어근	eo-geun
terminação (f)	어미	eo-mi
prefixo (m)	접두사	jeop-du-sa
sílaba (f)	음절	eum-jeol
sufixo (m)	접미사	jeom-mi-sa

| acento (m) | 강세 | gang-se |
| apóstrofo (f) | 아포스트로피 | a-po-seu-teu-ro-pi |

ponto (m)	마침표	ma-chim-pyo
vírgula (f)	쉼표	swim-pyo
ponto e vírgula (m)	세미콜론	se-mi-kol-lon
dois pontos (m pl)	콜론	kol-lon
reticências (f pl)	말줄임표	mal-ju-rim-pyo

| ponto (m) de interrogação | 물음표 | mu-reum-pyo |
| ponto (m) de exclamação | 느낌표 | neu-kkim-pyo |

aspas (f pl)	따옴표	tta-om-pyo
entre aspas	따옴표 안에	tta-om-pyo a-ne
parênteses (m pl)	괄호	gwal-ho
entre parênteses	괄호 속에	gwal-ho so-ge

hífen (m)	하이픈	ha-i-peun
travessão (m)	대시	jul-pyo
espaço (m)	공백 문자	gong-baek mun-ja

| letra (f) | 글자 | geul-ja |
| letra (f) maiúscula | 대문자 | dae-mun-ja |

| vogal (f) | 모음 | mo-eum |
| consoante (f) | 자음 | ja-eum |

frase (f)	문장	mun-jang
sujeito (m)	주어	ju-eo
predicado (m)	서술어	seo-su-reo

linha (f)	줄	jul
em uma nova linha	줄을 바꾸어	ju-reul ba-kku-eo
parágrafo (m)	단락	dal-lak

palavra (f)	단어	dan-eo
grupo (m) de palavras	문구	mun-gu
expressão (f)	표현	pyo-hyeon
sinônimo (m)	동의어	dong-ui-eo
antônimo (m)	반의어	ban-ui-eo

regra (f)	규칙	gyu-chik
exceção (f)	예외	ye-oe
correto (adj)	맞는	man-neun

conjugação (f)	활용	hwa-ryong
declinação (f)	어형 변화	eo-hyeong byeon-hwa
caso (m)	격	gyeok
pergunta (f)	질문	jil-mun
sublinhar (vt)	밑줄을 긋다	mit-ju-reul geut-da
linha (f) pontilhada	점선	jeom-seon

146. Línguas estrangeiras

língua (f)	언어	eon-eo
língua (f) estrangeira	외국어	oe-gu-geo
estudar (vt)	공부하다	gong-bu-ha-da
aprender (vt)	배우다	bae-u-da

ler (vt)	읽다	ik-da
falar (vi)	말하다	mal-ha-da
entender (vt)	이해하다	i-hae-ha-da
escrever (vt)	쓰다	sseu-da

| rapidamente | 빨리 | ppal-li |
| devagar, lentamente | 천천히 | cheon-cheon-hi |

fluentemente	유창하게	yu-chang-ha-ge
regras (f pl)	규칙	gyu-chik
gramática (f)	문법	mun-beop
vocabulário (m)	어휘	eo-hwi
fonética (f)	음성학	eum-seong-hak
livro (m) didático	교과서	gyo-gwa-seo
dicionário (m)	사전	sa-jeon
manual (m) autodidático	자습서	ja-seup-seo
guia (m) de conversação	회화집	hoe-hwa-jip
fita (f) cassete	테이프	te-i-peu
videoteipe (m)	비디오테이프	bi-di-o-te-i-peu
CD (m)	씨디	ssi-di
DVD (m)	디비디	di-bi-di
alfabeto (m)	알파벳	al-pa-bet
soletrar (vt)	… 의 철자이다	… ui cheol-ja-i-da
pronúncia (f)	발음	ba-reum
sotaque (m)	악센트	ak-sen-teu
com sotaque	사투리로	sa-tu-ri-ro
sem sotaque	억양 없이	eo-gyang eop-si
palavra (f)	단어	dan-eo
sentido (m)	의미	ui-mi
curso (m)	강좌	gang-jwa
inscrever-se (vr)	등록하다	deung-nok-a-da
professor (m)	강사	gang-sa
tradução (processo)	번역	beo-nyeok
tradução (texto)	번역	beo-nyeok
tradutor (m)	번역가	beo-nyeok-ga
intérprete (m)	통역가	tong-yeok-ga
poliglota (m)	수개 국어를 말하는 사람	su-gae gu-geo-reul mal-ha-neun sa-ram
memória (f)	기억력	gi-eong-nyeok

147. Personagens de contos de fadas

Papai Noel (m)	산타클로스	san-ta-keul-lo-seu
sereia (f)	인어	in-eo
bruxo, feiticeiro (m)	마법사	ma-beop-sa
fada (f)	요정	yo-jeong
mágico (adj)	마법의	ma-beo-bui
varinha (f) mágica	마술 지팡이	ma-sul ji-pang-i
conto (m) de fadas	동화	dong-hwa
milagre (m)	기적	gi-jeok
anão (m)	난쟁이	nan-jaeng-i
transformar-se em …	… 으로 변하다	… eu-ro byeon-ha-da

fantasma (m)	유령	yu-ryeong
fantasma (m)	유령, 귀신	yu-ryeong, gwi-sin
monstro (m)	괴물	goe-mul
dragão (m)	용	yong
gigante (m)	거인	geo-in

148. Signos do Zodíaco

Áries (f)	양자리	yang-ja-ri
Touro (m)	황소자리	hwang-so-ja-ri
Gêmeos (m pl)	쌍둥이자리	ssang-dung-i-ja-ri
Câncer (m)	게자리	ge-ja-ri
Leão (m)	사자자리	sa-ja-ja-ri
Virgem (f)	처녀자리	cheo-nyeo-ja-ri

Libra (f)	천칭자리	cheon-ching-ja-ri
Escorpião (m)	전갈자리	jeon-gal-ja-ri
Sagitário (m)	궁수자리	gung-su-ja-ri
Capricórnio (m)	염소자리	yeom-so-ja-ri
Aquário (m)	물병자리	mul-byeong-ja-ri
Peixes (pl)	물고기자리	mul-go-gi-ja-ri

caráter (m)	성격	seong-gyeok
traços (m pl) do caráter	성격특성	seong-gyeok-teuk-seong
comportamento (m)	행동	haeng-dong
prever a sorte	점치다	jeom-chi-da
adivinha (f)	점쟁이	jeom-jaeng-i
horóscopo (m)	천궁도	cheon-gung-do

Artes

149. Teatro

teatro (m)	극장	geuk-jang
ópera (f)	오페라	o-pe-ra
opereta (f)	오페레타	o-pe-re-ta
balé (m)	발레	bal-le
cartaz (m)	포스터, 벽보	po-seu-teo, byeok-bo
companhia (f) de teatro	공연단	gong-yeon-dan
turnê (f)	순회	sun-hoe
estar em turnê	투어를 가다	tu-eo-reul ga-da
ensaiar (vt)	리허설 하다	ri-heo-seol ha-da
ensaio (m)	리허설	ri-heo-seol
repertório (m)	레퍼토리	re-peo-to-ri
apresentação (f)	공연	gong-yeon
espetáculo (m)	연극 공연	yeon-geuk gong-yeon
peça (f)	연극	yeon-geuk
entrada (m)	표, 입장권	pyo, ip-jang-gwon
bilheteira (f)	매표소	mae-pyo-so
hall (m)	로비	ro-bi
vestiário (m)	휴대품 보관소	hyu-dae-pum bo-gwan-so
senha (f) numerada	보관소 꼬리표	bo-gwan-so kko-ri-pyo
binóculo (m)	오페라 글라스	o-pe-ra geul-la-seu
lanterninha (m)	좌석 안내원	jwa-seok gan-nae-won
plateia (f)	일반 객석	il-ban gaek-seok
balcão (m)	발코니석	bal-ko-ni-seok
primeiro balcão (m)	특등석	teuk-deung-seok
camarote (m)	특별석	teuk-byeol-seok
fila (f)	열	yeol
assento (m)	자리	ja-ri
público (m)	청중	cheong-jung
espectador (m)	관중	gwan-jung
aplaudir (vt)	박수하다	bak-su-ha-da
aplauso (m)	박수	bak-su
ovação (f)	박수 갈채	bak-su gal-chae
palco (m)	무대	mu-dae
cortina (f)	커튼	keo-teun
cenário (m)	무대 배경	mu-dae bae-gyeong
bastidores (m pl)	백스테이지	baek-seu-te-i-ji
cena (f)	장면	jang-myeon
ato (m)	막	mak
intervalo (m)	막간	mak-gan

150. Cinema

ator (m)	배우	bae-u
atriz (f)	여배우	yeo-bae-u
filme (m)	영화	yeong-hwa
episódio (m)	부작	bu-jak
filme (m) policial	탐정 영화	tam-jeong yeong-hwa
filme (m) de ação	액션 영화	aek-syeon nyeong-hwa
filme (m) de aventuras	모험 영화	mo-heom myeong-hwa
filme (m) de ficção científica	공상과학영화	SF yeong-hwa
filme (m) de horror	공포 영화	gong-po yeong-hwa
comédia (f)	코미디 영화	ko-mi-di yeong-hwa
melodrama (m)	멜로드라마	mel-lo-deu-ra-ma
drama (m)	드라마	deu-ra-ma
filme (m) de ficção	극영화	geu-gyeong-hwa
documentário (m)	다큐멘터리	da-kyu-men-teo-ri
desenho (m) animado	만화영화	man-hwa-yeong-hwa
cinema (m) mudo	무성영화	mu-seong-yeong-hwa
papel (m)	역할	yeok-al
papel (m) principal	주역	ju-yeok
representar (vt)	연기하다	yeon-gi-ha-da
estrela (f) de cinema	영화 스타	yeong-hwa seu-ta
conhecido (adj)	유명한	yu-myeong-han
famoso (adj)	유명한	yu-myeong-han
popular (adj)	인기 있는	in-gi in-neun
roteiro (m)	시나리오	si-na-ri-o
roteirista (m)	시나리오 작가	si-na-ri-o jak-ga
diretor (m) de cinema	영화감독	yeong-hwa-gam-dok
produtor (m)	제작자	je-jak-ja
assistente (m)	보조자	bo-jo-ja
diretor (m) de fotografia	카메라맨	ka-me-ra-maen
dublê (m)	스턴트 맨	seu-teon-teu maen
filmar (vt)	영화를 촬영하다	yeong-hwa-reul chwa-ryeong-ha-da
audição (f)	오디션	o-di-syeon
filmagem (f)	촬영	chwa-ryeong
equipe (f) de filmagem	영화 제작팀	yeong-hwa je-jak-tim
set (m) de filmagem	영화 세트	yeong-hwa se-teu
câmera (f)	카메라	ka-me-ra
cinema (m)	영화관	yeong-hwa-gwan
tela (f)	스크린	seu-keu-rin
exibir um filme	영화를 상영하다	yeong-hwa-reul sang-yeong-ha-da
trilha (f) sonora	사운드트랙	sa-un-deu-teu-raek
efeitos (m pl) especiais	특수 효과	teuk-su hyo-gwa

legendas (f pl)	자막	ja-mak
crédito (m)	엔딩 크레딧	en-ding keu-re-dit
tradução (f)	번역	beo-nyeok

151. Pintura

arte (f)	예술	ye-sul
belas-artes (f pl)	미술	mi-sul
galeria (f) de arte	미술관	mi-sul-gwan
exibição (f) de arte	미술 전시회	mi-sul jeon-si-hoe

pintura (f)	회화	hoe-hwa
arte (f) gráfica	그래픽 아트	geu-rae-pik ga-teu
arte (f) abstrata	추상파	chu-sang-pa
impressionismo (m)	인상파	in-sang-pa

pintura (f), quadro (m)	그림	geu-rim
desenho (m)	선화	seon-hwa
cartaz, pôster (m)	포스터	po-seu-teo

ilustração (f)	삽화	sa-pwa
miniatura (f)	세밀화	se-mil-hwa
cópia (f)	복제품	bok-je-pum
reprodução (f)	복사	bok-sa

mosaico (m)	모자이크	mo-ja-i-keu
vitral (m)	스테인드 글라스	seu-te-in-deu geul-la-seu
afresco (m)	프레스코화	peu-re-seu-ko-hwa
gravura (f)	판화	pan-hwa

busto (m)	흉상	hyung-sang
escultura (f)	조각	jo-gak
estátua (f)	조상	jo-sang
gesso (m)	석고	seok-go
em gesso (adj)	석고의	seok-go-ui

retrato (m)	초상화	cho-sang-hwa
autorretrato (m)	자화상	ja-hwa-sang
paisagem (f)	풍경화	pung-gyeong-hwa
natureza (f) morta	정물화	jeong-mul-hwa
caricatura (f)	캐리커처	kae-ri-keo-cheo

tinta (f)	물감	mul-gam
aquarela (f)	수채 물감	su-chae mul-gam
tinta (f) a óleo	유화 물감	yu-hwa mul-gam
lápis (m)	연필	yeon-pil
tinta (f) nanquim	먹물	meong-mul
carvão (m)	목탄	mok-tan

| desenhar (vt) | 그리다 | geu-ri-da |
| pintar (vt) | 그리다 | geu-ri-da |

| posar (vi) | 포즈를 취하다 | po-jeu-reul chwi-ha-da |
| modelo (m) | 화가의 모델 | hwa-ga-ui mo-del |

modelo (f)	화가의 모델	hwa-ga-ui mo-del
pintor (m)	화가	hwa-ga
obra (f)	미술 작품	mi-sul jak-pum
obra-prima (f)	걸작	geol-jak
estúdio (m)	작업실	ja-geop-sil

tela (f)	캔버스	kaen-beo-seu
cavalete (m)	이젤	i-jel
paleta (f)	팔레트	pal-le-teu

moldura (f)	액자	aek-ja
restauração (f)	복원	bo-gwon
restaurar (vt)	복원하다	bo-gwon-ha-da

152. Literatura & Poesia

literatura (f)	문학	mun-hak
autor (m)	작가	jak-ga
pseudônimo (m)	필명	pil-myeong

livro (m)	책	chaek
volume (m)	권	gwon
índice (m)	목차	mok-cha
página (f)	페이지	pe-i-ji
protagonista (m)	주인공	ju-in-gong
autógrafo (m)	사인	sa-in

conto (m)	단편 소설	dan-pyeon so-seol
novela (f)	소설	so-seol
romance (m)	장편 소설	jang-pyeon so-seol
obra (f)	작품	jak-pum
fábula (m)	우화	u-hwa
romance (m) policial	추리 소설	chu-ri so-seol

verso (m)	시	si
poesia (f)	시	si
poema (m)	서사시	seo-sa-si
poeta (m)	시인	si-in

ficção (f)	픽션	pik-syeon
ficção (f) científica	공상과학소설	gong-sang-gwa-hak-so-seol
aventuras (f pl)	모험 소설	mo-heom so-seol
literatura (f) didática	교육 문학	gyo-yuk mun-hak
literatura (f) infantil	아동 문학	a-dong mun-hak

153. Circo

circo (m)	서커스	seo-keo-seu
circo (m) ambulante	순회 서커스	sun-hoe seo-keo-seu
programa (m)	프로그램	peu-ro-geu-raem
apresentação (f)	공연	gong-yeon
número (m)	공연	gong-yeon

picadeiro (f)	무대	mu-dae
pantomima (f)	판토마임	pan-to-ma-im
palhaço (m)	어릿광대	eo-rit-gwang-dae

acrobata (m)	곡예사	go-gye-sa
acrobacia (f)	곡예	go-gye
ginasta (m)	체조선수	che-jo-seon-su
ginástica (f)	체조	che-jo
salto (m) mortal	공중제비	gong-jung-je-bi

homem (m) forte	힘 자랑하는 사나이	him ja-rang-ha-neun sa-na-i
domador (m)	조련사	jo-ryeon-sa
cavaleiro (m) equilibrista	곡마사	gong-ma-sa
assistente (m)	조수	jo-su

truque (m)	묘기	myo-gi
truque (m) de mágica	마술	ma-sul
ilusionista (m)	마술사	ma-sul-sa

malabarista (m)	저글러	jeo-geul-leo
fazer malabarismos	저글링 하다	jeo-geul-ling ha-da
adestrador (m)	조련사	jo-ryeon-sa
adestramento (m)	조련	jo-ryeon
adestrar (vt)	가르치다	ga-reu-chi-da

154. Música. Música popular

música (f)	음악	eum-ak
músico (m)	음악가	eum-ak-ga
instrumento (m) musical	악기	ak-gi
tocar ...	… 을 연주하다	... eul ryeon-ju-ha-da

guitarra (f)	기타	gi-ta
violino (m)	바이올린	ba-i-ol-lin
violoncelo (m)	첼로	chel-lo
contrabaixo (m)	콘트라베이스	kon-teu-ra-be-i-seu
harpa (f)	하프	ha-peu

piano (m)	피아노	pi-a-no
piano (m) de cauda	그랜드 피아노	geu-raen-deu pi-a-no
órgão (m)	오르간	o-reu-gan

instrumentos (m pl) de sopro	관악기	gwan-ak-gi
oboé (m)	오보에	o-bo-e
saxofone (m)	색소폰	saek-so-pon
clarinete (m)	클라리넷	keul-la-ri-net
flauta (f)	플루트	peul-lu-teu
trompete (m)	트럼펫	teu-reom-pet

| acordeão (m) | 아코디언 | a-ko-di-eon |
| tambor (m) | 북 | buk |

| dueto (m) | 이중주 | i-jung-ju |
| trio (m) | 삼중주 | sam-jung-ju |

quarteto (m)	사중주	sa-jung-ju
coro (m)	합창단	hap-chang-dan
orquestra (f)	오케스트라	o-ke-seu-teu-ra
música (f) pop	대중 음악	dae-jung eum-ak
música (f) rock	록 음악	rok geu-mak
grupo (m) de rock	록 그룹	rok geu-rup
jazz (m)	재즈	jae-jeu
ídolo (m)	아이돌	a-i-dol
fã, admirador (m)	팬	paen
concerto (m)	콘서트	kon-seo-teu
sinfonia (f)	교향곡	gyo-hyang-gok
composição (f)	작품	jak-pum
compor (vt)	작곡하다	jak-gok-a-da
canto (m)	노래	no-rae
canção (f)	노래	no-rae
melodia (f)	멜로디	mel-lo-di
ritmo (m)	리듬	ri-deum
blues (m)	블루스	beul-lu-seu
notas (f pl)	악보	ak-bo
batuta (f)	지휘봉	ji-hwi-bong
arco (m)	활	hwal
corda (f)	현	hyeon
estojo (m)	케이스	ke-i-seu

Descanso. Entretenimento. Viagens

155. Viagens

turismo (m)	관광	gwan-gwang
turista (m)	관광객	gwan-gwang-gaek
viagem (f)	여행	yeo-haeng
aventura (f)	모험	mo-heom
percurso (curta viagem)	여행	yeo-haeng
férias (f pl)	휴가	hyu-ga
estar de férias	휴가 중이다	hyu-ga jung-i-da
descanso (m)	휴양	hyu-yang
trem (m)	기차	gi-cha
de trem (chegar ~)	기차로	gi-cha-ro
avião (m)	비행기	bi-haeng-gi
de avião	비행기로	bi-haeng-gi-ro
de carro	자동차로	ja-dong-cha-ro
de navio	배로	bae-ro
bagagem (f)	짐, 수하물	jim, su-ha-mul
mala (f)	여행 가방	yeo-haeng ga-bang
carrinho (m)	수하물 카트	su-ha-mul ka-teu
passaporte (m)	여권	yeo-gwon
visto (m)	비자	bi-ja
passagem (f)	표	pyo
passagem (f) aérea	비행기표	bi-haeng-gi-pyo
guia (m) de viagem	여행 안내서	yeo-haeng an-nae-seo
mapa (m)	지도	ji-do
área (f)	지역	ji-yeok
lugar (m)	곳	got
exotismo (m)	이국	i-guk
exótico (adj)	이국적인	i-guk-jeo-gin
surpreendente (adj)	놀라운	nol-la-un
grupo (m)	무리	mu-ri
excursão (f)	견학, 관광	gyeon-hak, gwan-gwang
guia (m)	가이드	ga-i-deu

156. Hotel

hotel (m), hospedaria (f)	호텔	ho-tel
motel (m)	모텔	mo-tel
três estrelas	3성급	sam-seong-geub

cinco estrelas	5성급	o-seong-geub
ficar (vi, vt)	머무르다	meo-mu-reu-da
quarto (m)	객실	gaek-sil
quarto (m) individual	일인실	i-rin-sil
quarto (m) duplo	더블룸	deo-beul-lum
reservar um quarto	방을 예약하다	bang-eul rye-yak-a-da
meia pensão (f)	하숙	ha-suk
pensão (f) completa	식사 제공	sik-sa je-gong
com banheira	욕조가 있는	yok-jo-ga in-neun
com chuveiro	샤워가 있는	sya-wo-ga in-neun
televisão (m) por satélite	위성 텔레비전	wi-seong tel-le-bi-jeon
ar (m) condicionado	에어컨	e-eo-keon
toalha (f)	수건	su-geon
chave (f)	열쇠	yeol-soe
administrador (m)	관리자	gwal-li-ja
camareira (f)	객실 청소부	gaek-sil cheong-so-bu
bagageiro (m)	포터	po-teo
porteiro (m)	도어맨	do-eo-maen
restaurante (m)	레스토랑	re-seu-to-rang
bar (m)	바	ba
café (m) da manhã	아침식사	a-chim-sik-sa
jantar (m)	저녁식사	jeo-nyeok-sik-sa
bufê (m)	뷔페	bwi-pe
saguão (m)	로비	ro-bi
elevador (m)	엘리베이터	el-li-be-i-teo
NÃO PERTURBE	방해하지 마세요	bang-hae-ha-ji ma-se-yo
PROIBIDO FUMAR!	금연	geu-myeon

157. Livros. Leitura

livro (m)	책	chaek
autor (m)	저자	jeo-ja
escritor (m)	작가	jak-ga
escrever (~ um livro)	쓰다	sseu-da
leitor (m)	독자	dok-ja
ler (vt)	읽다	ik-da
leitura (f)	독서	dok-seo
para si	묵독 (~을 하다)	muk-dok
em voz alta	큰소리로	keun-so-ri-ro
publicar (vt)	발행하다	bal-haeng-ha-da
publicação (f)	발행	bal-haeng
editor (m)	출판인	chul-pan-in
editora (f)	출판사	chul-pan-sa
sair (vi)	출간되다	chul-gan-doe-da

lançamento (m)	발표	bal-pyo
tiragem (f)	인쇄 부수	in-swae bu-su
livraria (f)	서점	seo-jeom
biblioteca (f)	도서관	do-seo-gwan
novela (f)	소설	so-seol
conto (m)	단편 소설	dan-pyeon so-seol
romance (m)	장편 소설	jang-pyeon so-seol
romance (m) policial	추리 소설	chu-ri so-seol
memórias (f pl)	회상록	hoe-sang-nok
lenda (f)	전설	jeon-seol
mito (m)	신화	sin-hwa
poesia (f)	시	si
autobiografia (f)	자서전	ja-seo-jeon
obras (f pl) escolhidas	선집	seon-jip
ficção (f) científica	공상과학소설	gong-sang-gwa-hak-so-seol
título (m)	제목	je-mok
introdução (f)	서문	seo-mun
folha (f) de rosto	속표지	sok-pyo-ji
capítulo (m)	장	jang
excerto (m)	발췌	bal-chwe
episódio (m)	장면	jang-myeon
enredo (m)	줄거리	jul-geo-ri
conteúdo (m)	내용	nae-yong
índice (m)	목차	mok-cha
protagonista (m)	주인공	ju-in-gong
volume (m)	권	gwon
capa (f)	표지	pyo-ji
encadernação (f)	장정	jang-jeong
marcador (m) de página	서표	seo-pyo
página (f)	페이지	pe-i-ji
folhear (vt)	페이지를 넘기다	pe-i-ji-reul leom-gi-da
margem (f)	여백	yeo-baek
anotação (f)	주석	ju-seok
nota (f) de rodapé	각주	gak-ju
texto (m)	본문	bon-mun
fonte (f)	활자, 서체	hwal-ja, seo-che
falha (f) de impressão	오타	o-ta
tradução (f)	번역	beo-nyeok
traduzir (vt)	번역하다	beo-nyeok-a-da
original (m)	원본	won-bon
famoso (adj)	유명한	yu-myeong-han
desconhecido (adj)	잘 알려지지 않은	jal ral-lyeo-ji-ji a-neun
interessante (adj)	재미있는	jae-mi-in-neun
best-seller (m)	베스트셀러	be-seu-teu-sel-leo

dicionário (m)	사전	sa-jeon
livro (m) didático	교과서	gyo-gwa-seo
enciclopédia (f)	백과사전	baek-gwa-sa-jeon

158. Caça. Pesca

caça (f)	사냥	sa-nyang
caçar (vi)	사냥하다	sa-nyang-ha-da
caçador (m)	사냥꾼	sa-nyang-kkun
disparar, atirar (vi)	쏘다	sso-da
rifle (m)	장총	jang-chong
cartucho (m)	탄환	tan-hwan
chumbo (m) de caça	산탄	san-tan
armadilha (f)	덫	deot
armadilha (com corda)	덫	deot
pôr a armadilha	덫을 놓다	deo-cheul lo-ta
caçador (m) furtivo	밀렵자	mil-lyeop-ja
caça (animais)	사냥감	sa-nyang-gam
cão (m) de caça	사냥개	sa-nyang-gae
safári (m)	사파리	sa-pa-ri
animal (m) empalhado	박제	bak-je
pescador (m)	낚시꾼	nak-si-kkun
pesca (f)	낚시	nak-si
pescar (vt)	낚시질하다	nak-si-jil-ha-da
vara (f) de pesca	낚싯대	nak-sit-dae
linha (f) de pesca	낚싯줄	nak-sit-jul
anzol (m)	바늘	ba-neul
boia (f), flutuador (m)	찌	jji
isca (f)	미끼	mi-kki
lançar a linha	낚싯줄을 던지다	nak-sit-ju-reul deon-ji-da
morder (peixe)	미끼를 물다	mi-kki-reul mul-da
pesca (f)	어획고	eo-hoek-go
buraco (m) no gelo	얼음구멍	eo-reum-gu-meong
rede (f)	그물	geu-mul
barco (m)	보트	bo-teu
pescar com rede	그물로 잡다	geu-mul-lo jap-da
lançar a rede	그물을 던지다	geu-mu-reul deon-ji-da
puxar a rede	그물을 끌어당기다	geu-mu-reul kkeu-reo-dang-gi-da
baleeiro (m)	포경선원	po-gyeong-seon-won
baleeira (f)	포경선	po-gyeong-seon
arpão (m)	작살	jak-sal

159. Jogos. Bilhar

bilhar (m)	당구	dang-gu
sala (f) de bilhar	당구장	dang-gu-jang
bola (f) de bilhar	공	gong
embolsar uma bola	공을 넣다	gong-eul leo-ta
taco (m)	큐	kyu
caçapa (f)	구멍	gu-meong

160. Jogos. Jogar cartas

ouros (m pl)	스페이드	seu-pe-i-deu
espadas (f pl)	스페이드	seu-pe-i-deu
copas (f pl)	하트	ha-teu
paus (m pl)	클럽	keul-leop
ás (m)	에이스	e-i-seu
rei (m)	왕	wang
dama (f), rainha (f)	퀸	kwin
valete (m)	잭	jaek
carta (f) de jogar	카드	ka-deu
cartas (f pl)	카드	ka-deu
trunfo (m)	으뜸패	eu-tteum-pae
baralho (m)	카드 한 벌	ka-deu han beol
dar, distribuir (vt)	돌리다	dol-li-da
embaralhar (vt)	카드를 섞다	ka-deu-reul seok-da
vez, jogada (f)	차례	cha-rye
trapaceiro (m)	카드 판의 사기꾼	ka-deu pan-ui sa-gi-kkun

161. Casino. Roleta

cassino (m)	카지노	ka-ji-no
roleta (f)	룰렛	rul-let
aposta (f)	내기	nae-gi
apostar (vt)	돈을 걸다	do-neul geol-da
vermelho (m)	적색	jeok-saek
preto (m)	흑색	heuk-saek
apostar no vermelho	레드에 돈을 걸다	re-deu-e do-neul geol-da
apostar no preto	블랙에 돈을 걸다	beul-lae-ge do-neul geol-da
croupier (m, f)	딜러	dil-leo
regras (f pl) do jogo	규칙	gyu-chik
ficha (f)	칩	chip
ganhar (vi, vt)	돈을 따다	do-neul tta-da
ganho (m)	딴 돈	ttan don
perder (dinheiro)	잃다	il-ta

perda (f)	손해	son-hae
jogador (m)	플레이어	peul-le-i-eo
blackjack, vinte-e-um (m)	블랙잭	beul-laek-jaek
jogo (m) de dados	크랩 게임	keu-raep ge-im
caça-níqueis (m)	슬롯머신	seul-lon-meo-sin

162. Descanso. Jogos. Diversos

passear (vi)	산책하다	san-chaek-a-da
passeio (m)	산책	san-chaek
viagem (f) de carro	드라이브	deu-ra-i-beu
aventura (f)	모험	mo-heom
piquenique (m)	소풍, 피크닉	so-pung, pi-keu-nik

jogo (m)	게임	ge-im
jogador (m)	선수	seon-su
partida (f)	게임	ge-im

colecionador (m)	수집가	su-jip-ga
colecionar (vt)	수집하다	su-ji-pa-da
coleção (f)	수집	su-jip

palavras (f pl) cruzadas	크로스워드	keu-ro-seu-wo-deu
hipódromo (m)	경마장	gyeong-ma-jang
discoteca (f)	클럽	keul-leop

| sauna (f) | 사우나 | sa-u-na |
| loteria (f) | 복권 | bok-gwon |

campismo (m)	캠핑	kaem-ping
acampamento (m)	캠프	kaem-peu
barraca (f)	텐트	ten-teu
bússola (f)	나침반	na-chim-ban
campista (m)	야영객	ya-yeong-gaek

ver (vt), assistir à ...	시청하다	si-cheong-ha-da
telespectador (m)	시청자	si-cheong-ja
programa (m) de TV	방송 프로그램	bang-song peu-ro-geu-raem

163. Fotografia

| máquina (f) fotográfica | 카메라 | ka-me-ra |
| foto, fotografia (f) | 사진 | sa-jin |

fotógrafo (m)	사진 작가	sa-jin jak-ga
estúdio (m) fotográfico	사진관	sa-jin-gwan
álbum (m) de fotografias	사진 앨범	sa-jin ael-beom

lente (f) fotográfica	카메라 렌즈	ka-me-ra ren-jeu
lente (f) teleobjetiva	망원 렌즈	mang-won len-jeu
filtro (m)	필터	pil-teo
lente (f)	렌즈	ren-jeu

ótica (f)	렌즈	ren-jeu
abertura (f)	조리개	jo-ri-gae
exposição (f)	셔터 속도	syeo-teo sok-do
visor (m)	파인더	pa-in-deo
câmera (f) digital	디지털 카메라	di-ji-teol ka-me-ra
tripé (m)	삼각대	sam-gak-dae
flash (m)	플래시	peul-lae-si
fotografar (vt)	사진을 찍다	sa-ji-neul jjik-da
tirar fotos	사진을 찍다	sa-ji-neul jjik-da
fotografar-se (vr)	사진을 찍다	sa-ji-neul jjik-da
foco (m)	포커스	po-keo-seu
focar (vt)	초점을 맞추다	cho-jeo-meul mat-chu-da
nítido (adj)	선명한	seon-myeong-han
nitidez (f)	선명성	seon-myeong-seong
contraste (m)	대비	dae-bi
contrastante (adj)	대비의	dae-bi-ui
retrato (m)	사진	sa-jin
negativo (m)	음화	eum-hwa
filme (m)	사진 필름	sa-jin pil-leum
fotograma (m)	한 장면	han jang-myeon
imprimir (vt)	인화하다	in-hwa-ha-da

164. Praia. Natação

praia (f)	해변, 바닷가	hae-byeon, ba-dat-ga
areia (f)	모래	mo-rae
deserto (adj)	황량한	hwang-nyang-han
bronzeado (m)	선탠	seon-taen
bronzear-se (vr)	선탠을 하다	seon-tae-neul ha-da
bronzeado (adj)	햇볕에 탄	haet-byeo-te tan
protetor (m) solar	자외선 차단제	ja-oe-seon cha-dan-je
biquíni (m)	비키니	bi-ki-ni
maiô (m)	수영복	su-yeong-bok
calção (m) de banho	수영복	su-yeong-bok
piscina (f)	수영장	su-yeong-jang
nadar (vi)	수영하다	su-yeong-ha-da
chuveiro (m), ducha (f)	샤워	sya-wo
mudar, trocar (vt)	옷을 갈아입다	os-eul ga-ra-ip-da
toalha (f)	수건	su-geon
barco (m)	보트	bo-teu
lancha (f)	모터보트	mo-teo-bo-teu
esqui (m) aquático	수상 스키	su-sang seu-ki
barco (m) de pedais	수상 자전거	su-sang ja-jeon-geo
surf, surfe (m)	서핑	seo-ping

surfista (m)	서퍼	seo-peo
equipamento (m) de mergulho	스쿠버 장비	seu-ku-beo jang-bi
pé (m pl) de pato	오리발	o-ri-bal
máscara (f)	잠수마스크	jam-su-ma-seu-keu
mergulhador (m)	잠수부	jam-su-bu
mergulhar (vi)	잠수하다	jam-su-ha-da
debaixo d'água	수중	su-jung
guarda-sol (m)	파라솔	pa-ra-sol
espreguiçadeira (f)	선베드	seon-be-deu
óculos (m pl) de sol	선글라스	seon-geul-la-seu
colchão (m) de ar	에어 매트	e-eo mae-teu
brincar (vi)	놀다	nol-da
ir nadar	수영하다	su-yeong-ha-da
bola (f) de praia	비치볼	bi-chi-bol
encher (vt)	부풀리다	bu-pul-li-da
inflável (adj)	부풀릴 수 있는	bu-pul-lil su in-neun
onda (f)	파도	pa-do
boia (f)	부표	bu-pyo
afogar-se (vr)	익사하다	ik-sa-ha-da
salvar (vt)	구조하다	gu-jo-ha-da
colete (m) salva-vidas	구명조끼	gu-myeong-jo-kki
observar (vt)	지켜보다	ji-kyeo-bo-da
salva-vidas (pessoa)	구조원	gu-jo-won

EQUIPAMENTO TÉCNICO. TRANSPORTES

Equipamento técnico. Transportes

165. Computador

computador (m)	컴퓨터	keom-pyu-teo
computador (m) portátil	노트북	no-teu-buk
ligar (vt)	켜다	kyeo-da
desligar (vt)	끄다	kkeu-da
teclado (m)	키보드	ki-bo-deu
tecla (f)	키	ki
mouse (m)	마우스	ma-u-seu
tapete (m) para mouse	마우스 패드	ma-u-seu pae-deu
botão (m)	버튼	beo-teun
cursor (m)	커서	keo-seo
monitor (m)	모니터	mo-ni-teo
tela (f)	화면, 스크린	hwa-myeon
disco (m) rígido	하드 디스크	ha-deu di-seu-keu
capacidade (f) do disco rígido	하드 디스크 용량	ha-deu di-seu-keu yong-nyang
memória (f)	메모리	me-mo-ri
memória RAM (f)	램	raem
arquivo (m)	파일	pa-il
pasta (f)	폴더	pol-deo
abrir (vt)	열다	yeol-da
fechar (vt)	닫다	dat-da
salvar (vt)	저장하다	jeo-jang-ha-da
deletar (vt)	삭제하다	sak-je-ha-da
copiar (vt)	복사하다	bok-sa-ha-da
ordenar (vt)	정렬하다	jeong-nyeol-ha-da
copiar (vt)	전송하다	jeon-song-ha-da
programa (m)	프로그램	peu-ro-geu-raem
software (m)	소프트웨어	so-peu-teu-we-eo
programador (m)	프로그래머	peu-ro-geu-rae-meo
programar (vt)	프로그램을 작성하다	peu-ro-geu-rae-meul jak-seong-ha-da
hacker (m)	해커	hae-keo
senha (f)	비밀번호	bi-mil-beon-ho
vírus (m)	바이러스	ba-i-reo-seu

detectar (vt)	발견하다	bal-gyeon-ha-da
byte (m)	바이트	ba-i-teu
megabyte (m)	메가바이트	me-ga-ba-i-teu

| dados (m pl) | 데이터 | de-i-teo |
| base (f) de dados | 데이터베이스 | de-i-teo-be-i-seu |

cabo (m)	케이블	ke-i-beul
desconectar (vt)	연결해제하다	yeon-gyeol-hae-je-ha-da
conectar (vt)	연결하다	yeon-gyeol-ha-da

166. Internet. E-mail

internet (f)	인터넷	in-teo-net
browser (m)	브라우저	beu-ra-u-jeo
motor (m) de busca	검색 엔진	geom-saek gen-jin
provedor (m)	인터넷 서비스 제공자	in-teo-net seo-bi-seu je-gong-ja

webmaster (m)	웹마스터	wem-ma-seu-teo
website (m)	웹사이트	wep-sa-i-teu
web page (f)	웹페이지	wep-pe-i-ji

| endereço (m) | 주소 | ju-so |
| livro (m) de endereços | 주소록 | ju-so-rok |

| caixa (f) de correio | 우편함 | u-pyeon-ham |
| correio (m) | 메일 | me-il |

mensagem (f)	메시지	me-si-ji
remetente (m)	발송인	bal-song-in
enviar (vt)	보내다	bo-nae-da
envio (m)	발송	bal-song
destinatário (m)	수신인	su-sin-in
receber (vt)	받다	bat-da

| correspondência (f) | 서신 교환 | seo-sin gyo-hwan |
| corresponder-se (vr) | 편지를 주고 받다 | pyeon-ji-reul ju-go bat-da |

arquivo (m)	파일	pa-il
fazer download, baixar (vt)	다운받다	da-un-bat-da
criar (vt)	창조하다	chang-jo-ha-da
deletar (vt)	삭제하다	sak-je-ha-da
deletado (adj)	삭제된	sak-je-doen

conexão (f)	연결	yeon-gyeol
velocidade (f)	속도	sok-do
acesso (m)	접속	jeop-sok
porta (f)	포트	po-teu

conexão (f)	연결	yeon-gyeol
conectar (vi)	⋯ 에 연결하다	... e yeon-gyeol-ha-da
escolher (vt)	선택하다	seon-taek-a-da
buscar (vt)	⋯ 를 검색하다	... reul geom-saek-a-da

167. Eletricidade

eletricidade (f)	전기	jeon-gi
elétrico (adj)	전기의	jeon-gi-ui
planta (f) elétrica	발전소	bal-jeon-so
energia (f)	에너지	e-neo-ji
energia (f) elétrica	전력	jeol-lyeok
lâmpada (f)	전구	jeon-gu
lanterna (f)	손전등	son-jeon-deung
poste (m) de iluminação	가로등	ga-ro-deung
luz (f)	전깃불	jeon-git-bul
ligar (vt)	켜다	kyeo-da
desligar (vt)	끄다	kkeu-da
apagar a luz	불을 끄다	bu-reul kkeu-da
queimar (vi)	끊어지다	kkeu-neo-ji-da
curto-circuito (m)	쇼트	syo-teu
ruptura (f)	절단	jeol-dan
contato (m)	접촉	jeop-chok
interruptor (m)	스위치	seu-wi-chi
tomada (de parede)	소켓	so-ket
plugue (m)	플러그	peul-leo-geu
extensão (f)	연장 코드	yeon-jang ko-deu
fusível (m)	퓨즈	pyu-jeu
fio, cabo (m)	전선	jeon-seon
instalação (f) elétrica	배선	bae-seon
ampère (m)	암페어	am-pe-eo
amperagem (f)	암페어수	am-pe-eo-su
volt (m)	볼트	bol-teu
voltagem (f)	전압	jeon-ap
aparelho (m) elétrico	전기기구	jeon-gi-gi-gu
indicador (m)	센서	sen-seo
eletricista (m)	전기 기사	jeon-gi gi-sa
soldar (vt)	납땜하다	nap-ttaem-ha-da
soldador (m)	납땜인두	nap-ttaem-in-du
corrente (f) elétrica	전류	jeol-lyu

168. Ferramentas

ferramenta (f)	공구	gong-gu
ferramentas (f pl)	공구	gong-gu
equipamento (m)	장비	jang-bi
martelo (m)	망치	mang-chi
chave (f) de fenda	나사돌리개	na-sa-dol-li-gae
machado (m)	도끼	do-kki

serra (f)	톱	top
serrar (vt)	톱을 켜다	to-beul kyeo-da
plaina (f)	대패	dae-pae
aplainar (vt)	대패질하다	dae-pae-jil-ha-da
soldador (m)	납땜인두	nap-ttaem-in-du
soldar (vt)	납땜하다	nap-ttaem-ha-da
lima (f)	줄	jul
tenaz (f)	집게	jip-ge
alicate (m)	펜치	pen-chi
formão (m)	끌	kkeul
broca (f)	드릴 비트	deu-ril bi-teu
furadeira (f) elétrica	전동 드릴	jeon-dong deu-ril
furar (vt)	뚫다	ttul-ta
faca (f)	칼, 나이프	kal, na-i-peu
lâmina (f)	칼날	kal-lal
afiado (adj)	날카로운	nal-ka-ro-un
cego (adj)	무딘	mu-din
embotar-se (vr)	무뎌지다	mu-dyeo-ji-da
afiar, amolar (vt)	갈다	gal-da
parafuso (m)	볼트	bol-teu
porca (f)	너트	neo-teu
rosca (f)	나사산	na-sa-san
parafuso (para madeira)	나사못	na-sa-mot
prego (m)	못	mot
cabeça (f) do prego	못대가리	mot-dae-ga-ri
régua (f)	자	ja
fita (f) métrica	줄자	jul-ja
nível (m)	수준기	su-jun-gi
lupa (f)	돋보기	dot-bo-gi
medidor (m)	계측기	gye-cheuk-gi
medir (vt)	측정하다	cheuk-jeong-ha-da
escala (f)	눈금	nun-geum
indicação (f), registro (m)	판독값	pan-dok-gap
compressor (m)	컴프레서	keom-peu-re-seo
microscópio (m)	현미경	hyeon-mi-gyeong
bomba (f)	펌프	peom-peu
robô (m)	로봇	ro-bot
laser (m)	레이저	re-i-jeo
chave (f) de boca	스패너	seu-pae-neo
fita (f) adesiva	스카치 테이프	seu-ka-chi te-i-peu
cola (f)	접착제	jeop-chak-je
lixa (f)	사포	sa-po
ímã (m)	자석	ja-seok
luva (f)	장갑	jang-gap

corda (f)	밧줄	bat-jul
cabo (~ de nylon, etc.)	끈	kkeun
fio (m)	전선	jeon-seon
cabo (~ elétrico)	케이블	ke-i-beul
marreta (f)	슬레지해머	seul-le-ji-hae-meo
pé de cabra (m)	쇠지레	soe-ji-re
escada (f) de mão	사다리	sa-da-ri
escada (m)	접사다리	jeop-sa-da-ri
enroscar (vt)	돌려서 조이다	dol-lyeo-seo jo-i-da
desenroscar (vt)	열리다	yeol-li-da
apertar (vt)	조이다	jo-i-da
colar (vt)	붙이다	bu-chi-da
cortar (vt)	자르다	ja-reu-da
falha (f)	고장	go-jang
conserto (m)	수리	su-ri
consertar, reparar (vt)	보수하다	bo-su-ha-da
regular, ajustar (vt)	조절하다	jo-jeol-ha-da
verificar (vt)	확인하다	hwa-gin-ha-da
verificação (f)	확인	hwa-gin
indicação (f), registro (m)	판독값	pan-dok-gap
seguro (adj)	믿을 만한	mi-deul man-han
complicado (adj)	복잡한	bok-ja-pan
enferrujar (vi)	녹이 슬다	no-gi seul-da
enferrujado (adj)	녹이 슨	no-gi seun
ferrugem (f)	녹	nok

Transportes

169. Avião

avião (m)	비행기	bi-haeng-gi
passagem (f) aérea	비행기표	bi-haeng-gi-pyo
companhia (f) aérea	항공사	hang-gong-sa
aeroporto (m)	공항	gong-hang
supersônico (adj)	초음속의	cho-eum-so-gui
piloto (m)	비행사	bi-haeng-sa
aeromoça (f)	승무원	seung-mu-won
copiloto (m)	항법사	hang-beop-sa
asas (f pl)	날개	nal-gae
cauda (f)	꼬리	kko-ri
cabine (f)	조종석	jo-jong-seok
motor (m)	엔진	en-jin
trem (m) de pouso	착륙 장치	chang-nyuk jang-chi
turbina (f)	터빈	teo-bin
hélice (f)	추진기	chu-jin-gi
caixa-preta (f)	블랙박스	beul-laek-bak-seu
coluna (f) de controle	조종간	jo-jong-gan
combustível (m)	연료	yeol-lyo
instruções (f pl) de segurança	안전 안내서	an-jeon an-nae-seo
máscara (f) de oxigênio	산소 마스크	san-so ma-seu-keu
uniforme (m)	제복	je-bok
colete (m) salva-vidas	구명조끼	gu-myeong-jo-kki
paraquedas (m)	낙하산	nak-a-san
decolagem (f)	이륙	i-ryuk
descolar (vi)	이륙하다	i-ryuk-a-da
pista (f) de decolagem	활주로	hwal-ju-ro
visibilidade (f)	시계	si-gye
voo (m)	비행	bi-haeng
altura (f)	고도	go-do
poço (m) de ar	에어 포켓	e-eo po-ket
assento (m)	자리	ja-ri
fone (m) de ouvido	헤드폰	he-deu-pon
mesa (f) retrátil	접는 테이블	jeom-neun te-i-beul
janela (f)	창문	chang-mun
corredor (m)	통로	tong-no

170. Comboio

trem (m)	기차, 열차	gi-cha, nyeol-cha
trem (m) elétrico	통근 열차	tong-geun nyeol-cha
trem (m)	급행 열차	geu-paeng yeol-cha
locomotiva (f) diesel	디젤 기관차	di-jel gi-gwan-cha
locomotiva (f) a vapor	증기 기관차	jeung-gi gi-gwan-cha
vagão (f) de passageiros	객차	gaek-cha
vagão-restaurante (m)	식당차	sik-dang-cha
carris (m pl)	레일	re-il
estrada (f) de ferro	철도	cheol-do
travessa (f)	침목	chim-mok
plataforma (f)	플랫폼	peul-laet-pom
linha (f)	길	gil
semáforo (m)	신호기	sin-ho-gi
estação (f)	역	yeok
maquinista (m)	기관사	gi-gwan-sa
bagageiro (m)	포터	po-teo
hospedeiro, -a (m, f)	차장	cha-jang
passageiro (m)	승객	seung-gaek
revisor (m)	검표원	geom-pyo-won
corredor (m)	통로	tong-no
freio (m) de emergência	비상 브레이크	bi-sang beu-re-i-keu
compartimento (m)	침대차	chim-dae-cha
cama (f)	침대	chim-dae
cama (f) de cima	윗침대	wit-chim-dae
cama (f) de baixo	아래 침대	a-rae chim-dae
roupa (f) de cama	침구	chim-gu
passagem (f)	표	pyo
horário (m)	시간표	si-gan-pyo
painel (m) de informação	안내 전광판	an-nae jeon-gwang-pan
partir (vt)	떠난다	tteo-na-da
partida (f)	출발	chul-bal
chegar (vi)	도착하다	do-chak-a-da
chegada (f)	도착	do-chak
chegar de trem	기차로 도착하다	gi-cha-ro do-chak-a-da
pegar o trem	기차에 타다	gi-cha-e ta-da
descer de trem	기차에서 내리다	gi-cha-e-seo nae-ri-da
acidente (m) ferroviário	기차 사고	gi-cha sa-go
locomotiva (f) a vapor	증기 기관차	jeung-gi gi-gwan-cha
foguista (m)	화부	hwa-bu
fornalha (f)	화실	hwa-sil
carvão (m)	석탄	seok-tan

171. Barco

navio (m)	배	bae
embarcação (f)	배	bae
barco (m) a vapor	증기선	jeung-gi-seon
barco (m) fluvial	강배	gang-bae
transatlântico (m)	크루즈선	keu-ru-jeu-seon
cruzeiro (m)	순양함	su-nyang-ham
iate (m)	요트	yo-teu
rebocador (m)	예인선	ye-in-seon
veleiro (m)	범선	beom-seon
bergantim (m)	쌍돛대 범선	ssang-dot-dae beom-seon
quebra-gelo (m)	쇄빙선	swae-bing-seon
submarino (m)	잠수함	jam-su-ham
bote, barco (m)	보트	bo-teu
baleeira (bote salva-vidas)	종선	jong-seon
bote (m) salva-vidas	구조선	gu-jo-seon
lancha (f)	모터보트	mo-teo-bo-teu
capitão (m)	선장	seon-jang
marinheiro (m)	수부	su-bu
marujo (m)	선원	seon-won
tripulação (f)	승무원	seung-mu-won
contramestre (m)	갑판장	gap-pan-jang
cozinheiro (m) de bordo	요리사	yo-ri-sa
médico (m) de bordo	선의	seon-ui
convés (m)	갑판	gap-pan
mastro (m)	돛대	dot-dae
vela (f)	돛	dot
porão (m)	화물칸	hwa-mul-kan
proa (f)	이물	i-mul
popa (f)	고물	go-mul
remo (m)	노	no
hélice (f)	스크루	seu-keu-ru
cabine (m)	선실	seon-sil
sala (f) dos oficiais	사관실	sa-gwan-sil
sala (f) das máquinas	엔진실	en-jin-sil
sala (f) de comunicações	무전실	mu-jeon-sil
onda (f)	전파	jeon-pa
luneta (f)	망원경	mang-won-gyeong
sino (m)	종	jong
bandeira (f)	기	gi
cabo (m)	밧줄	bat-jul
nó (m)	매듭	mae-deup

corrimão (m)	난간	nan-gan
prancha (f) de embarque	사다리	sa-da-ri

âncora (f)	닻	dat
recolher a âncora	닻을 올리다	da-cheul rol-li-da
jogar a âncora	닻을 내리다	da-cheul lae-ri-da
amarra (corrente de âncora)	닻줄	dat-jul

porto (m)	항구	hang-gu
cais, amarradouro (m)	부두	bu-du
atracar (vi)	정박시키다	jeong-bak-si-ki-da
desatracar (vi)	출항하다	chul-hang-ha-da

viagem (f)	여행	yeo-haeng
cruzeiro (m)	크루즈	keu-ru-jeu
rumo (m)	항로	hang-no
itinerário (m)	노선	no-seon

canal (m) de navegação	항로	hang-no
banco (m) de areia	얕은 곳	ya-teun got
encalhar (vt)	좌초하다	jwa-cho-ha-da

tempestade (f)	폭풍우	pok-pung-u
sinal (m)	신호	sin-ho
afundar-se (vr)	가라앉다	ga-ra-an-da
SOS	조난 신호	jo-nan sin-ho
boia (f) salva-vidas	구명부환	gu-myeong-bu-hwan

172. Aeroporto

aeroporto (m)	공항	gong-hang
avião (m)	비행기	bi-haeng-gi
companhia (f) aérea	항공사	hang-gong-sa
controlador (m) de tráfego aéreo	관제사	gwan-je-sa

partida (f)	출발	chul-bal
chegada (f)	도착	do-chak
chegar (vi)	도착하다	do-chak-a-da

hora (f) de partida	출발시간	chul-bal-si-gan
hora (f) de chegada	도착시간	do-chak-si-gan

estar atrasado	연기되다	yeon-gi-doe-da
atraso (m) de voo	항공기 지연	hang-gong-gi ji-yeon

painel (m) de informação	안내 전광판	an-nae jeon-gwang-pan
informação (f)	정보	jeong-bo
anunciar (vt)	알리다	al-li-da
voo (m)	비행편	bi-haeng-pyeon

alfândega (f)	세관	se-gwan
funcionário (m) da alfândega	세관원	se-gwan-won
declaração (f) alfandegária	세관신고서	se-gwan-sin-go-seo

preencher a declaração	세관 신고서를 작성하다	se-gwan sin-go-seo-reul jak-seong-ha-da
controle (m) de passaporte	여권 검사	yeo-gwon geom-sa
bagagem (f)	짐, 수하물	jim, su-ha-mul
bagagem (f) de mão	휴대 가능 수하물	hyu-dae ga-neung su-ha-mul
carrinho (m)	수하물 카트	su-ha-mul ka-teu
pouso (m)	착륙	chang-nyuk
pista (f) de pouso	활주로	hwal-ju-ro
aterrissar (vi)	착륙하다	chang-nyuk-a-da
escada (f) de avião	승강계단	seung-gang-gye-dan
check-in (m)	체크인	che-keu-in
balcão (m) do check-in	체크인 카운터	che-keu-in ka-un-teo
fazer o check-in	체크인하다	che-keu-in-ha-da
cartão (m) de embarque	탑승권	tap-seung-gwon
portão (m) de embarque	탑승구	tap-seung-gu
trânsito (m)	트랜싯, 환승	teu-raen-sit, hwan-seung
esperar (vi, vt)	기다리다	gi-da-ri-da
sala (f) de espera	공항 라운지	gong-hang na-un-ji
despedir-se (acompanhar)	배웅하다	bae-ung-ha-da
despedir-se (dizer adeus)	작별인사를 하다	jak-byeo-rin-sa-reul ha-da

173. Bicicleta. Motocicleta

bicicleta (f)	자전거	ja-jeon-geo
lambreta (f)	스쿠터	seu-ku-teo
moto (f)	오토바이	o-to-ba-i
ir de bicicleta	자전거로 가다	ja-jeon-geo-ro ga-da
guidão (m)	핸들	haen-deul
pedal (m)	페달	pe-dal
freios (m pl)	브레이크	beu-re-i-keu
banco, selim (m)	안장	an-jang
bomba (f)	펌프	peom-peu
bagageiro (m) de teto	짐 선반	jim seon-ban
lanterna (f)	라이트	ra-i-teu
capacete (m)	헬멧	hel-met
roda (f)	바퀴	ba-kwi
para-choque (m)	펜더	pen-deo
aro (m)	테	te
raio (m)	바퀴살	ba-kwi-sal

Carros

174. Tipos de carros

carro, automóvel (m)	자동차	ja-dong-cha
carro (m) esportivo	스포츠카	seu-po-cheu-ka
limusine (f)	리무진	ri-mu-jin
todo o terreno (m)	오프로드 카	o-peu-ro-deu ka
conversível (m)	오픈카	o-peun-ka
minibus (m)	승합차	seung-hap-cha
ambulância (f)	응급차	eung-geup-cha
limpa-neve (m)	제설차	je-seol-cha
caminhão (m)	트럭	teu-reok
caminhão-tanque (m)	유조차	yu-jo-cha
perua, van (f)	유개 화물차	yu-gae hwa-mul-cha
caminhão-trator (m)	트랙터	teu-raek-teo
reboque (m)	트레일러	teu-re-il-leo
confortável (adj)	편안한	pyeon-an-han
usado (adj)	중고의	jung-go-ui

175. Carros. Carroçaria

capô (m)	보닛	bo-nit
para-choque (m)	펜더	pen-deo
teto (m)	지붕	ji-bung
para-brisa (m)	전면 유리	jeon-myeon nyu-ri
retrovisor (m)	백미러	baeng-mi-reo
esguicho (m)	워셔	wo-syeo
limpadores (m) de para-brisas	와이퍼	wa-i-peo
vidro (m) lateral	옆 유리창	yeop pyu-ri-chang
elevador (m) do vidro	파워윈도우	pa-wo-win-do-u
antena (f)	안테나	an-te-na
teto (m) solar	선루프	seol-lu-peu
para-choque (m)	범퍼	beom-peo
porta-malas (f)	트렁크	teu-reong-keu
porta (f)	차문	cha-mun
maçaneta (f)	도어핸들	do-eo-haen-deul
fechadura (f)	도어락	do-eo-rak
placa (f)	번호판	beon-ho-pan
silenciador (m)	머플러	meo-peul-leo

tanque (m) de gasolina	연료 탱크	yeol-lyo taeng-keu
tubo (m) de exaustão	배기관	bae-gi-gwan
acelerador (m)	액셀	aek-sel
pedal (m)	페달	pe-dal
pedal (m) do acelerador	액셀 페달	aek-sel pe-dal
freio (m)	브레이크	beu-re-i-keu
pedal (m) do freio	브레이크 페달	beu-re-i-keu pe-dal
frear (vt)	브레이크를 밟다	beu-re-i-keu-reul bap-da
freio (m) de mão	주차 브레이크	ju-cha beu-re-i-keu
embreagem (f)	클러치	keul-leo-chi
pedal (m) da embreagem	클러치 페달	keul-leo-chi pe-dal
disco (m) de embreagem	클러치 디스크	keul-leo-chi di-seu-keu
amortecedor (m)	완충장치	wan-chung-jang-chi
roda (f)	바퀴	ba-kwi
pneu (m) estepe	스페어 타이어	seu-pe-eo ta-i-eo
pneu (m)	타이어	ta-i-eo
calota (f)	휠캡	hwil-kaep
rodas (f pl) motrizes	구동륜	gu-dong-nyun
de tração dianteira	전륜 구동의	jeol-lyun gu-dong-ui
de tração traseira	후륜 구동의	hu-ryun gu-dong-ui
de tração às 4 rodas	사륜 구동의	sa-ryun gu-dong-ui
caixa (f) de mudanças	변속기	byeon-sok-gi
automático (adj)	자동의	ja-dong-ui
mecânico (adj)	기계식의	gi-gye-si-gui
alavanca (f) de câmbio	기어	gi-eo
farol (m)	헤드라이트	he-deu-ra-i-teu
faróis (m pl)	헤드라이트	he-deu-ra-i-teu
farol (m) baixo	하향등	ha-hyang-deung
farol (m) alto	상향등	sang-hyang-deung
luzes (f pl) de parada	브레이크 등	beu-re-i-keu deung
luzes (f pl) de posição	미등	mi-deung
luzes (f pl) de emergência	비상등	bi-sang-deung
faróis (m pl) de neblina	안개등	an-gae-deung
pisca-pisca (m)	방향지시등	bang-hyang-ji-si-deung
luz (f) de marcha ré	후미등	hu-mi-deung

176. Carros. Habitáculo

interior (do carro)	내부	nae-bu
de couro	가죽의	ga-ju-gui
de veludo	벨루어의	bel-lu-eo-ui
estofamento (m)	커버	keo-beo
indicador (m)	계기	gye-gi
painel (m)	계기반	gye-gi-ban

| velocímetro (m) | 속도계 | sok-do-gye |
| ponteiro (m) | 지침 | ji-chim |

hodômetro, odômetro (m)	주행기록계	ju-haeng-gi-rok-gye
indicador (m)	센서	sen-seo
nível (m)	레벨	re-bel
luz (f) de aviso	경고등	gyeong-go-deung

volante (m)	핸들	haen-deul
buzina (f)	경적	gyeong-jeok
botão (m)	버튼	beo-teun
interruptor (m)	스위치	seu-wi-chi

assento (m)	좌석	jwa-seok
costas (f pl) do assento	등받이	deung-ba-ji
cabeceira (f)	머리 받침	meo-ri bat-chim
cinto (m) de segurança	안전 벨트	an-jeon bel-teu
apertar o cinto	안전 벨트를 매다	an-jeon bel-teu-reul mae-da
ajuste (m)	조절	jo-jeol

| airbag (m) | 에어백 | e-eo-baek |
| ar (m) condicionado | 에어컨 | e-eo-keon |

rádio (m)	라디오	ra-di-o
leitor (m) de CD	씨디 플레이어	ssi-di peul-le-i-eo
ligar (vt)	켜다	kyeo-da
antena (f)	안테나	an-te-na
porta-luvas (m)	글러브 박스	geul-leo-beu bak-seu
cinzeiro (m)	재떨이	jae-tteo-ri

177. Carros. Motor

motor (m)	엔진	en-jin
motor (m)	모터	mo-teo
a diesel	디젤의	di-je-rui
a gasolina	가솔린	ga-sol-lin

cilindrada (f)	배기량	bae-gi-ryang
potência (f)	출력	chul-lyeok
cavalo (m) de potência	마력	ma-ryeok
pistão (m)	피스톤	pi-seu-ton
cilindro (m)	실린더	sil-lin-deo
válvula (f)	밸브	bael-beu

injetor (m)	연료 분사기	yeol-lyo bun-sa-gi
gerador (m)	발전기	bal-jeon-gi
carburador (m)	카뷰레터	ka-byu-re-teo
óleo (m) de motor	엔진 오일	en-jin o-il

radiador (m)	라디에이터	ra-di-e-i-teo
líquido (m) de arrefecimento	냉매	naeng-mae
ventilador (m)	냉각팬	paen
bateria (f)	배터리	bae-teo-ri
dispositivo (m) de arranque	시동기	si-dong-gi

ignição (f)	점화 장치	jeom-hwa jang-chi
vela (f) de ignição	점화플러그	jeom-hwa-peul-leo-geu
terminal (m)	전극	jeon-geuk
terminal (m) positivo	플러스	peul-leo-seu
terminal (m) negativo	마이너스	ma-i-neo-seu
fusível (m)	퓨즈	pyu-jeu
filtro (m) de ar	공기 필터	gong-gi pil-teo
filtro (m) de óleo	오일 필터	o-il pil-teo
filtro (m) de combustível	연료 필터	yeol-lyo pil-teo

178. Carros. Batidas. Reparação

acidente (m) de carro	사고	sa-go
acidente (m) rodoviário	교통 사고	gyo-tong sa-go
bater (~ num muro)	들이받다	deu-ri-bat-da
sofrer um acidente	부서지다	bu-seo-ji-da
dano (m)	피해	pi-hae
intato	손상 없는	son-sang eom-neun
avariar (vi)	고장 나다	go-jang na-da
cabo (m) de reboque	견인줄	gyeon-in-jul
furo (m)	펑크	peong-keu
estar furado	펑크 나다	peong-keu na-da
encher (vt)	타이어 부풀리다	ta-i-eo bu-pul-li-da
pressão (f)	압력	am-nyeok
verificar (vt)	확인하다	hwa-gin-ha-da
reparo (m)	수리	su-ri
oficina (f) automotiva	정비소	jeong-bi-so
peça (f) de reposição	예비 부품	ye-bi bu-pum
peça (f)	부품	bu-pum
parafuso (com porca)	볼트	bol-teu
parafuso (m)	나사	na-sa
porca (f)	너트	neo-teu
arruela (f)	와셔	wa-syeo
rolamento (m)	베어링	be-eo-ring
tubo (m)	파이프	pa-i-peu
junta, gaxeta (f)	개스킷	gae-seu-kit
fio, cabo (m)	전선	jeon-seon
macaco (m)	잭	jaek
chave (f) de boca	스패너	seu-pae-neo
martelo (m)	망치	mang-chi
bomba (f)	펌프	peom-peu
chave (f) de fenda	나사돌리개	na-sa-dol-li-gae
extintor (m)	소화기	so-hwa-gi
triângulo (m) de emergência	안전 삼각대	an-jeon sam-gak-dae
morrer (motor)	멎다	meot-da

paragem, "morte" (f)	정지	jeong-ji
estar quebrado	부서지다	bu-seo-ji-da
superaquecer-se (vr)	과열되다	gwa-yeol-doe-da
entupir-se (vr)	막히다	mak-i-da
congelar-se (vr)	얼다	eol-da
rebentar (vi)	터지다	teo-ji-da
pressão (f)	압력	am-nyeok
nível (m)	레벨	re-bel
frouxo (adj)	느슨한	neu-seun-han
batida (f)	덴트	den-teu
ruído (m)	똑똑거리는 소음	ttok-ttok-geo-ri-neun so-eum
fissura (f)	균열	gyu-nyeol
arranhão (m)	긁힘	geuk-him

179. Carros. Estrada

estrada (f)	도로	do-ro
autoestrada (f)	고속도로	go-sok-do-ro
rodovia (f)	고속도로	go-sok-do-ro
direção (f)	방향	bang-hyang
distância (f)	거리	geo-ri
ponte (f)	다리	da-ri
parque (m) de estacionamento	주차장	ju-cha-jang
praça (f)	광장	gwang-jang
nó (m) rodoviário	인터체인지	in-teo-che-in-ji
túnel (m)	터널	teo-neol
posto (m) de gasolina	주유소	ju-yu-so
parque (m) de estacionamento	주차장	ju-cha-jang
bomba (f) de gasolina	가솔린 펌프	ga-sol-lin peom-peu
oficina (f) automotiva	정비소	jeong-bi-so
abastecer (vt)	기름을 넣다	gi-reu-meul leo-ta
combustível (m)	연료	yeol-lyo
galão (m) de gasolina	통	tong
asfalto (m)	아스팔트	a-seu-pal-teu
marcação (f) de estradas	노면 표지	no-myeon pyo-ji
meio-fio (m)	도로 경계석	do-ro gyeong-gye-seok
guard-rail (m)	가드레일	ga-deu-re-il
valeta (f)	도랑	do-rang
acostamento (m)	길가	gil-ga
poste (m) de luz	가로등	ga-ro-deung
dirigir (vt)	운전하다	un-jeon-ha-da
virar (~ para a direita)	돌다	dol-da
dar retorno	유턴하다	yu-teon-ha-da
ré (f)	후진 기어	hu-jin gi-eo
buzinar (vi)	경적을 울리다	gyeong-jeo-geul rul-li-da
buzina (f)	경적	gyeong-jeok

atolar-se (vr)	빠지다	ppa-ji-da
patinar (na lama)	미끄러지다	mi-kkeu-reo-ji-da
desligar (vt)	멈추다	meom-chu-da
velocidade (f)	속도	sok-do
exceder a velocidade	과속으로 달리다	gwa-so-geu-ro dal-li-da
multar (vt)	딱지를 떼다	ttak-ji-reul tte-da
semáforo (m)	신호등	sin-ho-deung
carteira (f) de motorista	운전 면허증	un-jeon myeon-heo-jeung
passagem (f) de nível	십자로	sip-ja-ro
cruzamento (m)	교차로	gyo-cha-ro
faixa (f)	횡단 보도	hoeng-dan bo-do
curva (f)	커브	keo-beu
zona (f) de pedestres	보행자 공간	bo-haeng-ja gong-gan

180. Sinais de trânsito

código (m) de trânsito	교통 규칙	gyo-tong gyu-chik
sinal (m) de trânsito	도로 표지	do-ro pyo-ji
ultrapassagem (f)	추월	chu-wol
curva (f)	커브	keo-beu
retorno (m)	유턴	yu-teon
rotatória (f)	로터리	ro-teo-ri
sentido proibido	진입 금지	ji-nip geum-ji
trânsito proibido	통행금지	tong-haeng-geum-ji
proibido de ultrapassar	추월 금지	chu-wol geum-ji
estacionamento proibido	주차금지	ju-cha-geum-ji
paragem proibida	정차 금지	jeong-cha geum-ji
curva (f) perigosa	급커브	geup-keo-beu
descida (f) perigosa	내리막경사	nae-ri-mak-gyeong-sa
trânsito de sentido único	일방통행	il-bang-tong-haeng
faixa (f)	횡단 보도	hoeng-dan bo-do
pavimento (m) escorregadio	미끄러운 도로	mi-kkeu-reo-un do-ro
conceder passagem	양보	yang-bo

PESSOAS. EVENTOS

Eventos

181. Férias. Evento

festa (f)	휴일	hyu-il
feriado (m) nacional	국경일	guk-gyeong-il
feriado (m)	공휴일	gong-hyu-il
festejar (vt)	기념하다	gi-nyeom-ha-da
evento (festa, etc.)	사건	sa-geon
evento (banquete, etc.)	이벤트	i-ben-teu
banquete (m)	연회	yeon-hoe
recepção (f)	리셉션	ri-sep-syeon
festim (m)	연회	yeon-hoe
aniversário (m)	기념일	gi-nyeom-il
jubileu (m)	기념일	gi-nyeom-il
celebrar (vt)	경축하다	gyeong-chuk-a-da
Ano (m) Novo	새해	sae-hae
Feliz Ano Novo!	새해 복 많이 받으세요!	sae-hae bok ma-ni ba-deu-se-yo!
Papai Noel (m)	산타클로스	san-ta-keul-lo-seu
Natal (m)	크리스마스	keu-ri-seu-ma-seu
Feliz Natal!	성탄을 축하합니다!	seong-ta-neul chuk-a-ham-ni-da!
árvore (f) de Natal	크리스마스트리	keu-ri-seu-ma-seu-teu-ri
fogos (m pl) de artifício	불꽃놀이	bul-kkon-no-ri
casamento (m)	결혼식	gyeol-hon-sik
noivo (m)	신랑	sil-lang
noiva (f)	신부	sin-bu
convidar (vt)	초대하다	cho-dae-ha-da
convite (m)	초대장	cho-dae-jang
convidado (m)	손님	son-nim
visitar (vt)	방문하다	bang-mun-ha-da
receber os convidados	손님을 맞이하다	son-ni-meul ma-ji-ha-da
presente (m)	선물	seon-mul
oferecer, dar (vt)	선물 하다	seon-mul ha-da
receber presentes	선물 받다	seon-mul bat-da
buquê (m) de flores	꽃다발	kkot-da-bal
felicitações (f pl)	축하를	chuk-a-reul
felicitar (vt)	축하하다	chuk-a-ha-da

cartão (m) de parabéns	축하 카드	chuk-a ka-deu
enviar um cartão postal	카드를 보내다	ka-deu-reul bo-nae-da
receber um cartão postal	카드 받다	ka-deu bat-da
brinde (m)	축배	chuk-bae
oferecer (vt)	대접하다	dae-jeo-pa-da
champanhe (m)	샴페인	syam-pe-in
divertir-se (vr)	즐기다	jeul-gi-da
diversão (f)	즐거움	jeul-geo-um
alegria (f)	기쁜, 즐거움	gi-ppeun, jeul-geo-um
dança (f)	춤	chum
dançar (vi)	춤추다	chum-chu-da
valsa (f)	왈츠	wal-cheu
tango (m)	탱고	taeng-go

182. Funerais. Enterro

cemitério (m)	묘지	myo-ji
sepultura (f), túmulo (m)	무덤	mu-deom
cruz (f)	십자가	sip-ja-ga
lápide (f)	묘석	myo-seok
cerca (f)	울타리	ul-ta-ri
capela (f)	채플	chae-peul
morte (f)	죽음	ju-geum
morrer (vi)	죽다	juk-da
defunto (m)	고인	go-in
luto (m)	상	sang
enterrar, sepultar (vt)	묻다	mut-da
funerária (f)	장례식장	jang-nye-sik-jang
funeral (m)	장례식	jang-nye-sik
coroa (f) de flores	화환	hwa-hwan
caixão (m)	관	gwan
carro (m) funerário	영구차	yeong-gu-cha
mortalha (f)	수의	su-ui
urna (f) funerária	유골 단지	yu-gol dan-ji
crematório (m)	화장장	hwa-jang-jang
obituário (m), necrologia (f)	부고	bu-go
chorar (vi)	울다	ul-da
soluçar (vi)	흐느껴 울다	heu-neu-kkyeo ul-da

183. Guerra. Soldados

pelotão (m)	소대	so-dae
companhia (f)	중대	jung-dae

regimento (m)	연대	yeon-dae
exército (m)	군대	gun-dae
divisão (f)	사단	sa-dan
esquadrão (m)	분대	bun-dae
hoste (f)	군대	gun-dae
soldado (m)	군인	gun-in
oficial (m)	장교	jang-gyo
soldado (m) raso	일병	il-byeong
sargento (m)	병장	byeong-jang
tenente (m)	중위	jung-wi
capitão (m)	대위	dae-wi
major (m)	소령	so-ryeong
coronel (m)	대령	dae-ryeong
general (m)	장군	jang-gun
marujo (m)	선원	seon-won
capitão (m)	대위	dae-wi
contramestre (m)	갑판장	gap-pan-jang
artilheiro (m)	포병	po-byeong
soldado (m) paraquedista	낙하산 부대원	nak-a-san bu-dae-won
piloto (m)	조종사	jo-jong-sa
navegador (m)	항법사	hang-beop-sa
mecânico (m)	정비공	jeong-bi-gong
sapador-mineiro (m)	공병대원	gong-byeong-dae-won
paraquedista (m)	낙하산병	nak-a-san-byeong
explorador (m)	정찰대	jeong-chal-dae
atirador (m) de tocaia	저격병	jeo-gyeok-byeong
patrulha (f)	순찰	sun-chal
patrulhar (vt)	순찰하다	sun-chal-ha-da
sentinela (f)	경비병	gyeong-bi-byeong
guerreiro (m)	전사	jeon-sa
patriota (m)	애국자	ae-guk-ja
herói (m)	영웅	yeong-ung
heroína (f)	여걸	yeo-geol
traidor (m)	매국노	mae-gung-no
desertor (m)	탈영병	ta-ryeong-byeong
desertar (vt)	탈영하다	ta-ryeong-ha-da
mercenário (m)	용병	yong-byeong
recruta (m)	훈련병	hul-lyeon-byeong
voluntário (m)	지원병	ji-won-byeong
morto (m)	사망자	sa-mang-ja
ferido (m)	부상자	bu-sang-ja
prisioneiro (m) de guerra	포로	po-ro

184. Guerra. Ações militares. Parte 1

guerra (f)	전쟁	jeon-jaeng
guerrear (vt)	참전하다	cham-jeon-ha-da
guerra (f) civil	내전	nae-jeon
perfidamente	비겁하게	bi-geo-pa-ge
declaração (f) de guerra	선전 포고	seon-jeon po-go
declarar guerra	선포하다	seon-po-ha-da
agressão (f)	침략	chim-nyak
atacar (vt)	공격하다	gong-gyeo-ka-da
invadir (vt)	침략하다	chim-nyak-a-da
invasor (m)	침략자	chim-nyak-ja
conquistador (m)	정복자	jeong-bok-ja
defesa (f)	방어	bang-eo
defender (vt)	방어하다	bang-eo-ha-da
defender-se (vr)	… 를 방어하다	… reul bang-eo-ha-da
inimigo (m)	적	jeok
adversário (m)	원수	won-su
inimigo (adj)	적의	jeo-gui
estratégia (f)	전략	jeol-lyak
tática (f)	전술	jeon-sul
ordem (f)	명령	myeong-nyeong
comando (m)	명령	myeong-nyeong
ordenar (vt)	명령하다	myeong-nyeong-ha-da
missão (f)	임무	im-mu
secreto (adj)	비밀의	bi-mi-rui
batalha (f)	전투	jeon-tu
combate (m)	전투	jeon-tu
ataque (m)	공격	gong-gyeok
assalto (m)	돌격	dol-gyeok
assaltar (vt)	습격하다	seup-gyeok-a-da
assédio, sítio (m)	포위 공격	po-wi gong-gyeok
ofensiva (f)	공세	gong-se
tomar à ofensiva	공격하다	gong-gyeo-ka-da
retirada (f)	퇴각	toe-gak
retirar-se (vr)	퇴각하다	toe-gak-a-da
cerco (m)	포위	po-wi
cercar (vt)	둘러싸다	dul-leo-ssa-da
bombardeio (m)	폭격	pok-gyeok
lançar uma bomba	폭탄을 투하하다	pok-ta-neul tu-ha-ha-da
bombardear (vt)	폭격하다	pok-gyeok-a-da
explosão (f)	폭발	pok-bal
tiro (m)	발포	bal-po

| dar um tiro | 쏘다 | sso-da |
| tiroteio (m) | 사격 | sa-gyeok |

apontar para ...	겨냥대다	gyeo-nyang-dae-da
apontar (vt)	총을 겨누다	chong-eul gyeo-nu-da
acertar (vt)	맞히다	ma-chi-da

afundar (~ um navio, etc.)	가라앉히다	ga-ra-an-chi-da
brecha (f)	구멍	gu-meong
afundar-se (vr)	가라앉히다	ga-ra-an-chi-da

frente (m)	전선	jeon-seon
evacuação (f)	철수	cheol-su
evacuar (vt)	대피시키다	dae-pi-si-ki-da

trincheira (f)	참호	cham-ho
arame (m) enfarpado	가시철사	ga-si-cheol-sa
barreira (f) anti-tanque	장애물	jang-ae-mul
torre (f) de vigia	감시탑	gam-si-tap

hospital (m) militar	군 병원	gun byeong-won
ferir (vt)	부상을 입히다	bu-sang-eul ri-pi-da
ferida (f)	부상	bu-sang
ferido (m)	부상자	bu-sang-ja
ficar ferido	부상을 입다	bu-sang-eul rip-da
grave (ferida ~)	심각한	sim-gak-an

185. Guerra. Ações militares. Parte 2

cativeiro (m)	사로잡힘	sa-ro-ja-pim
capturar (vt)	포로로 하다	po-ro-ro ha-da
estar em cativeiro	사로잡히어	sa-ro-ja-pi-eo
ser aprisionado	포로가 되다	po-ro-ga doe-da

campo (m) de concentração	강제 수용소	gang-je su-yong-so
prisioneiro (m) de guerra	포로	po-ro
escapar (vi)	탈출하다	tal-chul-ha-da

trair (vt)	팔아먹다	pa-ra-meok-da
traidor (m)	배반자	bae-ban-ja
traição (f)	배반	bae-ban

| fuzilar, executar (vt) | 총살하다 | chong-sal-ha-da |
| fuzilamento (m) | 총살형 | chong-sal-hyeong |

equipamento (m)	군장	gun-jang
insígnia (f) de ombro	계급 견장	gye-geup gyeon-jang
máscara (f) de gás	가스 마스크	ga-seu ma-seu-keu

rádio (m)	군용무전기	gu-nyong-mu-jeon-gi
cifra (f), código (m)	암호	am-ho
conspiração (f)	비밀 유지	bi-mil ryu-ji
senha (f)	비밀번호	bi-mil-beon-ho
mina (f)	지뢰	ji-roe

minar (vt)	지뢰를 매설하다	ji-roe-reul mae-seol-ha-da
campo (m) minado	지뢰밭	ji-roe-bat
alarme (m) aéreo	공습 경보	gong-seup gyeong-bo
alarme (m)	경보	gyeong-bo
sinal (m)	신호	sin-ho
sinalizador (m)	신호탄	sin-ho-tan
quartel-general (m)	본부	bon-bu
reconhecimento (m)	정찰	jeong-chal
situação (f)	정세	jeong-se
relatório (m)	보고	bo-go
emboscada (f)	기습	gi-seup
reforço (m)	강화	gang-hwa
alvo (m)	과녁	gwa-nyeok
campo (m) de tiro	성능 시험장	seong-neung si-heom-jang
manobras (f pl)	군사 훈련	gun-sa hul-lyeon
pânico (m)	공황	gong-hwang
devastação (f)	파멸	pa-myeol
ruínas (f pl)	파괴	pa-goe
destruir (vt)	파괴하다	pa-goe-ha-da
sobreviver (vi)	살아남다	sa-ra-nam-da
desarmar (vt)	무장해제하다	mu-jang-hae-je-ha-da
manusear (vt)	다루다	da-ru-da
Sentido!	차려!	cha-ryeo!
Descansar!	쉬어!	swi-eo!
façanha (f)	무훈	mu-hun
juramento (m)	맹세	maeng-se
jurar (vi)	맹세하다	maeng-se-ha-da
condecoração (f)	훈장	hun-jang
condecorar (vt)	훈장을 주다	hun-jang-eul ju-da
medalha (f)	메달	me-dal
ordem (f)	훈장	hun-jang
vitória (f)	승리	seung-ni
derrota (f)	패배	pae-bae
armistício (m)	휴전	hyu-jeon
bandeira (f)	기	gi
glória (f)	영광	yeong-gwang
parada (f)	퍼레이드	peo-re-i-deu
marchar (vi)	행진하다	haeng-jin-ha-da

186. Armas

arma (f)	무기	mu-gi
arma (f) de fogo	화기	hwa-gi
arma (f) química	화학 병기	hwa-hak byeong-gi

nuclear (adj)	핵의	hae-gui
arma (f) nuclear	핵무기	haeng-mu-gi
bomba (f)	폭탄	pok-tan
bomba (f) atômica	원자폭탄	won-ja-pok-tan
pistola (f)	권총	gwon-chong
rifle (m)	장총	jang-chong
semi-automática (f)	기관단총	gi-gwan-dan-chong
metralhadora (f)	기관총	gi-gwan-chong
boca (f)	총구	chong-gu
cano (m)	총열	chong-yeol
calibre (m)	구경	gu-gyeong
gatilho (m)	방아쇠	bang-a-soe
mira (f)	가늠자	ga-neum-ja
coronha (f)	개머리	gae-meo-ri
granada (f) de mão	수류탄	su-ryu-tan
explosivo (m)	폭약	po-gyak
bala (f)	총알	chong-al
cartucho (m)	탄약통	ta-nyak-tong
carga (f)	화약	hwa-yak
munições (f pl)	탄약	ta-nyak
bombardeiro (m)	폭격기	pok-gyeok-gi
avião (m) de caça	전투기	jeon-tu-gi
helicóptero (m)	헬리콥터	hel-li-kop-teo
canhão (m) antiaéreo	대공포	dae-gong-po
tanque (m)	전차	jeon-cha
artilharia (f)	대포	dae-po
canhão (m)	대포	dae-po
fazer a pontaria	총을 겨누다	chong-eul gyeo-nu-da
projétil (m)	탄피	tan-pi
granada (f) de morteiro	박격포탄	bak-gyeok-po-tan
morteiro (m)	박격포	bak-gyeok-po
estilhaço (m)	포탄파편	po-tan-pa-pyeon
submarino (m)	잠수함	jam-su-ham
torpedo (m)	어뢰	eo-roe
míssil (m)	미사일	mi-sa-il
carregar (uma arma)	장탄하다	jang-tan-ha-da
disparar, atirar (vi)	쏘다	sso-da
apontar para ...	총을 겨누다	chong-eul gyeo-nu-da
baioneta (f)	총검	chong-geom
espada (f)	레이피어	re-i-pi-eo
sabre (m)	군도	gun-do
lança (f)	창	chang
arco (m)	활	hwal

flecha (f)	화살	hwa-sal
mosquete (m)	머스킷	meo-seu-kit
besta (f)	석궁	seok-gung

187. Povos da antiguidade

primitivo (adj)	원시적인	won-si-jeo-gin
pré-histórico (adj)	선사시대의	seon-sa-si-dae-ui
antigo (adj)	고대의	go-dae-ui

Idade (f) da Pedra	석기 시대	seok-gi si-dae
Idade (f) do Bronze	청동기 시대	cheong-dong-gi si-dae
Era (f) do Gelo	빙하 시대	bing-ha si-dae

tribo (f)	부족	bu-jok
canibal (m)	식인종	si-gin-jong
caçador (m)	사냥꾼	sa-nyang-kkun
caçar (vi)	사냥하다	sa-nyang-ha-da
mamute (m)	매머드	mae-meo-deu

caverna (f)	동굴	dong-gul
fogo (m)	불	bul
fogueira (f)	모닥불	mo-dak-bul
pintura (f) rupestre	동굴 벽화	dong-gul byeok-wa

ferramenta (f)	도구	do-gu
lança (f)	창	chang
machado (m) de pedra	돌도끼	dol-do-kki
guerrear (vt)	참전하다	cham-jeon-ha-da
domesticar (vt)	길들이다	gil-deu-ri-da
ídolo (m)	우상	u-sang
adorar, venerar (vt)	숭배하다	sung-bae-ha-da
superstição (f)	미신	mi-sin

evolução (f)	진화	jin-hwa
desenvolvimento (m)	개발	gae-bal
extinção (f)	멸종	myeol-jong
adaptar-se (vr)	적응하다	jeo-geung-ha-da

arqueologia (f)	고고학	go-go-hak
arqueólogo (m)	고고학자	go-go-hak-ja
arqueológico (adj)	고고학의	go-go-ha-gui

escavação (sítio)	발굴 현장	bal-gul hyeon-jang
escavações (f pl)	발굴	bal-gul
achado (m)	발견물	bal-gyeon-mul
fragmento (m)	파편	pa-pyeon

188. Idade média

| povo (m) | 민족 | min-jok |
| povos (m pl) | 민족 | min-jok |

tribo (f)	부족	bu-jok
tribos (f pl)	부족들	bu-jok-deul
bárbaros (pl)	오랑캐	o-rang-kae
galeses (pl)	갈리아인	gal-li-a-in
godos (pl)	고트족	go-teu-jok
eslavos (pl)	슬라브족	seul-la-beu-jok
viquingues (pl)	바이킹	ba-i-king
romanos (pl)	로마 사람	ro-ma sa-ram
romano (adj)	로마의	ro-ma-ui
bizantinos (pl)	비잔티움 사람들	bi-jan-ti-um sa-ram-deul
Bizâncio	비잔티움	bi-jan-ti-um
bizantino (adj)	비잔틴의	bi-jan-tin-ui
imperador (m)	황제	hwang-je
líder (m)	추장	chu-jang
poderoso (adj)	강력한	gang-nyeo-kan
rei (m)	왕	wang
governante (m)	통치자	tong-chi-ja
cavaleiro (m)	기사	gi-sa
senhor feudal (m)	봉건 영주	bong-geon nyeong-ju
feudal (adj)	봉건적인	bong-geon-jeo-gin
vassalo (m)	봉신	bong-sin
duque (m)	공작	gong-jak
conde (m)	백작	baek-jak
barão (m)	남작	nam-jak
bispo (m)	주교	ju-gyo
armadura (f)	갑옷	ga-bot
escudo (m)	방패	bang-pae
espada (f)	검	geom
viseira (f)	얼굴 가리개	eol-gul ga-ri-gae
cota (f) de malha	미늘 갑옷	mi-neul ga-bot
cruzada (f)	십자군	sip-ja-gun
cruzado (m)	십자군 전사	sip-ja-gun jeon-sa
território (m)	영토	yeong-to
atacar (vt)	공격하다	gong-gyeo-ka-da
conquistar (vt)	정복하다	jeong-bok-a-da
ocupar, invadir (vt)	점령하다	jeom-nyeong-ha-da
assédio, sítio (m)	포위 공격	po-wi gong-gyeok
sitiado (adj)	포위당한	po-wi-dang-han
assediar, sitiar (vt)	포위하다	po-wi-ha-da
inquisição (f)	이단심문	i-dan-sim-mun
inquisidor (m)	종교 재판관	jong-gyo jae-pan-gwan
tortura (f)	고문	go-mun
cruel (adj)	잔혹한	jan-hok-an
herege (m)	이단자	i-dan-ja
heresia (f)	이단으로	i-da-neu-ro

navegação (f) marítima	항해	hang-hae
pirata (m)	해적	hae-jeok
pirataria (f)	해적 행위	hae-jeok aeng-wi
abordagem (f)	널판장	neol-pan-jang
presa (f), butim (m)	노획물	no-hoeng-mul
tesouros (m pl)	보물	bo-mul

descobrimento (m)	발견	bal-gyeon
descobrir (novas terras)	발견하다	bal-gyeon-ha-da
expedição (f)	탐험	tam-heom

mosqueteiro (m)	총병	chong-byeong
cardeal (m)	추기경	chu-gi-gyeong
heráldica (f)	문장학	mun-jang-hak
heráldico (adj)	문장학의	mun-jang-ha-gui

189. Líder. Chefe. Autoridades

rei (m)	왕	wang
rainha (f)	여왕	yeo-wang
real (adj)	왕족의	wang-jo-gui
reino (m)	왕국	wang-guk

| príncipe (m) | 왕자 | wang-ja |
| princesa (f) | 공주 | gong-ju |

presidente (m)	대통령	dae-tong-nyeong
vice-presidente (m)	부통령	bu-tong-nyeong
senador (m)	상원의원	sang-won-ui-won

monarca (m)	군주	gun-ju
governante (m)	통치자	tong-chi-ja
ditador (m)	독재자	dok-jae-ja
tirano (m)	폭군	pok-gun
magnata (m)	거물	geo-mul

diretor (m)	사장	sa-jang
chefe (m)	추장	chu-jang
gerente (m)	지배인	ji-bae-in
patrão (m)	상사	sang-sa
dono (m)	소유자	so-yu-ja

chefe (m)	책임자	chae-gim-ja
autoridades (f pl)	당국	dang-guk
superiores (m pl)	상사	sang-sa

governador (m)	주지사	ju-ji-sa
cônsul (m)	영사	yeong-sa
diplomata (m)	외교관	oe-gyo-gwan
Presidente (m) da Câmara	시장	si-jang
xerife (m)	보안관	bo-an-gwan

| imperador (m) | 황제 | hwang-je |
| czar (m) | 황제 | hwang-je |

| faraó (m) | 파라오 | pa-ra-o |
| cã, khan (m) | 칸 | kan |

190. Estrada. Caminho. Direções

| estrada (f) | 도로 | do-ro |
| via (f) | 길 | gil |

rodovia (f)	고속도로	go-sok-do-ro
autoestrada (f)	고속도로	go-sok-do-ro
estrada (f) nacional	광역	gwang-yeok

| estrada (f) principal | 대로 | dae-ro |
| estrada (f) de terra | 비포장도로 | bi-po-jang-do-ro |

| trilha (f) | 길 | gil |
| pequena trilha (f) | 오솔길 | o-sol-gil |

Onde?	어디?	eo-di?
Para onde?	어디로?	eo-di-ro?
De onde?	어디로부터?	eo-di-ro-bu-teo?

| direção (f) | 방향 | bang-hyang |
| indicar (~ o caminho) | 가리키다 | ga-ri-ki-da |

para a esquerda	왼쪽으로	oen-jjo-geu-ro
para a direita	오른쪽으로	o-reun-jjo-geu-ro
em frente	똑바로	ttok-ba-ro
para trás	뒤로	dwi-ro

curva (f)	커브	keo-beu
virar (~ para a direita)	돌다	dol-da
dar retorno	유턴하다	yu-teon-ha-da

| estar visível | 보이다 | bo-i-da |
| aparecer (vi) | 나타나다 | na-ta-na-da |

paragem (pausa)	정지	jeong-ji
descansar (vi)	쉬다	swi-da
descanso, repouso (m)	휴양	hyu-yang

perder-se (vr)	길을 잃다	gi-reul ril-ta
conduzir a ... (caminho)	··· 로 이어지다	... ro i-eo-ji-da
chegar a ...	나가다	na-ga-da
trecho (m)	구간	gu-gan

asfalto (m)	아스팔트	a-seu-pal-teu
meio-fio (m)	도로 경계석	do-ro gyeong-gye-seok
valeta (f)	도랑	do-rang
tampa (f) de esgoto	맨홀	maen-hol
acostamento (m)	길가	gil-ga
buraco (m)	패인 곳	pae-in got
ir (a pé)	가다	ga-da
ultrapassar (vt)	추월하다	chu-wol-ha-da

| passo (m) | 걸음 | geo-reum |
| a pé | 도보로 | do-bo-ro |

bloquear (vt)	길을 막다	gi-reul mak-da
cancela (f)	차단기	cha-dan-gi
beco (m) sem saída	막다른길	mak-da-reun-gil

191. Violação da lei. Criminosos. Parte 1

bandido (m)	산적	san-jeok
crime (m)	범죄	beom-joe
criminoso (m)	범죄자	beom-joe-ja

ladrão (m)	도둑	do-duk
roubar (vt)	훔치다	hum-chi-da
roubo (atividade)	절도	jeol-do
furto (m)	도둑질	do-duk-jil

raptar, sequestrar (vt)	납치하다	nap-chi-ha-da
sequestro (m)	유괴	yu-goe
sequestrador (m)	유괴범	yu-goe-beom

| resgate (m) | 몸값 | mom-gap |
| pedir resgate | 몸값을 요구하다 | mom-gap-seul ryo-gu-ha-da |

| roubar (vt) | 뺏다 | ppaet-da |
| assaltante (m) | 강도 | gang-do |

extorquir (vt)	갈취하다	gal-chwi-ha-da
extorsionário (m)	갈취자	gal-chwi-ja
extorsão (f)	갈취	gal-chwi

matar, assassinar (vt)	죽이다	ju-gi-da
homicídio (m)	살인	sa-rin
homicida, assassino (m)	살인자	sa-rin-ja

tiro (m)	발포	bal-po
dar um tiro	쏘다	sso-da
matar a tiro	쏘아 죽이다	sso-a ju-gi-da
disparar, atirar (vi)	쏘다	sso-da
tiroteio (m)	발사	bal-sa

incidente (m)	사건	sa-geon
briga (~ de rua)	몸싸움	mom-ssa-um
vítima (f)	회생자	hui-saeng-ja

danificar (vt)	해치다	hae-chi-da
dano (m)	피해	pi-hae
cadáver (m)	시신	si-sin
grave (adj)	중대한	jung-dae-han

atacar (vt)	공격하다	gong-gyeo-ka-da
bater (espancar)	때리다	ttae-ri-da
espancar (vt)	조지다	jo-ji-da

tirar, roubar (dinheiro)	훔치다	hum-chi-da
esfaquear (vt)	찔러 죽이다	jjil-leo ju-gi-da
mutilar (vt)	불구로 만들다	bul-gu-ro man-deul-da
ferir (vt)	부상을 입히다	bu-sang-eul ri-pi-da

chantagem (f)	공갈	gong-gal
chantagear (vt)	공갈하다	gong-gal-ha-da
chantagista (m)	공갈범	gong-gal-beom

extorsão (f)	폭력단의 갈취 행위	pong-nyeok-dan-ui gal-chwi haeng-wi
extorsionário (m)	모리배	mo-ri-bae
gângster (m)	갱	gaeng
máfia (f)	마피아	ma-pi-a

punguista (m)	소매치기	so-mae-chi-gi
assaltante, ladrão (m)	빈집털이범	bin-jip-teo-ri-beom
contrabando (m)	밀수입	mil-su-ip
contrabandista (m)	밀수입자	mil-su-ip-ja

falsificação (f)	위조	wi-jo
falsificar (vt)	위조하다	wi-jo-ha-da
falsificado (adj)	가짜의	ga-jja-ui

192. Violação da lei. Criminosos. Parte 2

estupro (m)	강간	gang-gan
estuprar (vt)	강간하다	gang-gan-ha-da
estuprador (m)	강간범	gang-gan-beom
maníaco (m)	미치광이	mi-chi-gwang-i

prostituta (f)	매춘부	mae-chun-bu
prostituição (f)	매춘	mae-chun
cafetão (m)	포주	po-ju

| drogado (m) | 마약 중독자 | ma-yak jung-dok-ja |
| traficante (m) | 마약 밀매자 | ma-yak mil-mae-ja |

explodir (vt)	폭발하다	pok-bal-ha-da
explosão (f)	폭발	pok-bal
incendiar (vt)	방화하다	bang-hwa-ha-da
incendiário (m)	방화범	bang-hwa-beom

terrorismo (m)	테러리즘	te-reo-ri-jeum
terrorista (m)	테러리스트	te-reo-ri-seu-teu
refém (m)	볼모	bol-mo

enganar (vt)	속이다	so-gi-da
engano (m)	사기	sa-gi
vigarista (m)	사기꾼	sa-gi-kkun

subornar (vt)	뇌물을 주다	noe-mu-reul ju-da
suborno (atividade)	뇌물 수수	noe-mul su-su
suborno (dinheiro)	뇌물	noe-mul

veneno (m)	독	dok
envenenar (vt)	독살하다	dok-sal-ha-da
envenenar-se (vr)	음독하다	eum-dok-a-da
suicídio (m)	자살	ja-sal
suicida (m)	자살자	ja-sal-ja
ameaçar (vt)	협박하다	hyeop-bak-a-da
ameaça (f)	협박	hyeop-bak
atentar contra a vida de ...	살해를 꾀하다	sal-hae-reul kkoe-ha-da
atentado (m)	미수	mi-su
roubar (um carro)	훔치는	hum-chi-da
sequestrar (um avião)	납치하다	nap-chi-ha-da
vingança (f)	복수	bok-su
vingar (vt)	복수하다	bok-su-ha-da
torturar (vt)	고문하다	go-mun-ha-da
tortura (f)	고문	go-mun
atormentar (vt)	괴롭히다	goe-ro-pi-da
pirata (m)	해적	hae-jeok
desordeiro (m)	난동꾼	nan-dong-kkun
armado (adj)	무장한	mu-jang-han
violência (f)	폭력	pong-nyeok
espionagem (f)	간첩행위	gan-cheo-paeng-wi
espionar (vi)	간첩 행위를 하다	gan-cheop paeng-wi-reul ha-da

193. Polícia. Lei. Parte 1

justiça (sistema de ~)	정의	jeong-ui
tribunal (m)	법정	beop-jeong
juiz (m)	판사	pan-sa
jurados (m pl)	배심원	bae-sim-won
tribunal (m) do júri	배심 재판	bae-sim jae-pan
julgar (vt)	재판에 부치다	jae-pan-e bu-chi-da
advogado (m)	변호사	byeon-ho-sa
réu (m)	피고	pi-go
banco (m) dos réus	피고인석	pi-go-in-seok
acusação (f)	혐의	hyeom-ui
acusado (m)	형사 피고인	pi-go-in
sentença (f)	형량	hyeong-nyang
sentenciar (vt)	선고하다	seon-go-ha-da
culpado (m)	유죄	yu-joe
punir (vt)	처벌하다	cheo-beol-ha-da
punição (f)	벌	beol

multa (f)	벌금	beol-geum
prisão (f) perpétua	종신형	jong-sin-hyeong
pena (f) de morte	사형	sa-hyeong
cadeira (f) elétrica	전기 의자	jeon-gi ui-ja
forca (f)	교수대	gyo-su-dae

| executar (vt) | 집행하다 | ji-paeng-ha-da |
| execução (f) | 처형 | cheo-hyeong |

| prisão (f) | 교도소 | gyo-do-so |
| cela (f) de prisão | 감방 | gam-bang |

escolta (f)	호송	ho-song
guarda (m) prisional	간수	gan-su
preso, prisioneiro (m)	죄수	joe-su

| algemas (f pl) | 수갑 | su-gap |
| algemar (vt) | 수갑을 채우다 | su-ga-beul chae-u-da |

fuga, evasão (f)	탈옥	ta-rok
fugir (vi)	탈옥하다	ta-rok-a-da
desaparecer (vi)	사라지다	sa-ra-ji-da
soltar, libertar (vt)	출옥하다	chu-rok-a-da
anistia (f)	사면	sa-myeon

polícia (instituição)	경찰	gyeong-chal
polícia (m)	경찰관	gyeong-chal-gwan
delegacia (f) de polícia	경찰서	gyeong-chal-seo
cassetete (m)	경찰봉	gyeong-chal-bong
megafone (m)	메가폰	me-ga-pon

carro (m) de patrulha	순찰차	sun-chal-cha
sirene (f)	사이렌	sa-i-ren
ligar a sirene	사이렌을 켜다	sa-i-re-neul kyeo-da
toque (m) da sirene	사이렌 소리	sa-i-ren so-ri

cena (f) do crime	범죄현장	beom-joe-hyeon-jang
testemunha (f)	목격자	mok-gyeok-ja
liberdade (f)	자유	ja-yu
cúmplice (m)	공범자	gong-beom-ja
escapar (vi)	달아나다	da-ra-na-da
traço (não deixar ~s)	흔적	heun-jeok

194. Polícia. Lei. Parte 2

procura (f)	조사	jo-sa
procurar (vt)	… 를 찾다	… reul chat-da
suspeita (f)	혐의	hyeom-ui
suspeito (adj)	의심스러운	ui-sim-seu-reo-un
parar (veículo, etc.)	멈추다	meom-chu-da
deter (fazer parar)	구류하다	gu-ryu-ha-da

| caso (~ criminal) | 판례 | pal-lye |
| investigação (f) | 조사 | jo-sa |

detetive (m)	형사	hyeong-sa
investigador (m)	조사관	jo-sa-gwan
versão (f)	가설	ga-seol
motivo (m)	동기	dong-gi
interrogatório (m)	심문	sim-mun
interrogar (vt)	신문하다	sin-mun-ha-da
questionar (vt)	심문하다	sim-mun-ha-da
verificação (f)	확인	hwa-gin
batida (f) policial	일제 검거	il-je geom-geo
busca (f)	수색	su-saek
perseguição (f)	추적	chu-jeok
perseguir (vt)	추적하다	chu-jeok-a-da
seguir, rastrear (vt)	추적하다	chu-jeok-a-da
prisão (f)	체포	che-po
prender (vt)	체포하다	che-po-ha-da
pegar, capturar (vt)	붙잡다	but-jap-da
captura (f)	체포	che-po
documento (m)	서류	seo-ryu
prova (f)	증거	jeung-geo
provar (vt)	증명하다	jeung-myeong-ha-da
pegada (f)	발자국	bal-ja-guk
impressões (f pl) digitais	지문	ji-mun
prova (f)	증거물	jeung-geo-mul
álibi (m)	알리바이	al-li-ba-i
inocente (adj)	무죄인	mu-joe-in
injustiça (f)	부정	bu-jeong
injusto (adj)	부당한	bu-dang-han
criminal (adj)	범죄의	beom-joe-ui
confiscar (vt)	몰수하다	mol-su-ha-da
droga (f)	마약	ma-yak
arma (f)	무기	mu-gi
desarmar (vt)	무장해제하다	mu-jang-hae-je-ha-da
ordenar (vt)	명령하다	myeong-nyeong-ha-da
desaparecer (vi)	사라지다	sa-ra-ji-da
lei (f)	법률	beom-nyul
legal (adj)	합법적인	hap-beop-jeo-gin
ilegal (adj)	불법적인	bul-beop-jeo-gin
responsabilidade (f)	책임	chae-gim
responsável (adj)	책임 있는	chae-gim in-neun

NATUREZA

A Terra. Parte 1

195. Espaço sideral

espaço, cosmo (m)	우주	u-ju
espacial, cósmico (adj)	우주의	u-ju-ui
espaço (m) cósmico	우주 공간	u-ju gong-gan
mundo (m)	세계	se-gye
universo (m)	우주	u-ju
galáxia (f)	은하	eun-ha
estrela (f)	별, 항성	byeol, hang-seong
constelação (f)	별자리	byeol-ja-ri
planeta (m)	행성	haeng-seong
satélite (m)	인공위성	in-gong-wi-seong
meteorito (m)	운석	un-seok
cometa (m)	혜성	hye-seong
asteroide (m)	소행성	so-haeng-seong
órbita (f)	궤도	gwe-do
girar (vi)	회전한다	hoe-jeon-han-da
atmosfera (f)	대기	dae-gi
Sol (m)	태양	tae-yang
Sistema (m) Solar	태양계	tae-yang-gye
eclipse (m) solar	일식	il-sik
Terra (f)	지구	ji-gu
Lua (f)	달	dal
Marte (m)	화성	hwa-seong
Vênus (f)	금성	geum-seong
Júpiter (m)	목성	mok-seong
Saturno (m)	토성	to-seong
Mercúrio (m)	수성	su-seong
Urano (m)	천왕성	cheon-wang-seong
Netuno (m)	해왕성	hae-wang-seong
Plutão (m)	명왕성	myeong-wang-seong
Via Láctea (f)	은하수	eun-ha-su
Ursa Maior (f)	큰곰자리	keun-gom-ja-ri
Estrela Polar (f)	북극성	buk-geuk-seong
marciano (m)	화성인	hwa-seong-in
extraterrestre (m)	외계인	oe-gye-in

| alienígena (m) | 외계인 | oe-gye-in |
| disco (m) voador | 비행 접시 | bi-haeng jeop-si |

| espaçonave (f) | 우주선 | u-ju-seon |
| estação (f) orbital | 우주 정거장 | u-ju jeong-nyu-jang |

motor (m)	엔진	en-jin
bocal (m)	노즐	no-jeul
combustível (m)	연료	yeol-lyo

cabine (f)	조종석	jo-jong-seok
antena (f)	안테나	an-te-na
vigia (f)	현창	hyeon-chang
bateria (f) solar	태양 전지	tae-yang jeon-ji
traje (m) espacial	우주복	u-ju-bok

| imponderabilidade (f) | 무중력 | mu-jung-nyeok |
| oxigênio (m) | 산소 | san-so |

| acoplagem (f) | 도킹 | do-king |
| fazer uma acoplagem | 도킹하다 | do-king-ha-da |

observatório (m)	천문대	cheon-mun-dae
telescópio (m)	망원경	mang-won-gyeong
observar (vt)	관찰하다	gwan-chal-ha-da
explorar (vt)	탐험하다	tam-heom-ha-da

196. A Terra

Terra (f)	지구	ji-gu
globo terrestre (Terra)	지구	ji-gu
planeta (m)	행성	haeng-seong

atmosfera (f)	대기	dae-gi
geografia (f)	지리학	ji-ri-hak
natureza (f)	자연	ja-yeon

globo (mapa esférico)	지구의	ji-gu-ui
mapa (m)	지도	ji-do
atlas (m)	지도첩	ji-do-cheop

| Europa (f) | 유럽 | yu-reop |
| Ásia (f) | 아시아 | a-si-a |

| África (f) | 아프리카 | a-peu-ri-ka |
| Austrália (f) | 호주 | ho-ju |

América (f)	아메리카 대륙	a-me-ri-ka dae-ryuk
América (f) do Norte	북아메리카	bu-ga-me-ri-ka
América (f) do Sul	남아메리카	nam-a-me-ri-ka

| Antártida (f) | 남극 대륙 | nam-geuk dae-ryuk |
| Ártico (m) | 극지방 | geuk-ji-bang |

197. Pontos cardeais

norte (m)	북쪽	buk-jjok
para norte	북쪽으로	buk-jjo-geu-ro
no norte	북쪽에	buk-jjo-ge
do norte (adj)	북쪽의	buk-jjo-gui
sul (m)	남쪽	nam-jjok
para sul	남쪽으로	nam-jjo-geu-ro
no sul	남쪽에	nam-jjo-ge
do sul (adj)	남쪽의	nam-jjo-gui
oeste, ocidente (m)	서쪽	seo-jjok
para oeste	서쪽으로	seo-jjo-geu-ro
no oeste	서쪽에	seo-jjo-ge
ocidental (adj)	서쪽의	seo-jjo-gui
leste, oriente (m)	동쪽	dong-jjok
para leste	동쪽으로	dong-jjo-geu-ro
no leste	동쪽에	dong-jjo-ge
oriental (adj)	동쪽의	dong-jjo-gui

198. Mar. Oceano

mar (m)	바다	ba-da
oceano (m)	대양	dae-yang
golfo (m)	만	man
estreito (m)	해협	hae-hyeop
continente (m)	대륙	dae-ryuk
ilha (f)	섬	seom
península (f)	반도	ban-do
arquipélago (m)	군도	gun-do
baía (f)	만	man
porto (m)	항구	hang-gu
lagoa (f)	석호	seok-o
cabo (m)	곶	got
atol (m)	환초	hwan-cho
recife (m)	암초	am-cho
coral (m)	산호	san-ho
recife (m) de coral	산호초	san-ho-cho
profundo (adj)	깊은	gi-peun
profundidade (f)	깊이	gi-pi
fossa (f) oceânica	해구	hae-gu
corrente (f)	해류	hae-ryu
banhar (vt)	둘러싸다	dul-leo-ssa-da
litoral (m)	해변	hae-byeon
costa (f)	바닷가	ba-dat-ga

maré (f) alta	밀물	mil-mul
refluxo (m)	썰물	sseol-mul
restinga (f)	모래톱	mo-rae-top
fundo (m)	해저	hae-jeo
onda (f)	파도	pa-do
crista (f) da onda	물마루	mul-ma-ru
espuma (f)	거품	geo-pum
furacão (m)	허리케인	heo-ri-ke-in
tsunami (m)	해일	hae-il
calmaria (f)	고요함	go-yo-ham
calmo (adj)	고요한	go-yo-han
polo (m)	극	geuk
polar (adj)	극지의	geuk-ji-ui
latitude (f)	위도	wi-do
longitude (f)	경도	gyeong-do
paralela (f)	위도선	wi-do-seon
equador (m)	적도	jeok-do
céu (m)	하늘	ha-neul
horizonte (m)	수평선	su-pyeong-seon
ar (m)	공기	gong-gi
farol (m)	등대	deung-dae
mergulhar (vi)	뛰어들다	ttwi-eo-deul-da
afundar-se (vr)	가라앉다	ga-ra-an-da
tesouros (m pl)	보물	bo-mul

199. Nomes de Mares e Oceanos

Oceano (m) Atlântico	대서양	dae-seo-yang
Oceano (m) Índico	인도양	in-do-yang
Oceano (m) Pacífico	태평양	tae-pyeong-yang
Oceano (m) Ártico	북극해	buk-geuk-ae
Mar (m) Negro	흑해	heuk-ae
Mar (m) Vermelho	홍해	hong-hae
Mar (m) Amarelo	황해	hwang-hae
Mar (m) Branco	백해	baek-ae
Mar (m) Cáspio	카스피 해	ka-seu-pi hae
Mar (m) Morto	사해	sa-hae
Mar (m) Mediterrâneo	지중해	ji-jung-hae
Mar (m) Egeu	에게 해	e-ge hae
Mar (m) Adriático	아드리아 해	a-deu-ri-a hae
Mar (m) Arábico	아라비아 해	a-ra-bi-a hae
Mar (m) do Japão	동해	dong-hae
Mar (m) de Bering	베링 해	be-ring hae
Mar (m) da China Meridional	남중국해	nam-jung-guk-ae

Mar (m) de Coral	산호해	san-ho-hae
Mar (m) de Tasman	태즈먼 해	tae-jeu-meon hae
Mar (m) do Caribe	카리브 해	ka-ri-beu hae
Mar (m) de Barents	바렌츠 해	ba-ren-cheu hae
Mar (m) de Kara	카라 해	ka-ra hae
Mar (m) do Norte	북해	buk-ae
Mar (m) Báltico	발트 해	bal-teu hae
Mar (m) da Noruega	노르웨이 해	no-reu-we-i hae

200. Montanhas

montanha (f)	산	san
cordilheira (f)	산맥	san-maek
serra (f)	능선	neung-seon
cume (m)	정상	jeong-sang
pico (m)	봉우리	bong-u-ri
pé (m)	기슭	gi-seuk
declive (m)	경사면	gyeong-sa-myeon
vulcão (m)	화산	hwa-san
vulcão (m) ativo	활화산	hwal-hwa-san
vulcão (m) extinto	사화산	sa-hwa-san
erupção (f)	폭발	pok-bal
cratera (f)	분화구	bun-hwa-gu
magma (m)	마그마	ma-geu-ma
lava (f)	용암	yong-am
fundido (lava ~a)	녹은	no-geun
cânion, desfiladeiro (m)	협곡	hyeop-gok
garganta (f)	협곡	hyeop-gok
fenda (f)	갈라진	gal-la-jin
passo, colo (m)	산길	san-gil
planalto (m)	고원	go-won
falésia (f)	절벽	jeol-byeok
colina (f)	언덕, 작은 산	eon-deok, ja-geun san
geleira (f)	빙하	bing-ha
cachoeira (f)	폭포	pok-po
gêiser (m)	간헐천	gan-heol-cheon
lago (m)	호수	ho-su
planície (f)	평원	pyeong-won
paisagem (f)	경관	gyeong-gwan
eco (m)	메아리	me-a-ri
alpinista (m)	등산가	deung-san-ga
escalador (m)	암벽 등반가	am-byeok deung-ban-ga
conquistar (vt)	정복하다	jeong-bok-a-da
subida, escalada (f)	등반	deung-ban

201. Nomes de montanhas

Alpes (m pl)	알프스 산맥	al-peu-seu san-maek
Monte Branco (m)	몽블랑 산	mong-beul-lang san
Pirineus (m pl)	피레네 산맥	pi-re-ne san-maek
Cárpatos (m pl)	카르파티아 산맥	ka-reu-pa-ti-a san-maek
Urais (m pl)	우랄 산맥	u-ral san-maek
Cáucaso (m)	코카서스 산맥	ko-ka-seo-seu san-maek
Elbrus (m)	엘브루스 산	el-beu-ru-seu san
Altai (m)	알타이 산맥	al-ta-i san-maek
Tian Shan (m)	톈샨 산맥	ten-syan san-maek
Pamir (m)	파미르 고원	pa-mi-reu go-won
Himalaia (m)	히말라야 산맥	hi-mal-la-ya san-maek
monte Everest (m)	에베레스트 산	e-be-re-seu-teu san
Cordilheira (f) dos Andes	안데스 산맥	an-de-seu san-maek
Kilimanjaro (m)	킬리만자로 산	kil-li-man-ja-ro san

202. Rios

rio (m)	강	gang
fonte, nascente (f)	샘	saem
leito (m) de rio	강바닥	gang-ba-dak
bacia (f)	유역	yu-yeok
desaguar no ...	··· 로 흘러가다	... ro heul-leo-ga-da
afluente (m)	지류	ji-ryu
margem (do rio)	둑	duk
corrente (f)	흐름	heu-reum
rio abaixo	하류로	gang ha-ryu-ro
rio acima	상류로	sang-nyu-ro
inundação (f)	홍수	hong-su
cheia (f)	홍수	hong-su
transbordar (vi)	범람하다	beom-nam-ha-da
inundar (vt)	범람하다	beom-nam-ha-da
banco (m) de areia	얕은 곳	ya-teun got
corredeira (f)	여울	yeo-ul
barragem (f)	댐	daem
canal (m)	운하	un-ha
reservatório (m) de água	저수지	jeo-su-ji
eclusa (f)	수문	su-mun
corpo (m) de água	저장 수량	jeo-jang su-ryang
pântano (m)	늪, 소택지	neup, so-taek-ji
lamaçal (m)	수렁	su-reong
redemoinho (m)	소용돌이	so-yong-do-ri
riacho (m)	개울, 시내	gae-ul, si-nae

| potável (adj) | 마실 수 있는 | ma-sil su in-neun |
| doce (água) | 민물의 | min-mu-rui |

| gelo (m) | 얼음 | eo-reum |
| congelar-se (vr) | 얼다 | eol-da |

203. Nomes de rios

| rio Sena (m) | 센 강 | sen gang |
| rio Loire (m) | 루아르 강 | ru-a-reu gang |

rio Tâmisa (m)	템스 강	tem-seu gang
rio Reno (m)	라인 강	ra-in gang
rio Danúbio (m)	도나우 강	do-na-u gang

rio Volga (m)	볼가 강	bol-ga gang
rio Don (m)	돈 강	don gang
rio Lena (m)	레나 강	re-na gang

rio Amarelo (m)	황허강	hwang-heo-gang
rio Yangtzé (m)	양자강	yang-ja-gang
rio Mekong (m)	메콩 강	me-kong gang
rio Ganges (m)	갠지스 강	gaen-ji-seu gang

rio Nilo (m)	나일 강	na-il gang
rio Congo (m)	콩고 강	kong-go gang
rio Cubango (m)	오카방고 강	o-ka-bang-go gang
rio Zambeze (m)	잠베지 강	jam-be-ji gang
rio Limpopo (m)	림포포 강	rim-po-po gang

204. Floresta

| floresta (f), bosque (m) | 숲 | sup |
| florestal (adj) | 산림의 | sal-li-mui |

mata (f) fechada	밀림	mil-lim
arvoredo (m)	작은 숲	ja-geun sup
clareira (f)	빈터	bin-teo

| matagal (m) | 덤불 | deom-bul |
| mato (m), caatinga (f) | 관목지 | gwan-mok-ji |

| pequena trilha (f) | 오솔길 | o-sol-gil |
| ravina (f) | 도랑 | do-rang |

árvore (f)	나무	na-mu
folha (f)	잎	ip
folhagem (f)	나뭇잎	na-mun-nip

queda (f) das folhas	낙엽	na-gyeop
cair (vi)	떨어지다	tteo-reo-ji-da
ramo (m)	가지	ga-ji

galho (m)	큰 가지	keun ga-ji
botão (m)	잎눈	im-nun
agulha (f)	바늘	ba-neul
pinha (f)	솔방울	sol-bang-ul

buraco (m) de árvore	구멍	gu-meong
ninho (m)	둥지	dung-ji
toca (f)	굴	gul

tronco (m)	몸통	mom-tong
raiz (f)	뿌리	ppu-ri
casca (f) de árvore	껍질	kkeop-jil
musgo (m)	이끼	i-kki

arrancar pela raiz	수목을 통째 뽑다	su-mo-geul tong-jjae ppop-da
cortar (vt)	자르다	ja-reu-da
desflorestar (vt)	삼림을 없애다	sam-ni-meul reop-sae-da
toco, cepo (m)	그루터기	geu-ru-teo-gi

fogueira (f)	모닥불	mo-dak-bul
incêndio (m) florestal	산불	san-bul
apagar (vt)	끄다	kkeu-da

guarda-parque (m)	산림경비원	sal-lim-gyeong-bi-won
proteção (f)	보호	bo-ho
proteger (a natureza)	보호하다	bo-ho-ha-da
caçador (m) furtivo	밀렵자	mil-lyeop-ja
armadilha (f)	덫	deot

| colher (cogumelos, bagas) | 따다 | tta-da |
| perder-se (vr) | 길을 잃다 | gi-reul ril-ta |

205. Recursos naturais

recursos (m pl) naturais	천연 자원	cheo-nyeon ja-won
depósitos (m pl)	매장량	mae-jang-nyang
jazida (f)	지역	ji-yeok

extrair (vt)	채광하다	chae-gwang-ha-da
extração (f)	막장일	mak-jang-il
minério (m)	광석	gwang-seok
mina (f)	광산	gwang-san
poço (m) de mina	갱도	gaeng-do
mineiro (m)	광부	gwang-bu

| gás (m) | 가스 | ga-seu |
| gasoduto (m) | 가스관 | ga-seu-gwan |

petróleo (m)	석유	seo-gyu
oleoduto (m)	석유 파이프라인	seo-gyu pa-i-peu-ra-in
poço (m) de petróleo	유정	yu-jeong
torre (f) petrolífera	유정탑	yu-jeong-tap
petroleiro (m)	유조선	yu-jo-seon
areia (f)	모래	mo-rae

calcário (m)	석회석	seok-oe-seok
cascalho (m)	자갈	ja-gal
turfa (f)	토탄	to-tan
argila (f)	점토	jeom-to
carvão (m)	석탄	seok-tan
ferro (m)	철	cheol
ouro (m)	금	geum
prata (f)	은	eun
níquel (m)	니켈	ni-kel
cobre (m)	구리	gu-ri
zinco (m)	아연	a-yeon
manganês (m)	망간	mang-gan
mercúrio (m)	수은	su-eun
chumbo (m)	납	nap
mineral (m)	광물	gwang-mul
cristal (m)	수정	su-jeong
mármore (m)	대리석	dae-ri-seok
urânio (m)	우라늄	u-ra-nyum

A Terra. Parte 2

206. Tempo

tempo (m)	날씨	nal-ssi
previsão (f) do tempo	일기 예보	il-gi ye-bo
temperatura (f)	온도	on-do
termômetro (m)	온도계	on-do-gye
barômetro (m)	기압계	gi-ap-gye
umidade (f)	습함, 습기	seu-pam, seup-gi
calor (m)	더위	deo-wi
tórrido (adj)	더운	deo-un
está muito calor	덥다	deop-da
está calor	따뜻하다	tta-tteu-ta-da
quente (morno)	따뜻한	tta-tteu-tan
está frio	춥다	chup-da
frio (adj)	추운	chu-un
sol (m)	해	hae
brilhar (vi)	빛나다	bin-na-da
de sol, ensolarado	화창한	hwa-chang-han
nascer (vi)	뜨다	tteu-da
pôr-se (vr)	지다	ji-da
nuvem (f)	구름	gu-reum
nublado (adj)	구름의	gu-reum-ui
escuro, cinzento (adj)	흐린	heu-rin
chuva (f)	비	bi
está a chover	비가 오다	bi-ga o-da
chuvoso (adj)	비가 오는	bi-ga o-neun
chuviscar (vi)	이슬비가 내리다	i-seul-bi-ga nae-ri-da
chuva (f) torrencial	억수	eok-su
aguaceiro (m)	호우	ho-u
forte (chuva, etc.)	심한	sim-han
poça (f)	웅덩이	ung-deong-i
molhar-se (vr)	젖다	jeot-da
nevoeiro (m)	안개	an-gae
de nevoeiro	안개가 자욱한	an-gae-ga ja-uk-an
neve (f)	눈	nun
está nevando	눈이 오다	nun-i o-da

207. Tempo extremo. Catástrofes naturais

trovoada (f)	뇌우	noe-u
relâmpago (m)	번개	beon-gae
relampejar (vi)	번쩍이다	beon-jjeo-gi-da
trovão (m)	천둥	cheon-dung
trovejar (vi)	천둥이 치다	cheon-dung-i chi-da
está trovejando	천둥이 치다	cheon-dung-i chi-da
granizo (m)	싸락눈	ssa-rang-nun
está caindo granizo	싸락눈이 내리다	ssa-rang-nun-i nae-ri-da
inundar (vt)	범람하다	beom-nam-ha-da
inundação (f)	홍수	hong-su
terremoto (m)	지진	ji-jin
abalo, tremor (m)	진동	jin-dong
epicentro (m)	진앙	jin-ang
erupção (f)	폭발	pok-bal
lava (f)	용암	yong-am
tornado (m)	회오리바람	hoe-o-ri-ba-ram
tornado (m)	토네이도	to-ne-i-do
tufão (m)	태풍	tae-pung
furacão (m)	허리케인	heo-ri-ke-in
tempestade (f)	폭풍우	pok-pung-u
tsunami (m)	해일	hae-il
incêndio (m)	불	bul
catástrofe (f)	재해	jae-hae
meteorito (m)	운석	un-seok
avalanche (f)	눈사태	nun-sa-tae
deslizamento (m) de neve	눈사태	nun-sa-tae
nevasca (f)	눈보라	nun-bo-ra
tempestade (f) de neve	눈보라	nun-bo-ra

208. Ruídos. Sons

silêncio (m)	고요함	go-yo-ham
som (m)	소리	so-ri
ruído, barulho (m)	소음	so-eum
fazer barulho	소리를 내다	so-ri-reul lae-da
ruidoso, barulhento (adj)	시끄러운	si-kkeu-reo-un
alto	큰 소리로	keun so-ri-ro
alto (ex. voz ~a)	시끄러운	si-kkeu-reo-un
constante (ruído, etc.)	끊임없는	kkeu-nim-eom-neun
grito (m)	고함을	go-ha-meul
gritar (vi)	소리를 치다	so-ri-reul chi-da

| sussurro (m) | 속삭임 | sok-sa-gim |
| sussurrar (vi, vt) | 속삭이다 | sok-sa-gi-da |

| latido (m) | 짖는 소리 | jin-neun so-ri |
| latir (vi) | 짖다 | jit-da |

gemido (m)	신음 소리	si-neum so-ri
gemer (vi)	신음하다	si-neum-ha-da
tosse (f)	기침	gi-chim
tossir (vi)	기침을 하다	gi-chi-meul ha-da

assobio (m)	휘파람	hwi-pa-ram
assobiar (vi)	휘파람을 불다	hwi-pa-ra-meul bul-da
batida (f)	노크	no-keu
bater (à porta)	두드리다	du-deu-ri-da

| estalar (vi) | 날카로운 소리가 나다 | nal-ka-ro-un so-ri-ga na-da |
| estalido (m) | 딱딱 뛰는 소리 | ttak-ttak twi-neun so-ri |

sirene (f)	사이렌	sa-i-ren
apito (m)	경적	gyeong-jeok
apitar (vi)	기적을 울리다	gi-jeo-geul rul-li-da
buzina (f)	경적	gyeong-jeok
buzinar (vi)	경적을 울리다	gyeong-jeo-geul rul-li-da

209. Inverno

inverno (m)	겨울	gyeo-ul
de inverno	겨울의	gyeo-ul
no inverno	겨울에	gyeo-u-re

neve (f)	눈	nun
está nevando	눈이 오다	nun-i o-da
queda (f) de neve	강설	gang-seol
amontoado (m) de neve	눈더미	nun-deo-mi

floco (m) de neve	눈송이	nun-song-i
bola (f) de neve	눈뭉치	nun-mung-chi
boneco (m) de neve	눈사람	nun-sa-ram
sincelo (m)	고드름	go-deu-reum

dezembro (m)	십이월	si-bi-wol
janeiro (m)	일월	i-rwol
fevereiro (m)	이월	i-wol

| gelo (m) | 지독한 서리 | ji-dok-an seo-ri |
| gelado (tempo ~) | 서리가 내리는 | seo-ri-ga nae-ri-neun |

| abaixo de zero | 영하 | yeong-ha |
| geada (f) branca | 서리 | seo-ri |

frio (m)	추위	chu-wi
está frio	춥다	chup-da
casaco (m) de pele	모피 외투	mo-pi oe-tu

mitenes (f pl)	벙어리장갑	beong-eo-ri-jang-gap
adoecer (vi)	병에 걸리다	byeong-e geol-li-da
resfriado (m)	감기	gam-gi
ficar resfriado	감기에 걸리다	gam-gi-e geol-li-da
gelo (m)	얼음	eo-reum
gelo (m) na estrada	빙판	bing-pan
congelar-se (vr)	얼다	eol-da
bloco (m) de gelo	부빙	bu-bing
esqui (m)	스키	seu-ki
esquiador (m)	스키 타는 사람	seu-ki ta-neun sa-ram
esquiar (vi)	스키를 타다	seu-ki-reul ta-da
patinar (vi)	스케이트를 타다	seu-ke-i-teu-reul ta-da

Fauna

210. Mamíferos. Predadores

predador (m)	육식 동물	yuk-sik dong-mul
tigre (m)	호랑이	ho-rang-i
leão (m)	사자	sa-ja
lobo (m)	이리	i-ri
raposa (f)	여우	yeo-u
jaguar (m)	재규어	jae-gyu-eo
leopardo (m)	표범	pyo-beom
chita (f)	치타	chi-ta
puma (m)	퓨마	pyu-ma
leopardo-das-neves (m)	눈표범	nun-pyo-beom
lince (m)	스라소니	seu-ra-so-ni
coiote (m)	코요테	ko-yo-te
chacal (m)	재칼	jae-kal
hiena (f)	하이에나	ha-i-e-na

211. Animais selvagens

animal (m)	동물	dong-mul
besta (f)	짐승	jim-seung
esquilo (m)	다람쥐	da-ram-jwi
ouriço (m)	고슴도치	go-seum-do-chi
lebre (f)	토끼	to-kki
coelho (m)	굴토끼	gul-to-kki
texugo (m)	오소리	o-so-ri
guaxinim (m)	너구리	neo-gu-ri
hamster (m)	햄스터	haem-seu-teo
marmota (f)	마멋	ma-meot
toupeira (f)	두더지	du-deo-ji
rato (m)	생쥐	saeng-jwi
ratazana (f)	시궁쥐	si-gung-jwi
morcego (m)	박쥐	bak-jwi
arminho (m)	북방족제비	buk-bang-jok-je-bi
zibelina (f)	검은담비	geo-meun-dam-bi
marta (f)	담비	dam-bi
visom (m)	밍크	ming-keu
castor (m)	비버	bi-beo
lontra (f)	수달	su-dal

cavalo (m)	말	mal
alce (m)	엘크, 무스	el-keu, mu-seu
veado (m)	사슴	sa-seum
camelo (m)	낙타	nak-ta

bisão (m)	미국들소	mi-guk-deul-so
auroque (m)	유럽들소	yu-reop-deul-so
búfalo (m)	물소	mul-so

zebra (f)	얼룩말	eol-lung-mal
antílope (m)	영양	yeong-yang
corça (f)	노루	no-ru
gamo (m)	다마사슴	da-ma-sa-seum
camurça (f)	샤모아	sya-mo-a
javali (m)	멧돼지	met-dwae-ji

baleia (f)	고래	go-rae
foca (f)	바다표범	ba-da-pyo-beom
morsa (f)	바다코끼리	ba-da-ko-kki-ri
urso-marinho (m)	물개	mul-gae
golfinho (m)	돌고래	dol-go-rae

urso (m)	곰	gom
urso (m) polar	북극곰	buk-geuk-gom
panda (m)	판다	pan-da

macaco (m)	원숭이	won-sung-i
chimpanzé (m)	침팬지	chim-paen-ji
orangotango (m)	오랑우탄	o-rang-u-tan
gorila (m)	고릴라	go-ril-la
macaco (m)	마카크	ma-ka-keu
gibão (m)	긴팔원숭이	gin-pa-rwon-sung-i

elefante (m)	코끼리	ko-kki-ri
rinoceronte (m)	코뿔소	ko-ppul-so
girafa (f)	기린	gi-rin
hipopótamo (m)	하마	ha-ma

| canguru (m) | 캥거루 | kaeng-geo-ru |
| coala (m) | 코알라 | ko-al-la |

mangusto (m)	몽구스	mong-gu-seu
chinchila (f)	친칠라	chin-chil-la
cangambá (f)	스컹크	seu-keong-keu
porco-espinho (m)	호저	ho-jeo

212. Animais domésticos

| gata (f) | 고양이 | go-yang-i |
| gato (m) macho | 수고양이 | su-go-yang-i |

cavalo (m)	말	mal
garanhão (m)	수말, 종마	su-mal, jong-ma
égua (f)	암말	am-mal

vaca (f)	암소	am-so
touro (m)	황소	hwang-so
boi (m)	수소	su-so

ovelha (f)	양, 암양	yang, a-myang
carneiro (m)	수양	su-yang
cabra (f)	염소	yeom-so
bode (m)	숫염소	sun-nyeom-so

| burro (m) | 당나귀 | dang-na-gwi |
| mula (f) | 노새 | no-sae |

porco (m)	돼지	dwae-ji
leitão (m)	돼지 새끼	dwae-ji sae-kki
coelho (m)	집토끼	jip-to-kki

| galinha (f) | 암탉 | am-tak |
| galo (m) | 수탉 | su-tak |

pata (f), pato (m)	집오리	ji-bo-ri
pato (m)	수오리	su-o-ri
ganso (m)	집거위	jip-geo-wi

| peru (m) | 수칠면조 | su-chil-myeon-jo |
| perua (f) | 칠면조 | chil-myeon-jo |

animais (m pl) domésticos	가축	ga-chuk
domesticado (adj)	길들여진	gil-deu-ryeo-jin
domesticar (vt)	길들이다	gil-deu-ri-da
criar (vt)	사육하다, 기르다	sa-yuk-a-da, gi-reu-da

fazenda (f)	농장	nong-jang
aves (f pl) domésticas	가금	ga-geum
gado (m)	가축	ga-chuk
rebanho (m), manada (f)	떼	tte

estábulo (m)	마구간	ma-gu-gan
chiqueiro (m)	돼지 우리	dwae-ji u-ri
estábulo (m)	외양간	oe-yang-gan
coelheira (f)	토끼장	to-kki-jang
galinheiro (m)	닭장	dak-jang

213. Cães. Raças de cães

cão (m)	개	gae
cão pastor (m)	양치기 개	yang-chi-gi gae
poodle (m)	푸들	pu-deul
linguicinha (m)	닥스훈트	dak-seu-hun-teu

buldogue (m)	불독	bul-dok
boxer (m)	복서	bok-seo
mastim (m)	매스티프	mae-seu-ti-peu
rottweiler (m)	로트와일러	ro-teu-wa-il-leo
dóberman (m)	도베르만	do-be-reu-man

basset (m)	바셋 하운드	ba-set ta-un-deu
pastor inglês (m)	밥테일	bap-te-il
dálmata (m)	달마시안	dal-ma-si-an
cocker spaniel (m)	코커 스패니얼	ko-keo seu-pae-ni-eol
terra-nova (m)	뉴펀들랜드	nyu-peon-deul-laen-deu
são-bernardo (m)	세인트버나드	se-in-teu-beo-na-deu
husky (m) siberiano	허스키	heo-seu-ki
spitz alemão (m)	스피츠	seu-pi-cheu
pug (m)	퍼그	peo-geu

214. Sons produzidos pelos animais

latido (m)	짖는 소리	jin-neun so-ri
latir (vi)	짖다	jit-da
miar (vi)	야옹 하고 울다	ya-ong ha-go ul-da
ronronar (vi)	목을 가르랑거리다	mo-geul ga-reu-rang-geo-ri-da
mugir (vaca)	음매 울다	eum-mae ul-da
bramir (touro)	우렁찬 소리를 내다	u-reong-chan so-ri-reul lae-da
rosnar (vi)	으르렁거리다	eu-reu-reong-geo-ri-da
uivo (m)	울부짖음	ul-bu-ji-jeum
uivar (vi)	울다	ul-da
ganir (vi)	낑낑거리다	kking-kking-geo-ri-da
balir (vi)	매애하고 울다	mae-ae-ha-go ul-da
grunhir (vi)	꿀꿀거리다	kkul-kkul-geo-ri-da
guinchar (vi)	하는 소리를 내다	ha-neun so-ri-reul lae-da
coaxar (sapo)	개골개골하다	gae-gol-gae-gol-ha-da
zumbir (inseto)	윙윙거리다	wing-wing-geo-ri-da
ziziar (vi)	찌르찌르 울다	jji-reu-jji-reu ul-da

215. Animais jovens

cria (f), filhote (m)	새끼	sae-kki
gatinho (m)	새끼고양이	sae-kki-go-yang-i
ratinho (m)	아기 생쥐	a-gi saeng-jwi
cachorro (m)	강아지	gang-a-ji
filhote (m) de lebre	토끼의 새끼	to-kki-ui sae-kki
coelhinho (m)	집토끼의 새끼	jip-to-kki-ui sae-kki
lobinho (m)	이리 새끼	i-ri sae-kki
filhote (m) de raposa	여우 새끼	yeo-u sae-kki
filhote (m) de urso	곰 새끼	gom sae-kki
filhote (m) de leão	사자의 새끼	sa-ja-ui sae-kki
filhote (m) de tigre	호랑이 새끼	ho-rang-i sae-kki

filhote (m) de elefante	코끼리의 새끼	ko-kki-ri-ui sae-kki
leitão (m)	돼지 새끼	dwae-ji sae-kki
bezerro (m)	송아지	song-a-ji
cabrito (m)	염소의 새끼	yeom-so-ui sae-kki
cordeiro (m)	어린 양	eo-rin nyang
filhote (m) de veado	새끼 사슴	sae-kki sa-seum
cria (f) de camelo	낙타새끼	nak-ta-sae-kki
filhote (m) de serpente	새끼 뱀	sae-kki baem
filhote (m) de rã	새끼 개구리	sae-kki gae-gu-ri
cria (f) de ave	새 새끼	sae sae-kki
pinto (m)	병아리	byeong-a-ri
patinho (m)	오리새끼	o-ri-sae-kki

216. Pássaros

pássaro (m), ave (f)	새	sae
pombo (m)	비둘기	bi-dul-gi
pardal (m)	참새	cham-sae
chapim-real (m)	박새	bak-sae
pega-rabuda (f)	까치	kka-chi
corvo (m)	갈가마귀	gal-ga-ma-gwi
gralha-cinzenta (f)	까마귀	kka-ma-gwi
gralha-de-nuca-cinzenta (f)	갈가마귀	gal-ga-ma-gwi
gralha-calva (f)	떼까마귀	ttae-kka-ma-gwi
pato (m)	오리	o-ri
ganso (m)	거위	geo-wi
faisão (m)	꿩	kkwong
águia (f)	독수리	dok-su-ri
açor (m)	매	mae
falcão (m)	매	mae
abutre (m)	독수리, 콘도르	dok-su-ri, kon-do-reu
condor (m)	콘도르	kon-do-reu
cisne (m)	백조	baek-jo
grou (m)	두루미	du-ru-mi
cegonha (f)	황새	hwang-sae
papagaio (m)	앵무새	aeng-mu-sae
beija-flor (m)	벌새	beol-sae
pavão (m)	공작	gong-jak
avestruz (m)	타조	ta-jo
garça (f)	왜가리	wae-ga-ri
flamingo (m)	플라밍고	peul-la-ming-go
pelicano (m)	펠리컨	pel-li-keon
rouxinol (m)	나이팅게일	na-i-ting-ge-il
andorinha (f)	제비	je-bi
tordo-zornal (m)	지빠귀	ji-ppa-gwi

| tordo-músico (m) | 노래지빠귀 | no-rae-ji-ppa-gwi |
| melro-preto (m) | 대륙검은지빠귀 | dae-ryuk-geo-meun-ji-ppa-gwi |

andorinhão (m)	칼새	kal-sae
cotovia (f)	종다리	jong-da-ri
codorna (f)	메추라기	me-chu-ra-gi

pica-pau (m)	딱따구리	ttak-tta-gu-ri
cuco (m)	뻐꾸기	ppeo-kku-gi
coruja (f)	올빼미	ol-ppae-mi
bufo-real (m)	수리부엉이	su-ri-bu-eong-i
tetraz-grande (m)	큰뇌조	keun-noe-jo
tetraz-lira (m)	멧닭	met-dak
perdiz-cinzenta (f)	자고	ja-go

estorninho (m)	찌르레기	jji-reu-re-gi
canário (m)	카나리아	ka-na-ri-a
tentilhão (m)	되새	doe-sae
dom-fafe (m)	피리새	pi-ri-sae

gaivota (f)	갈매기	gal-mae-gi
albatroz (m)	신천옹	sin-cheon-ong
pinguim (m)	펭귄	peng-gwin

217. Pássaros. Canto e sons

cantar (vi)	노래하다	no-rae-ha-da
gritar, chamar (vi)	울다	ul-da
cantar (o galo)	꼬끼오 하고 울다	kko-kki-o ha-go ul-da
cocorocó (m)	꼬끼오	kko-kki-o

cacarejar (vi)	꼬꼬댁거리다	kko-kko-daek-geo-ri-da
crocitar (vi)	까악까악 울다	kka-ak-kka-ak gul-da
grasnar (vi)	꽥꽥 울다	kkwaek-kkwaek gul-da
piar (vi)	삐약삐약 울다	ppi-yak-ppi-yak gul-da
chilrear, gorjear (vi)	짹짹 울다	jjaek-jjaek gul-da

218. Peixes. Animais marinhos

brema (f)	도미류	do-mi-ryu
carpa (f)	잉어	ing-eo
perca (f)	농어의 일종	nong-eo-ui il-jong
siluro (m)	메기	me-gi
lúcio (m)	북부민물꼬치고기	buk-bu-min-mul-kko-chi-go-gi

| salmão (m) | 연어 | yeon-eo |
| esturjão (m) | 철갑상어 | cheol-gap-sang-eo |

arenque (m)	청어	cheong-eo
salmão (m) do Atlântico	대서양 연어	dae-seo-yang yeon-eo
cavala, sarda (f)	고등어	go-deung-eo

solha (f), linguado (m)	넙치	neop-chi
bacalhau (m)	대구	dae-gu
atum (m)	참치	cham-chi
truta (f)	송어	song-eo
enguia (f)	뱀장어	baem-jang-eo
raia (f) elétrica	시끈가오리	si-kkeun-ga-o-ri
moreia (f)	곰치	gom-chi
piranha (f)	피라니아	pi-ra-ni-a
tubarão (m)	상어	sang-eo
golfinho (m)	돌고래	dol-go-rae
baleia (f)	고래	go-rae
caranguejo (m)	게	ge
água-viva (f)	해파리	hae-pa-ri
polvo (m)	낙지	nak-ji
estrela-do-mar (f)	불가사리	bul-ga-sa-ri
ouriço-do-mar (m)	성게	seong-ge
cavalo-marinho (m)	해마	hae-ma
ostra (f)	굴	gul
camarão (m)	새우	sae-u
lagosta (f)	바닷가재	ba-dat-ga-jae
lagosta (f)	대하	dae-ha

219. Anfíbios. Répteis

cobra (f)	뱀	baem
venenoso (adj)	독이 있는	do-gi in-neun
víbora (f)	살무사	sal-mu-sa
naja (f)	코브라	ko-beu-ra
píton (m)	비단뱀	bi-dan-baem
jiboia (f)	보아	bo-a
cobra-de-água (f)	풀뱀	pul-baem
cascavel (f)	방울뱀	bang-ul-baem
anaconda (f)	아나콘다	a-na-kon-da
lagarto (m)	도마뱀	do-ma-baem
iguana (f)	이구아나	i-gu-a-na
salamandra (f)	도롱뇽	do-rong-nyong
camaleão (m)	카멜레온	ka-mel-le-on
escorpião (m)	전갈	jeon-gal
tartaruga (f)	거북	geo-buk
rã (f)	개구리	gae-gu-ri
sapo (m)	두꺼비	du-kkeo-bi
crocodilo (m)	악어	a-geo

220. Insetos

inseto (m)	곤충	gon-chung
borboleta (f)	나비	na-bi
formiga (f)	개미	gae-mi
mosca (f)	파리	pa-ri
mosquito (m)	모기	mo-gi
escaravelho (m)	딱정벌레	ttak-jeong-beol-le
vespa (f)	말벌	mal-beol
abelha (f)	꿀벌	kkul-beol
mamangaba (f)	호박벌	ho-bak-beol
moscardo (m)	쇠파리	soe-pa-ri
aranha (f)	거미	geo-mi
teia (f) de aranha	거미줄	geo-mi-jul
libélula (f)	잠자리	jam-ja-ri
gafanhoto (m)	메뚜기	me-ttu-gi
traça (f)	나방	na-bang
barata (f)	바퀴벌레	ba-kwi-beol-le
carrapato (m)	진드기	jin-deu-gi
pulga (f)	벼룩	byeo-ruk
borrachudo (m)	깔따구	kkal-tta-gu
gafanhoto (m)	메뚜기	me-ttu-gi
caracol (m)	달팽이	dal-paeng-i
grilo (m)	귀뚜라미	gwi-ttu-ra-mi
pirilampo, vaga-lume (m)	개똥벌레	gae-ttong-beol-le
joaninha (f)	무당벌레	mu-dang-beol-le
besouro (m)	왕풍뎅이	wang-pung-deng-i
sanguessuga (f)	거머리	geo-meo-ri
lagarta (f)	애벌레	ae-beol-le
minhoca (f)	지렁이	ji-reong-i
larva (f)	애벌레	ae-beol-le

221. Animais. Partes do corpo

bico (m)	부리	bu-ri
asas (f pl)	날개	nal-gae
pata (f)	다리	da-ri
plumagem (f)	깃털	git-teol
pena, pluma (f)	깃털	git-teol
crista (f)	볏	byeot
brânquias, guelras (f pl)	아가미	a-ga-mi
ovas (f pl)	알을 낳다	a-reul la-ta
larva (f)	애벌레	ae-beol-le
barbatana (f)	지느러미	ji-neu-reo-mi
escama (f)	비늘	bi-neul
presa (f)	송곳니	song-gon-ni

pata (f)	발	bal
focinho (m)	주둥이	ju-dung-i
boca (f)	입	ip
cauda (f), rabo (m)	꼬리	kko-ri
bigodes (m pl)	수염	su-yeom
casco (m)	발굽	bal-gup
corno (m)	뿔	ppul
carapaça (f)	등딱지	deung-ttak-ji
concha (f)	조개 껍질	jo-gae kkeop-jil
casca (f) de ovo	달걀 껍질	dal-gyal kkeop-jil
pelo (m)	털	teol
pele (f), couro (m)	가죽	ga-juk

222. Ações dos animais

voar (vi)	날다	nal-da
dar voltas	선회하다	seon-hoe-ha-da
voar (para longe)	날아가버리다	na-ra-ga-beo-ri-da
bater as asas	날개를 치다	nal-gae-reul chi-da
bicar (vi)	쪼다	jjo-da
incubar (vt)	알을 품다	a-reul pum-da
sair do ovo	까다	kka-da
fazer o ninho	보금자리를 짓다	bo-geum-ja-ri-reul jit-da
rastejar (vi)	기다	gi-da
picar (vt)	물다	mul-da
morder (cachorro, etc.)	물다	mul-da
cheirar (vt)	냄새맡다	naem-sae-mat-da
latir (vi)	짖다	jit-da
silvar (vi)	쉬익하는 소리를 내다	swi-ik-a-neun so-ri-reul lae-da
assustar (vt)	겁주다	geop-ju-da
atacar (vt)	공격하다	gong-gyeo-ka-da
roer (vt)	쏠다	ssol-da
arranhar (vt)	할퀴다	hal-kwi-da
esconder-se (vr)	숨기다	sum-gi-da
brincar (vi)	놀다	nol-da
caçar (vi)	사냥하다	sa-nyang-ha-da
hibernar (vi)	동면하다	dong-myeon-ha-da
extinguir-se (vr)	멸종하다	myeol-jong-ha-da

223. Animais. Habitats

hábitat (m)	서식지	seo-sik-ji
migração (f)	이동	i-dong

montanha (f)	산	san
recife (m)	암초	am-cho
falésia (f)	절벽	jeol-byeok

floresta (f)	숲	sup
selva (f)	정글	jeong-geul
savana (f)	대초원	dae-cho-won
tundra (f)	툰드라	tun-deu-ra

estepe (f)	스텝 지대	seu-tep ji-dae
deserto (m)	사막	sa-mak
oásis (m)	오아시스	o-a-si-seu

mar (m)	바다	ba-da
lago (m)	호수	ho-su
oceano (m)	대양	dae-yang

pântano (m)	늪, 소택지	neup, so-taek-ji
de água doce	민물의	min-mu-rui
lagoa (f)	연못	yeon-mot
rio (m)	강	gang

toca (f) do urso	굴	gul
ninho (m)	둥지	dung-ji
buraco (m) de árvore	구멍	gu-meong
toca (f)	굴	gul
formigueiro (m)	개미탑	gae-mi-tap

224. Cuidados com os animais

| jardim (m) zoológico | 동물원 | dong-mu-rwon |
| reserva (f) natural | 자연 보호구역 | ja-yeon bo-ho-gu-yeok |

viveiro (m)	사육장	sa-yuk-jang
jaula (f) de ar livre	야외 사육장	ya-oe sa-yuk-jang
jaula, gaiola (f)	우리	u-ri
casinha (f) de cachorro	개집	gae-jip

| pombal (m) | 비둘기장 | bi-dul-gi-jang |
| aquário (m) | 어항 | eo-hang |

criar (vt)	사육하다, 기르다	sa-yuk-a-da, gi-reu-da
cria (f)	한 배 새끼	han bae sae-kki
domesticar (vt)	길들이다	gil-deu-ri-da
adestrar (vt)	가르치다	ga-reu-chi-da

| ração (f) | 먹이 | meo-gi |
| alimentar (vt) | 먹이다 | meo-gi-da |

loja (f) de animais	애완 동물 상점	ae-wan dong-mul sang-jeom
focinheira (m)	입마개	im-ma-gae
coleira (f)	개목걸이	gae-mok-geo-ri
nome (do animal)	이름	i-reum
pedigree (m)	족보	gye-tong yeon-gu

225. Animais. Diversos

alcateia (f)	떼	tte
bando (pássaros)	새 떼	sae tte
cardume (peixes)	떼	tte
manada (cavalos)	무리	mu-ri
macho (m)	수컷	su-keot
fêmea (f)	암컷	am-keot
faminto (adj)	배고픈	bae-go-peun
selvagem (adj)	야생의	ya-saeng-ui
perigoso (adj)	위험한	wi-heom-han

226. Cavalos

raça (f)	품종	pum-jong
potro (m)	망아지	mang-a-ji
égua (f)	암말	am-mal
mustangue (m)	무스탕	mu-seu-tang
pônei (m)	조랑말	jo-rang-mal
cavalo (m) de tiro	짐수레말	jim-su-re-mal
crina (f)	갈기	gal-gi
rabo (m)	꼬리	kko-ri
casco (m)	발굽	bal-gup
ferradura (f)	편자	pyeon-ja
ferrar (vt)	편자를 박다	pyeon-ja-reul bak-da
ferreiro (m)	편자공	pyeon-ja-gong
sela (f)	안장	an-jang
estribo (m)	등자	deung-ja
brida (f)	굴레	gul-le
rédeas (f pl)	고삐	go-ppi
chicote (m)	채찍	chae-jjik
cavaleiro (m)	기수는	gi-su-neun
colocar sela	안장을 얹다	an-jang-eul reon-da
montar no cavalo	말에 타다	ma-re ta-da
galope (m)	갤럽	gael-leop
galopar (vi)	전속력으로 달리다	jeon-song-nyeo-geu-ro dal-li-da
trote (m)	속보	sok-bo
a trote	속보로	sok-bo-ro
cavalo (m) de corrida	경마용 말	gyeong-ma-yong mal
corridas (f pl)	경마	gyeong-ma
estábulo (m)	마구간	ma-gu-gan
alimentar (vt)	먹이다	meo-gi-da

feno (m)	건초	geon-cho
dar água	물을 먹이다	mu-reul meo-gi-da
limpar (vt)	씻기다	ssit-gi-da
pastar (vi)	풀을 뜯다	pu-reul tteut-da
relinchar (vi)	울다	ul-da
dar um coice	걸어차다	geo-deo-cha-da

Flora

227. Árvores

árvore (f)	나무	na-mu
decídua (adj)	낙엽수의	na-gyeop-su-ui
conífera (adj)	침엽수의	chi-myeop-su-ui
perene (adj)	상록의	sang-no-gui
macieira (f)	사과나무	sa-gwa-na-mu
pereira (f)	배나무	bae-na-mu
cerejeira, ginjeira (f)	벚나무	beon-na-mu
ameixeira (f)	자두나무	ja-du-na-mu
bétula (f)	자작나무	ja-jang-na-mu
carvalho (m)	오크	o-keu
tília (f)	보리수	bo-ri-su
choupo-tremedor (m)	사시나무	sa-si-na-mu
bordo (m)	단풍나무	dan-pung-na-mu
espruce (m)	가문비나무	ga-mun-bi-na-mu
pinheiro (m)	소나무	so-na-mu
alerce, lariço (m)	낙엽송	na-gyeop-song
abeto (m)	전나무	jeon-na-mu
cedro (m)	시다	si-da
choupo, álamo (m)	포플러	po-peul-leo
tramazeira (f)	마가목	ma-ga-mok
salgueiro (m)	버드나무	beo-deu-na-mu
amieiro (m)	오리나무	o-ri-na-mu
faia (f)	너도밤나무	neo-do-bam-na-mu
ulmeiro, olmo (m)	느릅나무	neu-reum-na-mu
freixo (m)	물푸레나무	mul-pu-re-na-mu
castanheiro (m)	밤나무	bam-na-mu
magnólia (f)	목련	mong-nyeon
palmeira (f)	야자나무	ya-ja-na-mu
cipreste (m)	사이프러스	sa-i-peu-reo-seu
mangue (m)	맹그로브	maeng-geu-ro-beu
embondeiro, baobá (m)	바오밥나무	ba-o-bam-na-mu
eucalipto (m)	유칼립투스	yu-kal-lip-tu-seu
sequoia (f)	세쿼이아	se-kwo-i-a

228. Arbustos

arbusto (m)	덤불	deom-bul
arbusto (m), moita (f)	관목	gwan-mok

| videira (f) | 포도 덩굴 | po-do deong-gul |
| vinhedo (m) | 포도밭 | po-do-bat |

framboeseira (f)	라즈베리	ra-jeu-be-ri
groselheira-vermelha (f)	레드커런트 나무	re-deu-keo-reon-teu na-mu
groselheira (f) espinhosa	구스베리 나무	gu-seu-be-ri na-mu

acácia (f)	아카시아	a-ka-si-a
bérberis (f)	매자나무	mae-ja-na-mu
jasmim (m)	재스민	jae-seu-min

junípero (m)	두송	du-song
roseira (f)	장미 덤불	jang-mi deom-bul
roseira (f) brava	찔레나무	jjil-le-na-mu

229. Cogumelos

cogumelo (m)	버섯	beo-seot
cogumelo (m) comestível	식용 버섯	si-gyong beo-seot
cogumelo (m) venenoso	독버섯	dok-beo-seot
chapéu (m)	버섯의 갓	beo-seos-ui gat
pé, caule (m)	줄기	jul-gi

boleto (m) alaranjado	등색껄껄이그물버섯	deung-saek-kkeol-kkeo-ri-geu-mul-beo-seot
boleto (m) de bétula	거친껄껄이그물버섯	geo-chin-kkeol-kkeo-ri-geu-mul-beo-seot
cantarelo (m)	살구버섯	sal-gu-beo-seot
rússula (f)	무당버섯	mu-dang-beo-seot

morchella (f)	곰보버섯	gom-bo-beo-seot
agário-das-moscas (m)	광대버섯	gwang-dae-beo-seot
cicuta (f) verde	알광대버섯	al-gwang-dae-beo-seot

230. Frutos. Bagas

maçã (f)	사과	sa-gwa
pera (f)	배	bae
ameixa (f)	자두	ja-du

morango (m)	딸기	ttal-gi
ginja (f)	신양	si-nyang
cereja (f)	양벚나무	yang-beon-na-mu
uva (f)	포도	po-do

framboesa (f)	라즈베리	ra-jeu-be-ri
groselha (f) negra	블랙커렌트	beul-laek-keo-ren-teu
groselha (f) vermelha	레드커렌트	re-deu-keo-ren-teu
groselha (f) espinhosa	구스베리	gu-seu-be-ri
oxicoco (m)	크랜베리	keu-raen-be-ri
laranja (f)	오렌지	o-ren-ji
tangerina (f)	귤	gyul

abacaxi (m)	파인애플	pa-in-ae-peul
banana (f)	바나나	ba-na-na
tâmara (f)	대추야자	dae-chu-ya-ja
limão (m)	레몬	re-mon
damasco (m)	살구	sal-gu
pêssego (m)	복숭아	bok-sung-a
quiuí (m)	키위	ki-wi
toranja (f)	자몽	ja-mong
baga (f)	장과	jang-gwa
bagas (f pl)	장과류	jang-gwa-ryu
arando (m) vermelho	월귤나무	wol-gyul-la-mu
morango-silvestre (m)	야생딸기	ya-saeng-ttal-gi
mirtilo (m)	빌베리	bil-be-ri

231. Flores. Plantas

flor (f)	꽃	kkot
buquê (m) de flores	꽃다발	kkot-da-bal
rosa (f)	장미	jang-mi
tulipa (f)	튤립	tyul-lip
cravo (m)	카네이션	ka-ne-i-syeon
gladíolo (m)	글라디올러스	geul-la-di-ol-leo-seu
centáurea (f)	수레국화	su-re-guk-wa
campainha (f)	실잔대	sil-jan-dae
dente-de-leão (m)	민들레	min-deul-le
camomila (f)	캐모마일	kae-mo-ma-il
aloé (m)	알로에	al-lo-e
cacto (m)	선인장	seon-in-jang
fícus (m)	고무나무	go-mu-na-mu
lírio (m)	백합	baek-ap
gerânio (m)	제라늄	je-ra-nyum
jacinto (m)	히아신스	hi-a-sin-seu
mimosa (f)	미모사	mi-mo-sa
narciso (m)	수선화	su-seon-hwa
capuchinha (f)	한련	hal-lyeon
orquídea (f)	난초	nan-cho
peônia (f)	모란	mo-ran
violeta (f)	바이올렛	ba-i-ol-let
amor-perfeito (m)	팬지	paen-ji
não-me-esqueças (m)	물망초	mul-mang-cho
margarida (f)	데이지	de-i-ji
papoula (f)	양귀비	yang-gwi-bi
cânhamo (m)	삼	sam
hortelã, menta (f)	박하	bak-a

lírio-do-vale (m)	은방울꽃	eun-bang-ul-kkot
campânula-branca (f)	스노드롭	seu-no-deu-rop
urtiga (f)	쐐기풀	sswae-gi-pul
azedinha (f)	수영	su-yeong
nenúfar (m)	수련	su-ryeon
samambaia (f)	고사리	go-sa-ri
líquen (m)	이끼	i-kki
estufa (f)	온실	on-sil
gramado (m)	잔디	jan-di
canteiro (m) de flores	꽃밭	kkot-bat
planta (f)	식물	sing-mul
grama (f)	풀	pul
folha (f) de grama	풀잎	pu-rip
folha (f)	잎	ip
pétala (f)	꽃잎	kko-chip
talo (m)	줄기	jul-gi
tubérculo (m)	구근	gu-geun
broto, rebento (m)	새싹	sae-ssak
espinho (m)	가시	ga-si
florescer (vi)	피우다	pi-u-da
murchar (vi)	시들다	si-deul-da
cheiro (m)	향기	hyang-gi
cortar (flores)	자르다	ja-reu-da
colher (uma flor)	따다	tta-da

232. Cereais, grãos

grão (m)	곡물	gong-mul
cereais (plantas)	곡류	gong-nyu
espiga (f)	이삭	i-sak
trigo (m)	밀	mil
centeio (m)	호밀	ho-mil
aveia (f)	귀리	gwi-ri
painço (m)	수수, 기장	su-su, gi-jang
cevada (f)	보리	bo-ri
milho (m)	옥수수	ok-su-su
arroz (m)	쌀	ssal
trigo-sarraceno (m)	메밀	me-mil
ervilha (f)	완두	wan-du
feijão (m) roxo	강낭콩	gang-nang-kong
soja (f)	콩	kong
lentilha (f)	렌즈콩	ren-jeu-kong
feijão (m)	콩	kong

233. Vegetais. Verduras

vegetais (m pl)	채소	chae-so
verdura (f)	녹황색 채소	nok-wang-saek chae-so
tomate (m)	토마토	to-ma-to
pepino (m)	오이	o-i
cenoura (f)	당근	dang-geun
batata (f)	감자	gam-ja
cebola (f)	양파	yang-pa
alho (m)	마늘	ma-neul
couve (f)	양배추	yang-bae-chu
couve-flor (f)	컬리플라워	keol-li-peul-la-wo
couve-de-bruxelas (f)	방울다다기 양배추	bang-ul-da-da-gi yang-bae-chu
beterraba (f)	비트	bi-teu
berinjela (f)	가지	ga-ji
abobrinha (f)	애호박	ae-ho-bak
abóbora (f)	호박	ho-bak
nabo (m)	순무	sun-mu
salsa (f)	파슬리	pa-seul-li
endro, aneto (m)	딜	dil
alface (f)	양상추	yang-sang-chu
aipo (m)	셀러리	sel-leo-ri
aspargo (m)	아스파라거스	a-seu-pa-ra-geo-seu
espinafre (m)	시금치	si-geum-chi
ervilha (f)	완두	wan-du
feijão (~ soja, etc.)	콩	kong
milho (m)	옥수수	ok-su-su
feijão (m) roxo	강낭콩	gang-nang-kong
pimentão (m)	피망	pi-mang
rabanete (m)	무	mu
alcachofra (f)	아티초크	a-ti-cho-keu

GEOGRAFIA REGIONAL

Países. Nacionalidades

Europa (f)	유럽	yu-reop
União (f) Europeia	유럽 연합	yu-reop byeon-hap
europeu (m)	유럽 사람	yu-reop sa-ram
europeu (adj)	유럽의	yu-reo-bui
Áustria (f)	오스트리아	o-seu-teu-ri-a
austríaco (m)	오스트리아 사람	o-seu-teu-ri-a sa-ram
austríaca (f)	오스트리아 사람	o-seu-teu-ri-a sa-ram
austríaco (adj)	오스트리아의	o-seu-teu-ri-a-ui
Grã-Bretanha (f)	영국	yeong-guk
Inglaterra (f)	잉글랜드	ing-geul-laen-deu
inglês (m)	영국 남자	yeong-guk nam-ja
inglesa (f)	영국 여성	yeong-guk gyeo-ja
inglês (adj)	영국의	yeong-gu-gui
Bélgica (f)	벨기에	bel-gi-e
belga (m)	벨기에 사람	bel-gi-e sa-ram
belga (f)	벨기에 사람	bel-gi-e sa-ram
belga (adj)	벨기에의	bel-gi-e-ui
Alemanha (f)	독일	do-gil
alemão (m)	독일 사람	do-gil sa-ram
alemã (f)	독일 사람	do-gil sa-ram
alemão (adj)	독일의	do-gi-rui
Países Baixos (m pl)	네덜란드	ne-deol-lan-deu
Holanda (f)	네덜란드	ne-deol-lan-deu
holandês (m)	네덜란드 사람	ne-deol-lan-deu sa-ram
holandesa (f)	네덜란드 사람	ne-deol-lan-deu sa-ram
holandês (adj)	네덜란드의	ne-deol-lan-deu-ui
Grécia (f)	그리스	geu-ri-seu
grego (m)	그리스 사람	geu-ri-seu sa-ram
grega (f)	그리스 사람	geu-ri-seu sa-ram
grego (adj)	그리스의	geu-ri-seu-ui
Dinamarca (f)	덴마크	den-ma-keu
dinamarquês (m)	덴마크 사람	den-ma-keu sa-ram
dinamarquesa (f)	덴마크 사람	den-ma-keu sa-ram
dinamarquês (adj)	덴마크의	den-ma-keu-ui
Irlanda (f)	아일랜드	a-il-laen-deu
irlandês (m)	아일랜드 사람	a-il-laen-deu sa-ram

| irlandesa (f) | 아일랜드 사람 | a-il-laen-deu sa-ram |
| irlandês (adj) | 아일랜드의 | a-il-laen-deu-ui |

Islândia (f)	아이슬란드	a-i-seul-lan-deu
islandês (m)	아이슬란드 사람	a-i-seul-lan-deu sa-ram
islandesa (f)	아이슬란드 사람	a-i-seul-lan-deu sa-ram
islandês (adj)	아이슬란드의	a-i-seul-lan-deu-ui

Espanha (f)	스페인	seu-pe-in
espanhol (m)	스페인 사람	seu-pe-in sa-ram
espanhola (f)	스페인 사람	seu-pe-in sa-ram
espanhol (adj)	스페인의	seu-pe-in-ui

Itália (f)	이탈리아	i-tal-li-a
italiano (m)	이탈리아 사람	i-tal-li-a sa-ram
italiana (f)	이탈리아 사람	i-tal-li-a sa-ram
italiano (adj)	이탈리아의	i-tal-li-a-ui

Chipre (m)	키프로스	ki-peu-ro-seu
cipriota (m)	키프로스 사람	ki-peu-ro-seu sa-ram
cipriota (f)	키프로스 사람	ki-peu-ro-seu sa-ram
cipriota (adj)	키프로스의	ki-peu-ro-seu-ui

Malta (f)	몰타	mol-ta
maltês (m)	몰타 사람	mol-ta sa-ram
maltesa (f)	몰타 사람	mol-ta sa-ram
maltês (adj)	몰타의	mol-ta-ui

Noruega (f)	노르웨이	no-reu-we-i
norueguês (m)	노르웨이 사람	no-reu-we-i sa-ram
norueguesa (f)	노르웨이사람	no-reu-we-i sa-ram
norueguês (adj)	노르웨이의	no-reu-we-i-ui

Portugal (m)	포르투갈	po-reu-tu-gal
português (m)	포르투갈 사람	po-reu-tu-gal sa-ram
portuguesa (f)	포르투갈 사람	po-reu-tu-gal sa-ram
português (adj)	포르투갈의	po-reu-tu-ga-rui

Finlândia (f)	핀란드	pil-lan-deu
finlandês (m)	핀란드 사람	pil-lan-deu sa-ram
finlandesa (f)	핀란드사람	pil-lan-deu-sa-ram
finlandês (adj)	핀란드의	pil-lan-deu-ui

França (f)	프랑스	peu-rang-seu
francês (m)	프랑스 사람	peu-rang-seu sa-ram
francesa (f)	프랑스 사람	peu-rang-seu sa-ram
francês (adj)	프랑스의	peu-rang-seu-ui

Suécia (f)	스웨덴	seu-we-den
sueco (m)	스웨덴 사람	seu-we-den sa-ram
sueca (f)	스웨덴 사람	seu-we-den sa-ram
sueco (adj)	스웨덴의	seu-we-den-ui

Suíça (f)	스위스	seu-wi-seu
suíço (m)	스위스 사람	seu-wi-seu sa-ram
suíça (f)	스위스 사람	seu-wi-seu sa-ram

suíço (adj)	스위스의	seu-wi-seu-ui
Escócia (f)	스코틀랜드	seu-ko-teul-laen-deu
escocês (m)	스코틀랜드 사람	seu-ko-teul-laen-deu sa-ram
escocesa (f)	스코틀랜드 사람	seu-ko-teul-laen-deu sa-ram
escocês (adj)	스코틀랜드의	seu-ko-teul-laen-deu-ui
Vaticano (m)	바티칸	ba-ti-kan
Liechtenstein (m)	리히텐슈타인	ri-hi-ten-syu-ta-in
Luxemburgo (m)	룩셈부르크	ruk-sem-bu-reu-keu
Mônaco (m)	모나코	mo-na-ko

235. Europa Central e de Leste

Albânia (f)	알바니아	al-ba-ni-a
albanês (m)	알바니아 사람	al-ba-ni-a sa-ram
albanesa (f)	알바니아 사람	al-ba-ni-a sa-ram
albanês (adj)	알바니아의	al-ba-ni-a-ui
Bulgária (f)	불가리아	bul-ga-ri-a
búlgaro (m)	불가리아 사람	bul-ga-ri-a sa-ram
búlgara (f)	불가리아 사람	bul-ga-ri-a sa-ram
búlgaro (adj)	불가리아의	bul-ga-ri-a-ui
Hungria (f)	헝가리	heong-ga-ri
húngaro (m)	헝가리 사람	heong-ga-ri sa-ram
húngara (f)	헝가리 사람	heong-ga-ri sa-ram
húngaro (adj)	헝가리의	heong-ga-ri-ui
Letônia (f)	라트비아	ra-teu-bi-a
letão (m)	라트비아 사람	ra-teu-bi-a sa-ram
letã (f)	라트비아 사람	ra-teu-bi-a sa-ram
letão (adj)	라트비아의	ra-teu-bi-a-ui
Lituânia (f)	리투아니아	ri-tu-a-ni-a
lituano (m)	리투아니아 사람	ri-tu-a-ni-a sa-ram
lituana (f)	리투아니아 사람	ri-tu-a-ni-a sa-ram
lituano (adj)	리투아니아의	ri-tu-a-ni-a-ui
Polônia (f)	폴란드	pol-lan-deu
polonês (m)	폴란드 사람	pol-lan-deu sa-ram
polonesa (f)	폴란드 사람	pol-lan-deu sa-ram
polonês (adj)	폴란드의	pol-lan-deu-ui
Romênia (f)	루마니아	ru-ma-ni-a
romeno (m)	루마니아 사람	ru-ma-ni-a sa-ram
romena (f)	루마니아 사람	ru-ma-ni-a sa-ram
romeno (adj)	루마니아의	ru-ma-ni-a-ui
Sérvia (f)	세르비아	se-reu-bi-a
sérvio (m)	세르비아 사람	se-reu-bi-a sa-ram
sérvia (f)	세르비아 사람	se-reu-bi-a sa-ram
sérvio (adj)	세르비아의	se-reu-bi-a-ui
Eslováquia (f)	슬로바키아	seul-lo-ba-ki-a
eslovaco (m)	슬로바키아 사람	seul-lo-ba-ki-a sa-ram

| eslovaca (f) | 슬로바키아 사람 | seul-lo-ba-ki-a sa-ram |
| eslovaco (adj) | 슬로바키아의 | seul-lo-ba-ki-a-ui |

Croácia (f)	크로아티아	keu-ro-a-ti-a
croata (m)	크로아티아 사람	keu-ro-a-ti-a sa-ram
croata (f)	크로아티아 사람	keu-ro-a-ti-a sa-ram
croata (adj)	크로아티아의	keu-ro-a-ti-a-ui

República (f) Checa	체코	che-ko
checo (m)	체코 사람	che-ko sa-ram
checa (f)	체코 사람	che-ko sa-ram
checo (adj)	체코의	che-ko-ui

Estônia (f)	에스토니아	e-seu-to-ni-a
estônio (m)	에스토니아 사람	e-seu-to-ni-a sa-ram
estônia (f)	에스토니아 사람	e-seu-to-ni-a sa-ram
estônio (adj)	에스토니아의	e-seu-to-ni-a-ui

| Bósnia e Herzegovina (f) | 보스니아 헤르체코비나 | bo-seu-ni-a he-reu-che-ko-bi-na |

Macedônia (f)	마케도니아	ma-ke-do-ni-a
Eslovênia (f)	슬로베니아	seul-lo-be-ni-a
Montenegro (m)	몬테네그로	mon-te-ne-geu-ro

236. Países da ex-URSS

Azerbaijão (m)	아제르바이잔	a-je-reu-ba-i-jan
azeri (m)	아제르바이잔 사람	a-je-reu-ba-i-jan sa-ram
azeri (f)	아제르바이잔 사람	a-je-reu-ba-i-jan sa-ram
azeri, azerbaijano (adj)	아제르바이잔의	a-je-reu-ba-i-jan-ui

Armênia (f)	아르메니아	a-reu-me-ni-a
armênio (m)	아르메니아 사람	a-reu-me-ni-a sa-ram
armênia (f)	아르메니아 사람	a-reu-me-ni-a sa-ram
armênio (adj)	아르메니아의	a-reu-me-ni-a-ui

Belarus	벨로루시	bel-lo-ru-si
bielorrusso (m)	벨로루시 사람	bel-lo-ru-si sa-ram
bielorrussa (f)	벨로루시 사람	bel-lo-ru-si sa-ram
bielorrusso (adj)	벨로루시의	bel-lo-ru-si-ui

Geórgia (f)	그루지야	geu-ru-ji-ya
georgiano (m)	그루지야 사람	geu-ru-ji-ya sa-ram
georgiana (f)	그루지야 사람	geu-ru-ji-ya sa-ram
georgiano (adj)	그루지야의	geu-ru-ji-ya-ui

Cazaquistão (m)	카자흐스탄	ka-ja-heu-seu-tan
cazaque (m)	카자흐스탄 사람	ka-ja-heu-seu-tan sa-ram
cazaque (f)	카자흐스탄 사람	ka-ja-heu-seu-tan sa-ram
cazaque (adj)	카자흐스탄의	ka-ja-heu-seu-tan-ui

Quirguistão (m)	키르기스스탄	ki-reu-gi-seu-seu-tan
quirguiz (m)	키르기스스탄 사람	ki-reu-gi-seu-seu-tan sa-ram
quirguiz (f)	키르기스스탄 사람	ki-reu-gi-seu-seu-tan sa-ram

quirguiz (adj)	키르기스스탄의	ki-reu-gi-seu-seu-tan-ui
Moldávia (f)	몰도바	mol-do-ba
moldavo (m)	몰도바 사람	mol-do-ba sa-ram
moldava (f)	몰도바 사람	mol-do-ba sa-ram
moldavo (adj)	몰도바의	mol-do-ba-ui

Rússia (f)	러시아	reo-si-a
russo (m)	러시아 사람	reo-si-a sa-ram
russa (f)	러시아 사람	reo-si-a sa-ram
russo (adj)	러시아의	reo-si-a-ui

Tajiquistão (m)	타지키스탄	ta-ji-ki-seu-tan
tajique (m)	타지키스탄 사람	ta-ji-ki-seu-tan sa-ram
tajique (f)	타지키스탄 사람	ta-ji-ki-seu-tan sa-ram
tajique (adj)	타지키스탄의	ta-ji-ki-seu-tan-ui

Turquemenistão (m)	투르크메니스탄	tu-reu-keu-me-ni-seu-tan
turcomeno (m)	투르크메니스탄 사람	tu-reu-keu-me-ni-seu-tan sa-ram
turcomena (f)	투르크메니스탄 사람	tu-reu-keu-me-ni-seu-tan sa-ram
turcomeno (adj)	투르크메니스탄의	tu-reu-keu-me-ni-seu-tan-ui

Uzbequistão (f)	우즈베키스탄	u-jeu-be-ki-seu-tan
uzbeque (m)	우즈베키스탄 사람	u-jeu-be-ki-seu-tan sa-ram
uzbeque (f)	우즈베키스탄 사람	u-jeu-be-ki-seu-tan sa-ram
uzbeque (adj)	우즈베키스탄의	u-jeu-be-ki-seu-tan-ui

Ucrânia (f)	우크라이나	u-keu-ra-i-na
ucraniano (m)	우크라이나 사람	u-keu-ra-i-na sa-ram
ucraniana (f)	우크라이나 사람	u-keu-ra-i-na sa-ram
ucraniano (adj)	우크라이나의	u-keu-ra-i-na-ui

237. Asia

Ásia (f)	아시아	a-si-a
asiático (adj)	아시아의	a-si-a-ui

Vietnã (m)	베트남	be-teu-nam
vietnamita (m)	베트남 사람	be-teu-nam sa-ram
vietnamita (f)	베트남 사람	be-teu-nam sa-ram
vietnamita (adj)	베트남의	be-teu-nam-ui

Índia (f)	인도	in-do
indiano (m)	인도 사람	in-do sa-ram
indiana (f)	인도 사람	in-do sa-ram
indiano (adj)	인도의	in-do-ui

Israel (m)	이스라엘	i-seu-ra-el
israelense (m)	이스라엘 사람	i-seu-ra-el sa-ram
israelita (f)	이스라엘 사람	i-seu-ra-el sa-ram
israelense (adj)	이스라엘의	i-seu-ra-e-rui
judeu (m)	유대인	yu-dae-in
judia (f)	유대인 여자	yu-dae-in nyeo-ja

judeu (adj)	유대인의	yu-dae-in-ui
China (f)	중국	jung-guk
chinês (m)	중국 사람	jung-guk sa-ram
chinesa (f)	중국 사람	jung-guk sa-ram
chinês (adj)	중국의	jung-gu-gui
coreano (m)	한국 사람	han-guk sa-ram
coreana (f)	한국 사람	han-guk sa-ram
coreano (adj)	한국의	han-gu-gui
Líbano (m)	레바논	re-ba-non
libanês (m)	레바논 사람	re-ba-non sa-ram
libanesa (f)	레바논 사람	re-ba-non sa-ram
libanês (adj)	레바논의	re-ba-non-ui
Mongólia (f)	몽골	mong-gol
mongol (m)	몽골 사람	mong-gol sa-ram
mongol (f)	몽골 사람	mong-gol sa-ram
mongol (adj)	몽골의	mong-go-rui
Malásia (f)	말레이시아	mal-le-i-si-a
malaio (m)	말레이시아 사람	mal-le-i-si-a sa-ram
malaia (f)	말레이시아 사람	mal-le-i-si-a sa-ram
malaio (adj)	말레이시아의	mal-le-i-si-a-ui
Paquistão (m)	파키스탄	pa-ki-seu-tan
paquistanês (m)	파키스탄 사람	pa-ki-seu-tan sa-ram
paquistanesa (f)	파키스탄 사람	pa-ki-seu-tan sa-ram
paquistanês (adj)	파키스탄의	pa-ki-seu-tan-ui
Arábia (f) Saudita	사우디아라비아	sa-u-di-a-ra-bi-a
árabe (m)	아랍 사람	a-rap sa-ram
árabe (f)	아랍 사람	a-rap sa-ram
árabe (adj)	아랍인의	sa-u-di-a-ra-bi-a-ui
Tailândia (f)	태국	tae-guk
tailandês (m)	태국 사람	tae-guk sa-ram
tailandesa (f)	태국 사람	tae-guk sa-ram
tailandês (adj)	태국의	tae-gu-gui
Taiwan (m)	대만	dae-man
taiwanês (m)	대만 사람	dae-man sa-ram
taiwanesa (f)	대만 사람	dae-man sa-ram
taiwanês (adj)	대만의	dae-man-ui
Turquia (f)	터키	teo-ki
turco (m)	터키 사람	teo-ki sa-ram
turca (f)	터키 사람	teo-ki sa-ram
turco (adj)	터키의	teo-ki-ui
Japão (m)	일본	il-bon
japonês (m)	일본 사람	il-bon sa-ram
japonesa (f)	일본 사람	il-bon sa-ram
japonês (adj)	일본의	il-bon-ui
Afeganistão (m)	아프가니스탄	a-peu-ga-ni-seu-tan
Bangladesh (m)	방글라데시	bang-geul-la-de-si

| Indonésia (f) | 인도네시아 | in-do-ne-si-a |
| Jordânia (f) | 요르단 | yo-reu-dan |

Iraque (m)	이라크	i-ra-keu
Irã (m)	이란	i-ran
Camboja (f)	캄보디아	kam-bo-di-a
Kuwait (m)	쿠웨이트	ku-we-i-teu

Laos (m)	라오스	ra-o-seu
Birmânia (f)	미얀마	mi-yan-ma
Nepal (m)	네팔	ne-pal
Emirados Árabes Unidos	아랍에미리트	a-ra-be-mi-ri-teu

Síria (f)	시리아	si-ri-a
Palestina (f)	팔레스타인	pal-le-seu-ta-in
Coreia (f) do Sul	한국	han-guk
Coreia (f) do Norte	북한	buk-an

238. América do Norte

Estados Unidos da América	미국	mi-guk
americano (m)	미국 사람	mi-guk sa-ram
americana (f)	미국 사람	mi-guk sa-ram
americano (adj)	미국의	mi-gu-gui

Canadá (m)	캐나다	kae-na-da
canadense (m)	캐나다 사람	kae-na-da sa-ram
canadense (f)	캐나다 사람	kae-na-da sa-ram
canadense (adj)	캐나다의	kae-na-da-ui

México (m)	멕시코	mek-si-ko
mexicano (m)	멕시코 사람	mek-si-ko sa-ram
mexicana (f)	멕시코 사람	mek-si-ko sa-ram
mexicano (adj)	멕시코의	mek-si-ko-ui

239. América Central do Sul

Argentina (f)	아르헨티나	a-reu-hen-ti-na
argentino (m)	아르헨티나 사람	a-reu-hen-ti-na sa-ram
argentina (f)	아르헨티나 사람	a-reu-hen-ti-na sa-ram
argentino (adj)	아르헨티나의	a-reu-hen-ti-na-ui

Brasil (m)	브라질	beu-ra-jil
brasileiro (m)	브라질 사람	beu-ra-jil sa-ram
brasileira (f)	브라질 사람	beu-ra-jil sa-ram
brasileiro (adj)	브라질의	beu-ra-ji-rui

Colômbia (f)	콜롬비아	kol-lom-bi-a
colombiano (m)	콜롬비아 사람	kol-lom-bi-a sa-ram
colombiana (f)	콜롬비아 사람	kol-lom-bi-a sa-ram
colombiano (adj)	콜롬비아의	kol-lom-bi-a-ui
Cuba (f)	쿠바	ku-ba

cubano (m)	쿠바 사람	ku-ba sa-ram
cubana (f)	쿠바 사람	ku-ba sa-ram
cubano (adj)	쿠바의	ku-ba-ui
Chile (m)	칠레	chil-le
chileno (m)	칠레 사람	chil-le sa-ram
chilena (f)	칠레 사람	chil-le sa-ram
chileno (adj)	칠레의	chil-le-ui
Bolívia (f)	볼리비아	bol-li-bi-a
Venezuela (f)	베네수엘라	be-ne-su-el-la
Paraguai (m)	파라과이	pa-ra-gwa-i
Peru (m)	페루	pe-ru
Suriname (m)	수리남	su-ri-nam
Uruguai (m)	우루과이	u-ru-gwa-i
Equador (m)	에콰도르	e-kwa-do-reu
Bahamas (f pl)	바하마	ba-ha-ma
Haiti (m)	아이티	a-i-ti
República Dominicana	도미니카 공화국	do-mi-ni-ka gong-hwa-guk
Panamá (m)	파나마	pa-na-ma
Jamaica (f)	자메이카	ja-me-i-ka

240. Africa

Egito (m)	이집트	i-jip-teu
egípcio (m)	이집트 사람	i-jip-teu sa-ram
egípcia (f)	이집트 사람	i-jip-teu sa-ram
egípcio (adj)	이집트의	i-jip-teu-ui
Marrocos	모로코	mo-ro-ko
marroquino (m)	모로코 사람	mo-ro-ko sa-ram
marroquina (f)	모로코 사람	mo-ro-ko sa-ram
marroquino (adj)	모로코의	mo-ro-ko-ui
Tunísia (f)	튀니지	twi-ni-ji
tunisiano (m)	튀니지 사람	twi-ni-ji sa-ram
tunisiana (f)	튀니지 사람	twi-ni-ji sa-ram
tunisiano (adj)	튀니지의	twi-ni-ji-ui
Gana (f)	가나	ga-na
Zanzibar (m)	잔지바르	jan-ji-ba-reu
Quênia (f)	케냐	ke-nya
Líbia (f)	리비아	ri-bi-a
Madagascar (m)	마다가스카르	ma-da-ga-seu-ka-reu
Namíbia (f)	나미비아	na-mi-bi-a
Senegal (m)	세네갈	se-ne-gal
Tanzânia (f)	탄자니아	tan-ja-ni-a
África (f) do Sul	남아프리카 공화국	nam-a-peu-ri-ka gong-hwa-guk
africano (m)	아프리카 사람	a-peu-ri-ka sa-ram
africana (f)	아프리카 사람	a-peu-ri-ka sa-ram
africano (adj)	아프리카의	a-peu-ri-ka-ui

241. Austrália. Oceania

Austrália (f)	호주	ho-ju
australiano (m)	호주 사람	ho-ju sa-ram
australiana (f)	호주 사람	ho-ju sa-ram
australiano (adj)	호주의	ho-ju-ui
Nova Zelândia (f)	뉴질랜드	nyu-jil-laen-deu
neozelandês (m)	뉴질랜드 사람	nyu-jil-laen-deu sa-ram
neozelandesa (f)	뉴질랜드 사람	nyu-jil-laen-deu sa-ram
neozelandês (adj)	뉴질랜드의	nyu-jil-laen-deu-ui
Tasmânia (f)	태즈메이니아	tae-jeu-me-i-ni-a
Polinésia (f) Francesa	폴리네시아	pol-li-ne-si-a

242. Cidades

Amesterdã, Amsterdã	암스테르담	am-seu-te-reu-dam
Ancara	앙카라	ang-ka-ra
Atenas	아테네	a-te-ne
Bagdade	바그다드	ba-geu-da-deu
Bancoque	방콕	bang-kok
Barcelona	바르셀로나	ba-reu-sel-lo-na
Beirute	베이루트	be-i-ru-teu
Berlim	베를린	be-reul-lin
Bonn	본	bon
Bordéus	보르도	bo-reu-do
Bratislava	브라티슬라바	beu-ra-ti-seul-la-ba
Bruxelas	브뤼셀	beu-rwi-sel
Bucareste	부쿠레슈티	bu-ku-re-syu-ti
Budapeste	부다페스트	bu-da-pe-seu-teu
Cairo	카이로	ka-i-ro
Calcutá	캘커타	kael-keo-ta
Chicago	시카고	si-ka-go
Cidade do México	멕시코시티	mek-si-ko-si-ti
Copenhague	코펜하겐	ko-pen-ha-gen
Dar es Salaam	다르에스살람	da-reu-e-seu-sal-lam
Deli	델리	del-li
Dubai	두바이	du-ba-i
Dublim	더블린	deo-beul-lin
Düsseldorf	뒤셀도르프	dwi-sel-do-reu-peu
Estocolmo	스톡홀름	seu-tok-ol-leum
Florença	플로렌스	peul-lo-ren-seu
Frankfurt	프랑크푸르트	peu-rang-keu-pu-reu-teu
Genebra	제네바	je-ne-ba
Haia	헤이그	he-i-geu
Hamburgo	함부르크	ham-bu-reu-keu
Hanói	하노이	ha-no-i

Havana	아바나	a-ba-na
Helsinque	헬싱키	hel-sing-ki
Hiroshima	히로시마	hi-ro-si-ma
Hong Kong	홍콩	hong-kong
Istambul	이스탄불	i-seu-tan-bul

Jerusalém	예루살렘	ye-ru-sal-lem
Kiev, Quieve	키예프	ki-ye-peu
Kuala Lumpur	콸라룸푸르	kwal-la-rum-pu-reu
Lion	리옹	ri-ong
Lisboa	리스본	ri-seu-bon
Londres	런던	reon-deon
Los Angeles	로스앤젤레스	ro-seu-aen-jel-le-seu
Madrid	마드리드	ma-deu-ri-deu
Marselha	마르세유	ma-reu-se-yu
Miami	마이애미	ma-i-ae-mi

Montreal	몬트리올	mon-teu-ri-ol
Moscou	모스크바	mo-seu-keu-ba
Mumbai	봄베이, 뭄바이	bom-be-i, mum-ba-i
Munique	뮌헨	mwin-hen
Nairóbi	나이로비	na-i-ro-bi
Nápoles	나폴리	na-pol-li

Nice	니스	ni-seu
Nova York	뉴욕	nyu-yok
Oslo	오슬로	o-seul-lo
Ottawa	오타와	o-ta-wa
Paris	파리	pa-ri

Pequim	베이징	be-i-jing
Praga	프라하	peu-ra-ha
Rio de Janeiro	리우데자네이루	ri-u-de-ja-ne-i-ru
Roma	로마	ro-ma
São Petersburgo	상트페테르부르크	sang-teu-pe-te-reu-bu-reu-keu

| Seul | 서울 | seo-ul |

Singapura	싱가포르	sing-ga-po-reu
Sydney	시드니	si-deu-ni
Taipé	타이베이	ta-i-be-i
Tóquio	도쿄	do-kyo
Toronto	토론토	to-ron-to

Varsóvia	바르샤바	ba-reu-sya-ba
Veneza	베니스	be-ni-seu
Viena	빈	bin
Washington	워싱턴	wo-sing-teon
Xangai	상하이	sang-ha-i

243. Política. Governo. Parte 1

| política (f) | 정치 | jeong-chi |
| político (adj) | 정치의 | jeong-chi-ui |

político (m)	정치가	jeong-chi-ga
estado (m)	국가	guk-ga
cidadão (m)	시민	si-min
cidadania (f)	시민권	si-min-gwon

| brasão (m) de armas | 국장 | guk-jang |
| hino (m) nacional | 국가 | guk-ga |

governo (m)	정부	jeong-bu
Chefe (m) de Estado	국가 수장	guk-ga su-jang
parlamento (m)	의회	ui-hoe
partido (m)	정당	jeong-dang

| capitalismo (m) | 자본주의 | ja-bon-ju-ui |
| capitalista (adj) | 자본주의의 | ja-bon-ju-ui-ui |

| socialismo (m) | 사회주의 | sa-hoe-ju-ui |
| socialista (adj) | 사회주의의 | sa-hoe-ju-ui-ui |

comunismo (m)	공산주의	gong-san-ju-ui
comunista (adj)	공산주의의	gong-san-ju-ui-ui
comunista (m)	공산주의자	gong-san-ju-ui-ja

democracia (f)	민주주의	min-ju-ju-ui
democrata (m)	민주주의자	min-ju-ju-ui-ja
democrático (adj)	민주주의의	min-ju-ju-ui-ui
Partido (m) Democrático	민주당	min-ju-dang

liberal (m)	자유주의자	ja-yu-ju-ui-ja
liberal (adj)	자유주의의	ja-yu-ju-ui-ui
conservador (m)	보수주의자	bo-su-ju-ui-ja
conservador (adj)	보수적인	bo-su-jeo-gin

república (f)	공화국	gong-hwa-guk
republicano (m)	공화당원	gong-hwa-dang-won
Partido (m) Republicano	공화당	gong-hwa-dang

eleições (f pl)	선거	seon-geo
eleger (vt)	선거하다	seon-geo-ha-da
eleitor (m)	유권자	yu-gwon-ja
campanha (f) eleitoral	선거 운동	seon-geo un-dong

votação (f)	선거	seon-geo
votar (vi)	투표하다	tu-pyo-ha-da
sufrágio (m)	투표권	tu-pyo-gwon

candidato (m)	후보자	hu-bo-ja
candidatar-se (vi)	입후보하다	i-pu-bo-ha-da
campanha (f)	캠페인	kaem-pe-in

| da oposição | 반대의 | ban-dae-ui |
| oposição (f) | 반대 | ban-dae |

visita (f)	방문	bang-mun
visita (f) oficial	공식 방문	gong-sik bang-mun
internacional (adj)	국제적인	guk-je-jeo-gin

| negociações (f pl) | 협상 | hyeop-sang |
| negociar (vi) | 협상하다 | hyeop-sang-ha-da |

244. Política. Governo. Parte 2

sociedade (f)	사회	sa-hoe
constituição (f)	헌법	heon-beop
poder (ir para o ~)	권력	gwol-lyeok
corrupção (f)	부패	bu-pae

| lei (f) | 법률 | beom-nyul |
| legal (adj) | 합법적인 | hap-beop-jeo-gin |

| justeza (f) | 정의 | jeong-ui |
| justo (adj) | 공정한 | gong-jeong-han |

comitê (m)	위원회	wi-won-hoe
projeto-lei (m)	법안	beo-ban
orçamento (m)	예산	ye-san
política (f)	정책	jeong-chaek
reforma (f)	개혁	gae-hyeok
radical (adj)	급진적인	geup-jin-jeo-gin

força (f)	힘	him
poderoso (adj)	강력한	gang-nyeo-kan
partidário (m)	지지자	ji-ji-ja
influência (f)	영향	yeong-hyang

regime (m)	정권	jeong-gwon
conflito (m)	갈등	gal-deung
conspiração (f)	음모	eum-mo
provocação (f)	도발	do-bal

derrubar (vt)	타도하다	ta-do-ha-da
derrube (m), queda (f)	전복	jeon-bok
revolução (f)	혁명	hyeong-myeong

| golpe (m) de Estado | 쿠데타 | ku-de-ta |
| golpe (m) militar | 군사 쿠데타 | gun-sa ku-de-ta |

crise (f)	위기	wi-gi
recessão (f) econômica	경기침체	gyeong-gi-chim-che
manifestante (m)	시위자	si-wi-ja
manifestação (f)	데모	de-mo
lei (f) marcial	계엄령	gye-eom-nyeong
base (f) militar	군사 거점	gun-sa geo-jeom

| estabilidade (f) | 안정 | an-jeong |
| estável (adj) | 안정된 | an-jeong-doen |

exploração (f)	착취	chak-chwi
explorar (vt)	착취하다	chak-chwi-ha-da
racismo (m)	인종차별주의	in-jong-cha-byeol-ju-ui
racista (m)	인종차별주의자	in-jong-cha-byeol-ju-ui-ja

fascismo (m)	파시즘	pa-si-jeum
fascista (m)	파시스트	pa-si-seu-teu

245. Países. Diversos

estrangeiro (m)	외국인	oe-gu-gin
estrangeiro (adj)	외국의	oe-gu-gui
no estrangeiro	해외로	hae-oe-ro
emigrante (m)	이민자	i-min-ja
emigração (f)	이민	i-min
emigrar (vi)	이주하다	i-ju-ha-da
Ocidente (m)	서양	seo-yang
Oriente (m)	동양	dong-yang
Extremo Oriente (m)	극동	geuk-dong
civilização (f)	문명	mun-myeong
humanidade (f)	인류	il-lyu
mundo (m)	세계	se-gye
paz (f)	평화	pyeong-hwa
mundial (adj)	세계의	se-gye-ui
pátria (f)	고향	go-hyang
povo (população)	국민	gung-min
população (f)	인구	in-gu
gente (f)	사람들	sa-ram-deul
nação (f)	국가	guk-ga
geração (f)	세대	se-dae
território (m)	영토	yeong-to
região (f)	지방, 지역	ji-bang, ji-yeok
estado (m)	주	ju
tradição (f)	전통	jeon-tong
costume (m)	풍습	pung-seup
ecologia (f)	생태학	saeng-tae-hak
índio (m)	인디언	in-di-eon
cigano (m)	집시	jip-si
cigana (f)	집시	jip-si
cigano (adj)	집시의	jip-si-ui
império (m)	제국	je-guk
colônia (f)	식민지	sing-min-ji
escravidão (f)	노예제도	no-ye-je-do
invasão (f)	침략	chim-nyak
fome (f)	기근	gi-geun

246. Grupos religiosos mais importantes. Confissões

religião (f)	종교	jong-gyo
religioso (adj)	종교의	jong-gyo-ui

crença (f)	믿음	mi-deum
crer (vt)	믿다	mit-da
crente (m)	신자	sin-ja
ateísmo (m)	무신론	mu-sin-non
ateu (m)	무신론자	mu-sin-non-ja
cristianismo (m)	기독교	gi-dok-gyo
cristão (m)	기독교도	gi-dok-gyo-do
cristão (adj)	기독교의	gi-dok-gyo-ui
catolicismo (m)	가톨릭	ga-tol-lik
católico (m)	가톨릭 신자	ga-tol-lik sin-ja
católico (adj)	가톨릭의	ga-tol-li-gui
protestantismo (m)	개신교	gae-sin-gyo
Igreja (f) Protestante	개신교 교회	gae-sin-gyo gyo-hoe
protestante (m)	개신교도	gae-sin-gyo-do
ortodoxia (f)	동방정교	dong-bang-jeong-gyo
Igreja (f) Ortodoxa	동방정교회	dong-bang-jeong-gyo-hoe
ortodoxo (m)	동방정교 신자	dong-bang-jeong-gyo sin-ja
presbiterianismo (m)	장로교	jang-no-gyo
Igreja (f) Presbiteriana	장로교회	jang-no-gyo-hoe
presbiteriano (m)	장로교 교인	jang-no-gyo gyo-in
luteranismo (m)	루터교회	ru-teo-gyo-hoe
luterano (m)	루터 교회 신자	ru-teo gyo-hoe sin-ja
Igreja (f) Batista	침례교	chim-nye-gyo
batista (m)	침례교도	chim-nye-gyo-do
Igreja (f) Anglicana	성공회	seong-gong-hoe
anglicano (m)	성공회 신자	seong-gong-hoe sin-ja
mormonismo (m)	모르몬교	mo-reu-mon-gyo
mórmon (m)	모르몬 교도	mo-reu-mon gyo-do
Judaísmo (m)	유대교	yu-dae-gyo
judeu (m)	유대인	yu-dae-in
budismo (m)	불교	bul-gyo
budista (m)	불교도	bul-gyo-do
hinduísmo (m)	힌두교	hin-du-gyo
hindu (m)	힌두교도	hin-du-gyo-do
Islã (m)	이슬람교	i-seul-lam-gyo
muçulmano (m)	이슬람교도	i-seul-lam-gyo-ui
muçulmano (adj)	이슬람의	i-seul-la-mui
xiismo (m)	시아파 이슬람	si-a-pa i-seul-lam
xiita (m)	시아파 신도	si-a-pa sin-do
sunismo (m)	수니파 이슬람	su-ni-pa i-seul-lam
sunita (m)	수니파 신도	su-ni-pa sin-do

247. Religiões. Padres

padre (m)	사제	sa-je
Papa (m)	교황	gyo-hwang
monge (m)	수도사	su-do-sa
freira (f)	수녀	su-nyeo
abade (m)	수도원장	su-do-won-jang
vigário (m)	교구 목사	gyo-gu mok-sa
bispo (m)	주교	ju-gyo
cardeal (m)	추기경	chu-gi-gyeong
pregador (m)	전도사	jeon-do-sa
sermão (m)	설교	seol-gyo
paroquianos (pl)	교구민	gyo-gu-min
crente (m)	신자	sin-ja
ateu (m)	무신론자	mu-sin-non-ja

248. Fé. Cristianismo. Islão

Adão	아담	a-dam
Eva	이브	i-beu
Deus (m)	신	sin
Senhor (m)	하나님	ha-na-nim
Todo Poderoso (m)	전능의 신	jeon-neung-ui sin
pecado (m)	죄	joe
pecar (vi)	죄를 범하다	joe-reul beom-ha-da
pecador (m)	죄인	joe-in
pecadora (f)	죄인	joe-in
inferno (m)	지옥	ji-ok
paraíso (m)	천국	cheon-guk
Jesus	예수	ye-su
Jesus Cristo	예수 그리스도	ye-su geu-ri-seu-do
Espírito (m) Santo	성령	seong-nyeong
Salvador (m)	구세주	gu-se-ju
Virgem Maria (f)	성모 마리아	seong-mo ma-ri-a
Diabo (m)	악마	ang-ma
diabólico (adj)	악마의	ang-ma-ui
Satanás (m)	사탄	sa-tan
satânico (adj)	사탄의	sa-tan-ui
anjo (m)	천사	cheon-sa
anjo (m) da guarda	수호천사	su-ho-cheon-sa
angelical	천사의	cheon-sa-ui
apóstolo (m)	사도	sa-do

arcanjo (m)	대천사	dae-cheon-sa
anticristo (m)	적그리스도	jeok-geu-ri-seu-do
Igreja (f)	교회	gyo-hoe
Bíblia (f)	성경	seong-gyeong
bíblico (adj)	성경의	seong-gyeong-ui
Velho Testamento (m)	구약성서	gu-yak-seong-seo
Novo Testamento (m)	신약성서	si-nyak-seong-seo
Evangelho (m)	복음	bo-geum
Sagradas Escrituras (f pl)	성서	seong-seo
Céu (sete céus)	하늘나라	ha-neul-la-ra
mandamento (m)	율법	yul-beop
profeta (m)	예언자	ye-eon-ja
profecia (f)	예언	ye-eon
Alá (m)	알라	al-la
Maomé (m)	마호메트	ma-ho-me-teu
Alcorão (m)	코란	ko-ran
mesquita (f)	모스크	mo-seu-keu
mulá (m)	물라	mul-la
oração (f)	기도	gi-do
rezar, orar (vi)	기도하다	gi-do-ha-da
peregrinação (f)	순례 여행	sul-lye yeo-haeng
peregrino (m)	순례자	sul-lye-ja
Meca (f)	메카	me-ka
igreja (f)	교회	gyo-hoe
templo (m)	사원, 신전	sa-won, sin-jeon
catedral (f)	대성당	dae-seong-dang
gótico (adj)	고딕 양식의	go-dik gyang-si-gui
sinagoga (f)	유대교 회당	yu-dae-gyo hoe-dang
mesquita (f)	모스크	mo-seu-keu
capela (f)	채플	chae-peul
abadia (f)	수도원	su-do-won
convento (m)	수녀원	su-nyeo-won
monastério (m)	수도원	su-do-won
sino (m)	종	jong
campanário (m)	종루	jong-nu
repicar (vi)	울리다	ul-li-da
cruz (f)	십자가	sip-ja-ga
cúpula (f)	둥근 지붕	dung-geun ji-bung
ícone (m)	성상	seong-sang
alma (f)	영혼	yeong-hon
destino (m)	운명	un-myeong
mal (m)	악	ak
bem (m)	선	seon
vampiro (m)	흡혈귀	heu-pyeol-gwi
bruxa (f)	마녀	ma-nyeo

| demônio (m) | 악령 | ang-nyeong |
| espírito (m) | 정신, 영혼 | jeong-sin, yeong-hon |

| redenção (f) | 구원 | gu-won |
| redimir (vt) | 상환하다 | sang-hwan-ha-da |

missa (f)	예배, 미사	ye-bae, mi-sa
celebrar a missa	미사를 올리다	mi-sa-reul rol-li-da
confissão (f)	고해	go-hae
confessar-se (vr)	고해하다	go-hae-ha-da

santo (m)	성인	seong-in
sagrado (adj)	신성한	sin-seong-han
água (f) benta	성수	seong-su

ritual (m)	의식	ui-sik
ritual (adj)	의식의	ui-si-gui
sacrifício (m)	제물	je-mul

superstição (f)	미신	mi-sin
supersticioso (adj)	미신의	mi-sin-ui
vida (f) após a morte	내세	nae-se
vida (f) eterna	영생	yeong-saeng

TEMAS DIVERSOS

249. Várias palavras úteis

ajuda (f)	도움	do-um
barreira (f)	장벽	jang-byeok
base (f)	근거	geun-geo
categoria (f)	범주	beom-ju
causa (f)	이유	i-yu
coincidência (f)	우연	u-yeon
coisa (f)	물건	mul-geon
começo, início (m)	시작	si-jak
cômodo (ex. poltrona ~a)	편안한	pyeon-an-han
comparação (f)	비교	bi-gyo
compensação (f)	배상	bae-sang
crescimento (m)	성장	seong-jang
desenvolvimento (m)	개발	gae-bal
diferença (f)	다름	da-reum
efeito (m)	효과	hyo-gwa
elemento (m)	요소	yo-so
equilíbrio (m)	균형	gyun-hyeong
erro (m)	실수	sil-su
esforço (m)	노력	no-ryeok
estilo (m)	스타일	seu-ta-il
exemplo (m)	예	ye
fato (m)	사실	sa-sil
fim (m)	끝	kkeut
forma (f)	모양	mo-yang
frequente (adj)	빈번한	bin-beon-han
fundo (ex. ~ verde)	배경	bae-gyeong
gênero (tipo)	종류	jong-nyu
grau (m)	정도	jeong-do
ideal (m)	이상	i-sang
labirinto (m)	미궁	mi-gung
modo (m)	방법	bang-beop
momento (m)	순간	sun-gan
objeto (m)	대상	dae-sang
obstáculo (m)	장애	jang-ae
original (m)	원본	won-bon
padrão (adj)	기준의	gi-jun-ui
padrão (m)	기준	gi-jun
paragem (pausa)	정지	jeong-ji
parte (f)	부분	bu-bun

partícula (f)	입자	ip-ja
pausa (f)	휴식	hyu-sik
posição (f)	위치	wi-chi
princípio (m)	원칙	won-chik
problema (m)	문제	mun-je
processo (m)	과정	gwa-jeong
progresso (m)	진척	jin-cheok
propriedade (qualidade)	특질	teuk-jil
reação (f)	반응	ba-neung
risco (m)	위험	wi-heom
ritmo (m)	완급	wan-geup
segredo (m)	비밀	bi-mil
série (f)	일련	il-lyeon
sistema (m)	체계	che-gye
situação (f)	상황	sang-hwang
solução (f)	해결	hae-gyeol
tabela (f)	표	pyo
termo (ex. ~ técnico)	용어	yong-eo
tipo (m)	형태, 종류	hyeong-tae, jong-nyu
urgente (adj)	긴급한	gin-geu-pan
urgentemente	급히	geu-pi
utilidade (f)	유용성	yu-yong-seong
variante (f)	변종	byeon-jong
variedade (f)	선택	seon-taek
verdade (f)	진리	jil-li
vez (f)	차례	cha-rye
zona (f)	지대	ji-dae

250. Modificadores. Adjetivos. Parte 1

aberto (adj)	열린	yeol-lin
afetuoso (adj)	자상한	ja-sang-han
afiado (adj)	날카로운	nal-ka-ro-un
agradável (adj)	좋은	jo-eun
agradecido (adj)	감사하는	gam-sa-ha-neun
alegre (adj)	명랑한	myeong-nang-han
alto (ex. voz ~a)	시끄러운	si-kkeu-reo-un
amargo (adj)	쓴	sseun
amplo (adj)	넓은	neol-beun
antigo (adj)	고대의	go-dae-ui
apropriado (adj)	적합한	jeo-ka-pan
arriscado (adj)	위험한	wi-heom-han
artificial (adj)	인공의	in-gong-ui
azedo (adj)	시큼한	si-keum-han
baixo (voz ~a)	낮은	na-jeun
barato (adj)	싼	ssan

belo (adj)	아름다운	a-reum-da-un
bom (adj)	좋은	jo-eun
bondoso (adj)	착한	cha-kan
bonito (adj)	아름다운	a-reum-da-un
bronzeado (adj)	햇볕에 탄	haet-byeo-te tan
burro, estúpido (adj)	미련한	mi-ryeon-han
calmo (adj)	고요한	go-yo-han
cansado (adj)	피곤한	pi-gon-han
cansativo (adj)	지치는	ji-chi-neun
carinhoso (adj)	배려하는	bae-ryeo-ha-neun
caro (adj)	비싼	bi-ssan
cego (adj)	눈먼	nun-meon
central (adj)	중앙의	jung-ang-ui
cerrado (ex. nevoeiro ~)	짙은	ji-teun
cheio (xícara ~a)	가득 찬	ga-deuk chan
civil (adj)	시민의	si-min-ui
clandestino (adj)	은밀한	eun-mil-han
claro (explicação ~a)	명쾌한	myeong-kwae-han
claro (pálido)	밝은	bal-geun
compatível (adj)	호환이 되는	ho-hwan-i doe-neun
comum, normal (adj)	보통의	bo-tong-ui
congelado (adj)	언	naeng-dong-doen
conjunto (adj)	공동의	gong-dong-ui
considerável (adj)	중요한	jung-yo-han
contente (adj)	만족한	man-jok-an
contínuo (adj)	장기적인	jang-gi-jeo-gin
contrário (ex. o efeito ~)	반대의	ban-dae-ui
correto (resposta ~a)	맞는	man-neun
cru (não cozinhado)	날것의	nal-geos-ui
curto (adj)	짧은	jjal-beun
de curta duração	단기의	dan-gi-ui
de sol, ensolarado	화창한	hwa-chang-han
de trás	뒤의	dwi-ui
denso (fumaça ~a)	밀집한	mil-ji-pan
desanuviado (adj)	구름 없는	gu-reum eom-neun
descuidado (adj)	부주의한	bu-ju-ui-han
diferente (adj)	다른	da-reun
difícil (decisão)	어려운	eo-ryeo-un
difícil, complexo (adj)	어려운	eo-ryeo-un
direito (lado ~)	오른쪽의	o-reun-jjo-gui
distante (adj)	먼	meon
diverso (adj)	다양한	da-yang-han
doce (açucarado)	단	dan
doce (água)	민물의	min-mu-rui
doente (adj)	병든	byeong-deun
duro (material ~)	단단한	dan-dan-han
educado (adj)	공손한	gong-son-han

encantador (agradável)	친절한	chin-jeol-han
enigmático (adj)	신비한	sin-bi-han
enorme (adj)	거대한	geo-dae-han
escuro (quarto ~)	어두운	eo-du-un
especial (adj)	특별한	teuk-byeol-han
esquerdo (lado ~)	왼쪽의	oen-jjo-gui
estrangeiro (adj)	외국의	oe-gu-gui
estreito (adj)	좁은	jo-beun
exato (montante ~)	정확한	jeong-hwak-an
excelente (adj)	우수한	u-su-han
excessivo (adj)	과도한	gwa-do-han
externo (adj)	외부의	oe-bu-ui
fácil (adj)	쉬운	swi-un
faminto (adj)	배고픈	bae-go-peun
fechado (adj)	닫힌	da-chin
feliz (adj)	행복한	haeng-bok-an
fértil (terreno ~)	비옥한	bi-ok-an
forte (pessoa ~)	강한	gang-han
fraco (luz ~a)	희미한	hui-mi-han
frágil (adj)	깨지기 쉬운	kkae-ji-gi swi-un
fresco (pão ~)	신선한	sin-seon-han
fresco (tempo ~)	서늘한	seo-neul-han
frio (adj)	차가운	cha-ga-un
gordo (alimentos ~s)	지방이 많은	ji-bang-i ma-neun
gostoso, saboroso (adj)	맛있는	man-nin-neun
grande (adj)	큰	keun
gratuito, grátis (adj)	무료의	mu-ryo-ui
grosso (camada ~a)	두툼한	du-tum-han
hostil (adj)	적대적인	jeok-dae-jeo-gin

251. Modificadores. Adjetivos. Parte 2

igual (adj)	같은	ga-teun
imóvel (adj)	동요되지 않는	dong-yo-doe-ji an-neun
importante (adj)	중요한	jung-yo-han
impossível (adj)	불가능한	bul-ga-neung-han
incompreensível (adj)	이해할 수 없는	i-hae-hal su eom-neun
indigente (muito pobre)	극빈한	geuk-bin-han
indispensável (adj)	필수적인	pil-su-jeo-gin
inexperiente (adj)	경험 없는	gyeong-heom eom-neun
infantil (adj)	어린이의	eo-ri-ni-ui
ininterrupto (adj)	연속적인	yeon-sok-jeo-gin
insignificante (adj)	중요하지 않은	jung-yo-ha-ji a-neun
inteiro (completo)	전체의	jeon-che-ui
inteligente (adj)	영리한	yeong-ni-han
interno (adj)	내부의	nae-bu-ui
jovem (adj)	젊은	jeol-meun

largo (caminho ~)	넓은	neol-beun
legal (adj)	합법적인	hap-beop-jeo-gin
leve (adj)	가벼운	ga-byeo-un

limitado (adj)	한정된	han-jeong-doen
limpo (adj)	깨끗한	kkae-kkeu-tan
líquido (adj)	액체의	aek-che-ui
liso (adj)	매끈한	mae-kkeun-han
liso (superfície ~a)	고른	go-reun

livre (adj)	한가한	han-ga-han
longo (ex. cabelo ~)	긴	gin
maduro (ex. fruto ~)	익은	i-geun
magro (adj)	야윈	ya-win
mais próximo (adj)	가장 가까운	ga-jang ga-kka-un

mais recente (adj)	지나간	ji-na-gan
mate (adj)	무광의	mu-gwang-ui
mau (adj)	나쁜	na-ppeun
meticuloso (adj)	꼼꼼한	kkom-kkom-han
míope (adj)	근시의	geun-si-ui

mole (adj)	부드러운	bu-deu-reo-un
molhado (adj)	젖은	jeo-jeun
moreno (adj)	거무스레한	geo-mu-seu-re-han
morto (adj)	죽은	ju-geun
muito magro (adj)	깡마른	kkang-ma-reun

não difícil (adj)	힘들지 않은	him-deul-ji a-neun
não é clara (adj)	불분명한	bul-bun-myeong-han
não muito grande (adj)	크지 않은	keu-ji a-neun
natal (país ~)	태어난 곳의	tae-eo-nan gos-ui
necessário (adj)	필요한	pi-ryo-han

negativo (resposta ~a)	부정적인	bu-jeong-jeo-gin
nervoso (adj)	신경질의	sin-gyeong-ji-rui
normal (adj)	평범한	pyeong-beom-han
novo (adj)	새로운	sae-ro-un
o mais importante (adj)	가장 중요한	ga-jang jung-yo-han

obrigatório (adj)	의무적인	ui-mu-jeo-gin
original (incomum)	독창적인	dok-chang-jeo-gin
passado (adj)	지난	ji-nan
pequeno (adj)	작은	ja-geun
perigoso (adj)	위험한	wi-heom-han

permanente (adj)	영구적인	yeong-gu-jeo-gin
perto (adj)	인근의	in-geu-nui
pesado (adj)	무거운	mu-geo-un
pessoal (adj)	개인의	gae-in-ui
plano (ex. ecrã ~ a)	평평한	pyeong-pyeong-han

pobre (adj)	가난한	ga-nan-han
pontual (adj)	시간을 지키는	si-ga-neul ji-ki-neun
possível (adj)	가능한	ga-neung-han
pouco fundo (adj)	얕은	ya-teun

presente (ex. momento ~)	현재의	hyeon-jae-ui
primeiro (principal)	주요한	ju-yo-han
principal (adj)	주요한	ju-yo-han
privado (adj)	사적인	sa-jeo-gin
provável (adj)	개연성 있는	gae-yeon-seong in-neun
próximo (adj)	가까운	ga-kka-un
público (adj)	공공의	gong-gong-ui
quente (cálido)	뜨거운	tteu-geo-un
quente (morno)	따뜻한	tta-tteu-tan
rápido (adj)	빠른	ppa-reun
raro (adj)	드문	deu-mun
remoto, longínquo (adj)	먼	meon
reto (linha ~a)	곧은	go-deun
salgado (adj)	짠	jjan
satisfeito (adj)	만족한	man-jok-an
seco (roupa ~a)	마른	ma-reun
seguinte (adj)	다음의	da-eum-ui
seguro (não perigoso)	안전한	an-jeon-han
similar (adj)	비슷한	bi-seu-tan
simples (fácil)	단순한	dan-sun-han
soberbo, perfeito (adj)	우수한, 완벽한	u-su-han, wan-byeok-an
sólido (parede ~a)	튼튼한	teun-teun-han
sombrio (adj)	어둑어둑한	eo-du-geo-duk-an
sujo (adj)	더러운	deo-reo-un
superior (adj)	가장 높은	ga-jang no-peun
suplementar (adj)	추가의	chu-ga-ui
tranquilo (adj)	조용한	jo-yong-han
transparente (adj)	투명한	tu-myeong-han
triste (pessoa)	슬픈	seul-peun
triste (um ar ~)	슬픈	seul-peun
último (adj)	마지막의	ma-ji-ma-gui
úmido (adj)	습한	seu-pan
único (adj)	독특한	dok-teuk-an
usado (adj)	중고의	jung-go-ui
vazio (meio ~)	빈	bin
velho (adj)	오래된	o-rae-doen
vizinho (adj)	이웃의	i-us-ui

500 VERBOS PRINCIPAIS

252. Verbos A-B

abraçar (vt)	껴안다	kkyeo-an-da
abrir (vt)	열다	yeol-da
acalmar (vt)	진정시키다	jin-jeong-si-ki-da
acariciar (vt)	쓰다듬다	sseu-da-deum-da
acenar (com a mão)	손을 흔들다	so-neul heun-deul-da
acender (~ uma fogueira)	불을 붙이다	bu-reul bu-chi-da
achar (vt)	믿다	mit-da
acompanhar (vt)	동반하다	dong-ban-ha-da
aconselhar (vt)	조언하다	jo-eon-ha-da
acordar, despertar (vt)	깨우다	kkae-u-da
acrescentar (vt)	추가하다	chu-ga-ha-da
acusar (vt)	비난하다	bi-nan-ha-da
adestrar (vt)	가르치다	ga-reu-chi-da
adivinhar (vt)	추측하다	chu-cheuk-a-da
admirar (vt)	존경하다	jon-gyeong-ha-da
adorar (~ fazer)	좋아하다	jo-a-ha-da
advertir (vt)	경고하다	gyeong-go-ha-da
afirmar (vt)	확언하다	hwa-geon-ha-da
afogar-se (vr)	익사하다	ik-sa-ha-da
afugentar (vt)	몰아내다	mo-ra-nae-da
agir (vi)	행동하다	haeng-dong-ha-da
agitar, sacudir (vt)	흔들다	heun-deul-da
agradecer (vt)	감사하다	gam-sa-ha-da
ajudar (vt)	도와주다	do-wa-ju-da
alcançar (objetivos)	달성하다	dal-seong-ha-da
alimentar (dar comida)	먹이다	meo-gi-da
almoçar (vi)	점심을 먹다	jeom-si-meul meok-da
alugar (~ o barco, etc.)	임대하다	im-dae-ha-da
alugar (~ um apartamento)	임대하다	im-dae-ha-da
amar (pessoa)	사랑하다	sa-rang-ha-da
amarrar (vt)	묶다	muk-da
ameaçar (vt)	협박하다	hyeop-bak-a-da
amputar (vt)	절단하다	jeol-dan-ha-da
anotar (escrever)	적다	jeok-da
anotar (escrever)	적다	jeok-da
anular, cancelar (vt)	취소하다	chwi-so-ha-da
apagar (com apagador, etc.)	지우다	ji-u-da
apagar (um incêndio)	끄다	kkeu-da

apaixonar-se ...	··· 와 사랑에 빠지다	... wa sa-rang-e ppa-ji-da
aparecer (vi)	나타나다	na-ta-na-da
aplaudir (vi)	박수를 치다	bak-su-reul chi-da
apoiar (vt)	지지하다	ji-ji-ha-da
apontar para ...	겨냥대다	gyeo-nyang-dae-da
apresentar	소개하다	so-gae-ha-da
(alguém a alguém)		
apresentar (Gostaria de ~)	소개하다	so-gae-ha-da
apressar (vt)	재촉하다	jae-chok-a-da
apressar-se (vr)	서두르다	seo-du-reu-da
aproximar-se (vr)	가까이 가다	ga-kka-i ga-da
aquecer (vt)	데우다	de-u-da
arrancar (vt)	찢다	jjit-da
arranhar (vt)	할퀴다	hal-kwi-da
arrepender-se (vr)	후회하다	hu-hoe-ha-da
arriscar (vt)	위험을 무릅쓰다	wi-heo-meul mu-reup-sseu-da
arrumar, limpar (vt)	청소하다	cheong-so-ha-da
aspirar a ...	··· 를 열망하다	... reul ryeol-mang-ha-da
assinar (vt)	서명하다	seo-myeong-ha-da
assistir (vt)	원조하다	won-jo-ha-da
atacar (vt)	공격하다	gong-gyeo-ka-da
atar (vt)	··· 에 묶다	... e muk-da
atracar (vi)	정박시키다	jeong-bak-si-ki-da
aumentar (vi)	늘다	neul-da
aumentar (vt)	늘리다	neul-li-da
avançar (vi)	나아가다	na-a-ga-da
avistar (vt)	잠깐 보다	jam-kkan bo-da
baixar (guindaste, etc.)	내리다	nae-ri-da
barbear-se (vr)	깎다	kkak-da
basear-se (vr)	··· 에 근거하다	... e geun-geo-ha-da
bastar (vi)	충분하다	chung-bun-ha-da
bater (à porta)	두드리다	du-deu-ri-da
bater (espancar)	때리다	ttae-ri-da
bater-se (vr)	싸우다	ssa-u-da
beber, tomar (vt)	마시다	ma-si-da
brilhar (vi)	빛나다	bin-na-da
brincar, jogar (vi, vt)	놀다	nol-da
buscar (vt)	··· 를 찾다	... reul chat-da

253. Verbos C-D

caçar (vi)	사냥하다	sa-nyang-ha-da
calar-se (parar de falar)	말하기를 멈추다	mal-ha-gi-reul meom-chu-da
calcular (vt)	세다	se-da
carregar (o caminhão, etc.)	싣다	sit-da

carregar (uma arma)	장탄하다	jang-tan-ha-da
casar-se (vr)	결혼하다	gyeol-hon-ha-da
causar (vt)	… 의 이유가 되다	… ui i-yu-ga doe-da
cavar (vt)	파다	pa-da
ceder (não resistir)	굴복하다	gul-bok-a-da
cegar, ofuscar (vt)	앞이 안 보이게 만들다	a-pi an bo-i-ge man-deul-da
censurar (vt)	책망하다	chaeng-mang-ha-da
chamar (~ por socorro)	부르다, 요청하다	bu-reu-da, yo-cheong-ha-da
chamar (alguém para …)	부르다	bu-reu-da
chegar (a algum lugar)	이르다	i-reu-da
chegar (vi)	도착하다	do-chak-a-da
cheirar (~ uma flor)	냄새를 맡다	naem-sae-reul mat-da
cheirar (tem o cheiro)	냄새가 나다	naem-sae-ga na-da
chorar (vi)	울다	ul-da
citar (vt)	인용하다	i-nyong-ha-da
colher (flores)	따다	tta-da
colocar (vt)	놓다	no-ta
combater (vi, vt)	전투하다	jeon-tu-ha-da
começar (vt)	시작하다	si-jak-a-da
comer (vt)	먹다	meok-da
comparar (vt)	비교하다	bi-gyo-ha-da
compensar (vt)	보상하다	bo-sang-ha-da
competir (vi)	경쟁하다	gyeong-jaeng-ha-da
complicar (vt)	복잡하게 하다	bok-ja-pa-ge ha-da
compor (~ música)	작곡하다	jak-gok-a-da
comportar-se (vr)	행동하다	haeng-dong-ha-da
comprar (vt)	사다	sa-da
comprometer (vt)	위태롭게 하다	wi-tae-rop-ge ha-da
concentrar-se (vr)	집중하다	jip-jung-ha-da
concordar (dizer "sim")	동의하다	dong-ui-ha-da
condecorar (dar medalha)	훈장을 주다	hun-jang-eul ju-da
confessar-se (vr)	고백하다	go-baek-a-da
confiar (vt)	신뢰하다	sil-loe-ha-da
confundir (equivocar-se)	혼동하다	hon-dong-ha-da
conhecer (vt)	알다	al-da
conhecer-se (vr)	… 와 아는 사이가 되다	… wa a-neun sa-i-ga doe-da
consertar (vt)	정리하다	jeong-ni-ha-da
consultar …	상담하다	sang-dam-ha-da
contagiar-se com …	옮다	om-da
contar (vt)	이야기하다	i-ya-gi-ha-da
contar com …	… 에 의지하다	… e ui-ji-ha-da
continuar (vt)	계속하다	gye-sok-a-da
contratar (vt)	고용하다	go-yong-ha-da
controlar (vt)	제어하다	je-eo-ha-da
convencer (vt)	납득시키다	nap-deuk-si-ki-da
convidar (vt)	초대하다	cho-dae-ha-da

cooperar (vi)	협동하다	hyeop-dong-ha-da
coordenar (vt)	조정하다	jo-jeong-ha-da
corar (vi)	붉히다	buk-hi-da
correr (vi)	달리다	dal-li-da
corrigir (~ um erro)	고치다	go-chi-da
cortar (com um machado)	잘라내다	jal-la-nae-da
cortar (com uma faca)	자르다	ja-reu-da
cozinhar (vt)	요리하다	yo-ri-ha-da
crer (pensar)	믿다	mit-da
criar (vt)	창조하다	chang-jo-ha-da
cultivar (~ plantas)	기르다	gi-reu-da
cuspir (vi)	뱉다	baet-da
custar (vt)	값이 … 이다	gap-si … i-da
dar banho, lavar (vt)	목욕시키다	mo-gyok-si-ki-da
datar (vi)	… 부터 시작되다	… bu-teo si-jak-doe-da
decidir (vt)	결심하다	gyeol-sim-ha-da
decorar (enfeitar)	장식하다	jang-sik-a-da
dedicar (vt)	헌정하다	heon-jeong-ha-da
defender (vt)	방어하다	bang-eo-ha-da
defender-se (vr)	자기 보호하다	ja-gi bo-ho-ha-da
deixar (~ a mulher)	떠나다	tteo-na-da
deixar (esquecer)	두고 오다	du-go o-da
deixar (permitir)	허락하다	heo-rak-a-da
deixar cair (vt)	떨어뜨리다	tteo-reo-tteu-ri-da
denominar (vt)	부르다	bu-reu-da
denunciar (vt)	고발하다	go-bal-ha-da
depender de …	… 을 신뢰하다	… seul sil-loe-ha-da
derramar (~ líquido)	엎지르다	eop-ji-reu-da
desaparecer (vi)	사라지다	sa-ra-ji-da
desatar (vt)	풀다	pul-da
desatracar (vi)	출항하다	chul-hang-ha-da
descansar (um pouco)	쉬다	swi-da
descer (para baixo)	내려오다	nae-ryeo-o-da
descobrir (novas terras)	발견하다	bal-gyeon-ha-da
descolar (avião)	이륙하다	i-ryuk-a-da
desculpar (vt)	용서하다	yong-seo-ha-da
desculpar-se (vr)	사과하다	sa-gwa-ha-da
desejar (vt)	원하다	won-ha-da
desempenhar (papel)	연기하다	yeon-gi-ha-da
desligar (vt)	끄다	kkeu-da
desprezar (vt)	경멸하다	gyeong-myeol-ha-da
destruir (documentos, etc.)	파괴하다	pa-goe-ha-da
dever (vi)	… 해야 하다	… hae-ya ha-da
devolver (vt)	돌려보내다	dol-lyeo-bo-nae-da
direcionar (vt)	안내하다	an-nae-ha-da
dirigir (~ um carro)	자동차를 운전하다	ja-dong-cha-reul run-jeon-ha-da

dirigir (~ uma empresa)	운영하다	u-nyeong-ha-da
dirigir-se (a um auditório, etc.)	말을 걸다	ma-reul geol-da
discutir (notícias, etc.)	의논하다	ui-non-ha-da

disparar, atirar (vi)	쏘다	sso-da
distribuir (folhetos, etc.)	배포하다	bae-po-ha-da
distribuir (vt)	나누어 주다	na-nu-eo ju-da
divertir (vt)	즐겁게 하다	jeul-geop-ge ha-da

divertir-se (vr)	즐기다	jeul-gi-da
dividir (mat.)	나누다	na-nu-da
dizer (vt)	말하다	mal-ha-da
dobrar (vt)	두 배로 하다	du bae-ro ha-da
duvidar (vt)	의심하다	ui-sim-ha-da

254. Verbos E-J

elaborar (uma lista)	작성하다	jak-seong-ha-da
elevar-se acima de ...	우뚝 솟다	u-ttuk sot-da
eliminar (um obstáculo)	제거하다	je-geo-ha-da
embrulhar (com papel)	포장하다	po-jang-ha-da

emergir (submarino)	떠오르다	tteo-o-reu-da
emitir (~ cheiro)	발산하다	bal-san-ha-da
empreender (vt)	착수하다	chak-su-ha-da
empurrar (vt)	밀다	mil-da

encabeçar (vt)	이끌다	i-kkeul-da
encher (~ a garrafa, etc.)	채우다	chae-u-da
encontrar (achar)	찾다	chat-da
enganar (vt)	속이다	so-gi-da

ensinar (vt)	가르치다	ga-reu-chi-da
entediar-se (vr)	심심하다	sim-sim-ha-da
entender (vt)	이해하다	i-hae-ha-da
entrar (na sala, etc.)	들어가다	deu-reo-ga-da

enviar (uma carta)	보내다	bo-nae-da
equipar (vt)	설비하다	seol-bi-ha-da
errar (enganar-se)	실수하다	sil-su-ha-da
escolher (vt)	선택하다	seon-taek-a-da

esconder (vt)	숨기다	sum-gi-da
escrever (vt)	쓰다	sseu-da
escutar (vt)	듣다	deut-da
escutar atrás da porta	엿듣다	yeot-deut-da
esmagar (um inseto, etc.)	눌러서 뭉개다	nul-leo-seo mung-gae-da

esperar (aguardar)	기다리다	gi-da-ri-da
esperar (contar com)	예상하다	ye-sang-ha-da
esperar (ter esperança)	희망하다	hui-mang-ha-da
espreitar (vi)	엿보다	yeot-bo-da
esquecer (vt)	잊다	it-da

estar	놓여 있다	no-yeo it-da
estar convencido	확신하다	hwak-sin-ha-da
estar deitado	눕다	nup-da
estar perplexo	뻥뻥하다	ppeong-ppeong-ha-da
estar preocupado	격정하다	geok-jeong-ha-da
estar sentado	앉다	an-da
estremecer (vi)	몸을 떨다	mo-meul tteol-da
estudar (vt)	공부하다	gong-bu-ha-da
evitar (~ o perigo)	피하다	pi-ha-da
examinar (~ uma proposta)	조사하다	jo-sa-ha-da
exigir (vt)	요구하다	yo-gu-ha-da
existir (vi)	존재하다	jon-jae-ha-da
explicar (vt)	설명하다	seol-myeong-ha-da
expressar (vt)	표현하다	pyo-hyeon-ha-da
expulsar (~ da escola, etc.)	제명하다	je-myeong-ha-da
facilitar (vt)	쉽게 하다	swip-ge ha-da
falar com ...	··· 와 말하다	... wa mal-ha-da
faltar (a la escuela, etc.)	결석하다	gyeol-seok-a-da
fascinar (vt)	매료하다	mae-ryo-ha-da
fatigar (vt)	피곤하게 하다	pi-gon-ha-ge ha-da
fazer (vt)	하다	ha-da
fazer lembrar	··· 을 생각나게 하다	... eul saeng-gang-na-ge ha-da
fazer piadas	농담하다	nong-dam-ha-da
fazer publicidade	광고하다	gwang-go-ha-da
fazer uma tentativa	시도하다	si-do-ha-da
fechar (vt)	닫다	dat-da
felicitar (vt)	축하하다	chuk-a-ha-da
ficar cansado	피곤하다	pi-gon-ha-da
ficar em silêncio	침묵을 지키다	chim-mu-geul ji-ki-da
ficar pensativo	생각에 잠기다	saeng-ga-ge jam-gi-da
forçar (vt)	강요하다	gang-yo-ha-da
formar (vt)	이루다	i-ru-da
gabar-se (vr)	자랑하다	ja-rang-ha-da
garantir (vt)	보증하다	bo-jeung-ha-da
gostar (apreciar)	좋아하다	jo-a-ha-da
gritar (vi)	소리치다	so-ri-chi-da
guardar (fotos, etc.)	보관하다	bo-gwan-ha-da
guardar (no armário, etc.)	치우다	chi-u-da
guerrear (vt)	참전하다	cham-jeon-ha-da
herdar (vt)	상속하다	sang-sok-a-da
iluminar (vt)	비추다	bi-chu-da
imaginar (vt)	상상하다	sang-sang-ha-da
imitar (vt)	모방하다	mo-bang-ha-da
implorar (vt)	애걸하다	ae-geol-ha-da
importar (vt)	수입하다	su-i-pa-da

indicar (~ o caminho)	가리키다	ga-ri-ki-da
indignar-se (vr)	분개하다	bun-gae-ha-da
infetar, contagiar (vt)	감염시키다	gam-nyeom-si-ki-da
influenciar (vt)	영향을 미치다	yeong-hyang-eul mi-chi-da
informar (~ a policia)	알리다	al-li-da
informar (vt)	알리다	al-li-da
informar-se (~ sobre)	… 에 관하여 묻다	… e gwan-ha-yeo mut-da
inscrever (na lista)	적어 넣다	jeo-geo neo-ta
inserir (vt)	넣다	neo-ta
insinuar (vt)	암시하다	am-si-ha-da
insistir (vi)	주장하다	ju-jang-ha-da
inspirar (vt)	영감을 주다	yeong-ga-meul ju-da
instruir (ensinar)	교육하다	gyo-yuk-a-da
insultar (vt)	모욕하다	mo-yok-a-da
interessar (vt)	관심을 끌다	gwan-si-meul kkeul-da
interessar-se (vr)	… 에 관심을 가지다	… e gwan-si-meul ga-ji-da
intervir (vi)	간섭하다	gan-seo-pa-da
invejar (vt)	부러워하다	bu-reo-wo-ha-da
inventar (vt)	발명하다	bal-myeong-ha-da
ir (a pé)	가다	ga-da
ir (de carro, etc.)	가다	ga-da
ir nadar	수영하다	su-yeong-ha-da
ir para a cama	잠자리에 들다	jam-ja-ri-e deul-da
irritar (vt)	짜증나게 하다	jja-jeung-na-ge ha-da
irritar-se (vr)	짜증을 부리다	jja-jeung-eul bu-ri-da
isolar (vt)	고립시키다	go-rip-si-ki-da
jantar (vi)	저녁을 먹다	jeo-nyeo-geul meok-da
jogar, atirar (vt)	던지다	deon-ji-da
juntar, unir (vt)	연합하다	yeon-ha-pa-da
juntar-se a …	가입하다	ga-i-pa-da

255. Verbos L-P

lançar (novo projeto, etc.)	착수하다	chak-su-ha-da
lavar (vt)	씻다	ssit-da
lavar a roupa	빨래하다	ppal-lae-ha-da
lavar-se (vr)	목욕하다	mo-gyok-a-da
lembrar (vt)	기억하다	gi-eok-a-da
ler (vt)	읽다	ik-da
levantar-se (vr)	일어나다	i-reo-na-da
levar (ex. leva isso daqui)	가져가다	ga-jyeo-ga-da
libertar (cidade, etc.)	해방하다	hae-bang-ha-da
ligar (~ o radio, etc.)	켜다	kyeo-da
limitar (vt)	제한하다	je-han-ha-da
limpar (eliminar sujeira)	닦다	dak-da

limpar (tirar o calcário, etc.)	닦다	dak-da
lisonjear (vt)	아첨하다	a-cheom-ha-da
livrar-se de ...	··· 를 제거하다	... reul je-geo-ha-da
lutar (combater)	싸우다	ssa-u-da
lutar (esporte)	레슬링하다	re-seul-ling-ha-da
marcar (com lápis, etc.)	표시하다	pyo-si-ha-da
matar (vt)	죽이다	ju-gi-da
memorizar (vt)	외우다	oe-u-da
mencionar (vt)	언급하다	eon-geu-pa-da
mentir (vi)	거짓말하다	geo-jin-mal-ha-da
merecer (vt)	받을 만하다	ba-deul man-ha-da
mergulhar (vi)	뛰어들다	ttwi-eo-deul-da
misturar (vt)	섞다	seok-da
morar (vt)	살다	sal-da
mostrar (vt)	보여주다	bo-yeo-ju-da
mover (vt)	옮기다	om-gi-da
mudar (modificar)	바꾸다	ba-kku-da
multiplicar (mat.)	곱하다	go-pa-da
nadar (vi)	수영하다	su-yeong-ha-da
negar (vt)	거부하다	geo-bu-ha-da
negociar (vi)	협상하다	hyeop-sang-ha-da
nomear (função)	지명하다	ji-myeong-ha-da
obedecer (vt)	복종하다	bok-jong-ha-da
objetar (vt)	반대하다	ban-dae-ha-da
observar (vt)	지켜보다	ji-kyeo-bo-da
ofender (vt)	모욕하다	mo-yok-a-da
olhar (vt)	보다	bo-da
omitir (vt)	생략하다	saeng-nyak-a-da
ordenar (mil.)	명령하다	myeong-nyeong-ha-da
organizar (evento, etc.)	조직하다	jo-jik-a-da
ousar (vt)	감히 ··· 하다	gam-hi ... ha-da
ouvir (vt)	듣다	deut-da
pagar (vt)	지불하다	ji-bul-ha-da
parar (para descansar)	정지하다	jeong-ji-ha-da
parar, cessar (vt)	그만두다	geu-man-du-da
parecer-se (vr)	닮다	dam-da
participar (vi)	참가하다	cham-ga-ha-da
partir (~ para o estrangeiro)	떠나다	tteo-na-da
passar (vt)	지나다	ji-na-da
passar a ferro	다림질하다	da-rim-jil-ha-da
pecar (vi)	죄를 범하다	joe-reul beom-ha-da
pedir (comida)	주문하다	ju-mun-ha-da
pedir (um favor, etc.)	부탁하다	bu-tak-a-da
pegar (tomar com a mão)	잡다	jap-da
pegar (tomar)	잡다	jap-da
pendurar (cortinas, etc.)	걸다	geol-da

penetrar (vt)	꿰뚫다	kkwe-ttul-ta
pensar (vi, vt)	생각하다	saeng-gak-a-da
pentear-se (vr)	빗질하다	bit-jil-ha-da
perceber (ver)	알아차리다	a-ra-cha-ri-da
perder (o guarda-chuva, etc.)	잃어버리다	i-reo-beo-ri-da
perdoar (vt)	용서하다	yong-seo-ha-da
permitir (vt)	허락하다	heo-rak-a-da
pertencer a ...	··· 에 속하다	... e sok-a-da
perturbar (vt)	방해하다	bang-hae-ha-da
pesar (ter o peso)	무게를 달다	mu-ge-reul dal-da
pescar (vt)	낚시질하다	nak-si-jil-ha-da
planejar (vt)	계획하다	gye-hoek-a-da
poder (~ fazer algo)	할 수 있다	hal su it-da
pôr (posicionar)	배치하다	bae-chi-ha-da
possuir (uma casa, etc.)	소유하다	so-yu-ha-da
predominar (vi, vt)	발호하다	bal-ho-ha-da
preferir (vt)	선호하다	seon-ho-ha-da
preocupar (vt)	걱정하게 만들다	geok-jeong-ha-ge man-deul-da
preocupar-se (vr)	걱정하다	geok-jeong-ha-da
preparar (vt)	준비하다	jun-bi-ha-da
preservar (ex. ~ a paz)	보호하다	bo-ho-ha-da
prever (vt)	예상하다	ye-sang-ha-da
privar (vt)	박탈하다	bak-tal-ha-da
proibir (vt)	금지하다	geum-ji-ha-da
projetar, criar (vt)	설계하다	seol-gye-ha-da
prometer (vt)	약속하다	yak-sok-a-da
pronunciar (vt)	발음하다	ba-reum-ha-da
propor (vt)	제안하다	je-an-ha-da
proteger (a natureza)	보호하다	bo-ho-ha-da
protestar (vi)	항의하다	hang-ui-ha-da
provar (~ a teoria, etc.)	증명하다	jeung-myeong-ha-da
provocar (vt)	도발하다	do-bal-ha-da
punir, castigar (vt)	벌주다, 처벌하다	beol-ju-da, cheo-beol-ha-da
puxar (vt)	잡아당기다	ja-ba-dang-gi-da

256. Verbos Q-Z

quebrar (vt)	깨뜨리다	kkae-tteu-ri-da
queimar (vt)	태우다	tae-u-da
queixar-se (vr)	불평하다	bul-pyeong-ha-da
querer (desejar)	원하다	won-ha-da
rachar-se (vr)	갈라지다	gal-la-ji-da
ralhar, repreender (vt)	꾸짖다	kku-jit-da
realizar (vt)	현실로 만들다	hyeon-sil-lo man-deul-da
recomendar (vt)	추천하다	chu-cheon-ha-da

reconhecer (identificar)	알아보다	a-ra-bo-da
recordar, lembrar (vt)	기억하다	gi-eok-a-da
recuperar-se (vr)	회복하다	hoe-bok-a-da
recusar (~ alguém)	거부하다	geo-bu-ha-da
reduzir (vt)	줄이다	ju-ri-da
refazer (vt)	다시 하다	da-si ha-da
reforçar (vt)	강화하다	gang-hwa-ha-da
refrear (vt)	억누르다	eong-nu-reu-da
regar (plantas)	물을 주다	mu-reul ju-da
remover (~ uma mancha)	없애다	eop-sae-da
reparar (vt)	보수하다	bo-su-ha-da
repetir (dizer outra vez)	반복하다	ban-bok-a-da
reportar (vt)	보고하다	bo-go-ha-da
reservar (~ um quarto)	예약하다	ye-yak-a-da
resolver (o conflito)	해결하다	hae-gyeol-ha-da
resolver (um problema)	해결하다	hae-gyeol-ha-da
respirar (vi)	호흡하다	ho-heu-pa-da
responder (vt)	대답하다	dae-da-pa-da
rezar, orar (vi)	기도하다	gi-do-ha-da
rir (vi)	웃다	ut-da
romper-se (corda, etc.)	부러뜨리다	bu-reo-tteu-ri-da
roubar (vt)	훔치다	hum-chi-da
saber (vt)	알다	al-da
sair (~ de casa)	나가다	na-ga-da
sair (ser publicado)	출간되다	chul-gan-doe-da
salvar (resgatar)	구조하다	gu-jo-ha-da
satisfazer (vt)	만족시키다	man-jok-si-ki-da
saudar (vt)	인사하다	in-sa-ha-da
secar (vt)	말리다	mal-li-da
seguir (~ alguém)	… 를 따라가다	… reul tta-ra-ga-da
selecionar (vt)	고르다	go-reu-da
semear (vt)	뿌리다	ppu-ri-da
sentar-se (vr)	앉다	an-da
sentenciar (vt)	선고하다	seon-go-ha-da
sentir (vt)	감지하다	gam-ji-ha-da
ser diferente	다르다	da-reu-da
ser indispensável	필요하다	pi-ryo-ha-da
ser necessário	필요하다	pi-ryo-ha-da
ser preservado	보존되다	bo-jon-doe-da
ser, estar	있다	it-da
servir (restaurant, etc.)	서빙을 하다	seo-bing-eul ha-da
servir (roupa, caber)	어울리다	eo-ul-li-da
significar (palavra, etc.)	의미하다	ui-mi-ha-da
significar (vt)	의미하다	ui-mi-ha-da
simplificar (vt)	단순화하다	dan-sun-hwa-ha-da
sofrer (vt)	고통을 겪다	go-tong-eul gyeok-da

sonhar (~ com)	꿈꾸다	kkum-kku-da
sonhar (ver sonhos)	꿈을 꾸다	kku-meul kku-da
soprar (vi)	불다	bul-da
sorrir (vi)	미소를 짓다	mi-so-reul jit-da
subestimar (vt)	과소평가하다	gwa-so-pyeong-ga-ha-da
sublinhar (vt)	밑줄을 긋다	mit-ju-reul geut-da
sujar-se (vr)	더러워지다	deo-reo-wo-ji-da
superestimar (vt)	과대평가하다	gwa-dae-pyeong-ga-ha-da
supor (vt)	추측하다	chu-cheuk-a-da
suportar (as dores)	참다	cham-da
surpreender (vt)	놀라게 하다	nol-la-ge ha-da
surpreender-se (vr)	놀라다	nol-la-da
suspeitar (vt)	수상히 여기다	su-sang-hi yeo-gi-da
suspirar (vi)	한숨을 쉬다	han-su-meul swi-da
tentar (~ fazer)	해보다	hae-bo-da
ter (vt)	가지다	ga-ji-da
ter medo	무서워하다	mu-seo-wo-ha-da
terminar (vt)	끝내다	kkeun-nae-da
tirar (vt)	떼다	tte-da
tirar cópias	복사하다	bok-sa-ha-da
tirar fotos, fotografar	사진을 찍다	sa-ji-neul jjik-da
tirar uma conclusão	결론을 내다	gyeol-lo-neul lae-da
tocar (com as mãos)	만지다	man-ji-da
tomar café da manhã	아침을 먹다	a-chi-meul meok-da
tomar emprestado	빌리다	bil-li-da
tornar-se (ex. ~ conhecido)	되다	doe-da
trabalhar (vi)	일하다	il-ha-da
traduzir (vt)	번역하다	beo-nyeok-a-da
transformar (vt)	변형시키다	byeon-hyeong-si-ki-da
tratar (a doença)	치료하다	chi-ryo-ha-da
trazer (vt)	가져오다	ga-jyeo-o-da
treinar (vt)	훈련하다	hul-lyeon-ha-da
treinar-se (vr)	훈련하다	hul-lyeon-ha-da
tremer (de frio)	추워서 떨다	chu-wo-seo tteol-da
trocar (vt)	교환하다	gyo-hwan-ha-da
trocar, mudar (vt)	교환하다	gyo-hwan-ha-da
usar (uma palavra, etc.)	사용하다	sa-yong-ha-da
utilizar (vt)	… 를 사용하다	… reul sa-yong-ha-da
vacinar (vt)	접종하다	jeop-jong-ha-da
vender (vt)	팔다	pal-da
verter (encher)	따르다	tta-reu-da
vingar (vt)	복수하다	bok-su-ha-da
virar (~ para a direita)	돌다	dol-da
virar (pedra, etc.)	뒤집다	dwi-jip-da
virar as costas	돌아서다	do-ra-seo-da
viver (vi)	살다	sal-da

| voar (vi) | 날다 | nal-da |
| voltar (vi) | 되돌아가다 | doe-do-ra-ga-da |

votar (vi)	투표하다	tu-pyo-ha-da
zangar (vt)	화나게 하다	hwa-na-ge ha-da
zangar-se com …	… 에게 화내다	… e-ge hwa-nae-da
zombar (vt)	조롱하다	jo-rong-ha-da

www.ingramcontent.com/pod-product-compliance
Lightning Source LLC
Chambersburg PA
CBHW062051080426
42734CB00012B/2616